Anselm Grün

Jeder Mensch hat einen Engel

Herzensruhe

Doppelband

Anselm Grün

Jeder Mensch hat einen Engel

Doppelband

Besuchen Sie uns im Internet:
www.weltbild.de

Genehmigte Lizenzausgabe der Verlagsgruppe Weltbild GmbH,
Steinerne Furt, D-86167 Augsburg

Umschlaggestaltung: fly & friends advertising, Augsburg
Umschlagmotiv: Photonica, Hamburg
Gesamtherstellung: GGP Media GmbH,
Karl-Marx-Straße 24, 07381 Pößneck
Printed in Germany
ISBN 3-8289-4952-5

2007 2006 2005
Die letzte Jahreszahl gibt die aktuelle Lizenzausgabe an.

Inhalt

Einleitung

In vielen Religionen ist der Glaube an einen persönlichen Schutzengel verbreitet. Schon die frühe Kirche glaubt gemeinsam mit der jüdischen Überlieferung daran, daß Gott jedem Menschen einen Engel zuteilt, der ihn auf allen seinen Wegen begleitet, von der Geburt bis zum Tod und über den Tod hinaus in das Paradies. Noch vor einigen Jahren ist dieser Glaube von der akademischen Theologie belächelt worden. Er sei nur eine kindliche Vorstellung, die aber nichts mit der christlichen Offenbarung zu tun habe. Erstaunlich ist, daß laut einer Umfrage des Magazins „Focus" sehr viele Deutsche an einen persönlichen Schutzengel glauben. Mit dem Glauben an Engel tun sich die Menschen heute offensichtlich leichter als mit dem Glauben an Gott und an Jesus Christus.

In der Esoterik ist es modern geworden, von Engeln zu sprechen, die man sehen kann, die jedem Menschen zur Seite stehen und ihnen wichtige Lehren erteilen, die ihnen helfen, das Leben zu meistern. Engelerscheinungen wecken das Interesse zahlreicher Leserinnen und Leser. Mir scheint jedoch die Esoterik allzusehr um das Außergewöhnliche zu kreisen. Aber immerhin weckt sie mit ihren Engelbüchern, Engelkongressen und Engelseminaren in einer säkularisierten Welt die Neugier der Menschen auf das, was die Banalität ihres Alltags übersteigt. Durch die Engel tritt das Geheimnisvolle in ihr oft so oberflächliches Leben ein.

Wenn ich in diesem Buch davon schreibe, daß jeder Mensch einen Engel hat, dann möchte ich von der biblischen Tradition ausgehen. Ich halte mich an biblische Geschichten von Engeln, die dem Menschen zu Hilfe kommen und ihm den Weg weisen. 24 Geschichten habe ich ausgesucht, die in wunderschönen Bildern beschreiben, wie ein Engel in die Ausweglosigkeit eines Menschen eintritt, wie Engel ihn behüten und beschützen und wie sie ihm die Augen öffnen für den Weg, der ihn zum Leben führt. In diesen Engelgeschichten wird deutlich, daß die Engel den Menschen in keiner Situation allein lassen, daß sie alle seine Wege mitgehen und ihm Schutz und Geborgenheit gerade dort vermitteln, wo er mit seiner Angst alleine ist.

Und ich schreibe über die Engel, die ein jeder von uns hat, auch aus einem therapeutischen Interesse heraus. In vielen Gesprächen habe ich von Menschen gehört, daß ihnen die Vorstellung von dem Engel, der bei ihnen ist, geholfen hat, ihr Leben zu bewältigen. Gerade als Kinder war ihnen das Bild des persönlichen Schutzengels hilfreich. Viele haben als Kinder mit ihrem Schutzengel gelebt. Der Engel, der mit ihnen geht, war für sie genauso real wie die Puppe, mit der sie gespielt haben, oder wie der Teddybär, der sie in den Schlaf begleitet hat. Oft erzählen mir Menschen ihre Lebensgeschichte ausschließlich von den Verletzungen her, die sie erfahren haben. Es ist sicher wichtig, daß wir die Kränkungen anschauen, die uns in unserer Kindheit oder auch später noch krank gemacht haben. Doch ich erlebe auch viele Menschen, die nur noch um ihre Verletzungen kreisen. Da werden immer neue Methoden angepriesen, um an diese frühkindlichen Verwundungen heranzukommen. Das erscheint mir schon fast als Sucht, immer neue Wunden zu entdecken. Da ist für mich die Vorstellung hilfreich, daß dieser Mensch in seiner Kindheit nicht allein den kränkenden Menschen ausgeliefert war, sondern daß ihm auch ein Engel zur Seite gestanden ist, der ihn beschützt hat und der ihn an die Orte geführt hat, an denen er aufatmen konnte, an denen er Heilung erfahren durfte. Statt immer wieder in der „Wunde des Ungeliebtseins“ (Peter Schellenbaum) zu bohren, wäre es für uns oft besser, nach den Engelsspuren in unserem Leben zu suchen. Engelsspuren nenne ich die heilsamen und heilenden Spuren, die in jedem Leben zu finden sind. Sie entdecke ich, wenn ich mich frage, wo ich mich als Kind wohlgefühlt habe, wo ich mich vergessen konnte, wo ich ganz aufgegangen bin in meinem Spielen. Was waren meine Lieblingsorte? Was habe ich da getan? Was habe ich am liebsten gespielt? Wo war ich ganz in meinem Element? Wenn ich diesen Spuren nachgehe, werde ich erkennen, daß ich nicht den kranken und kränkenden Eltern ausgeliefert war, sondern daß mich schon als Kind ein Engel begleitet hat. Der Engel hat es mir ermöglicht, daß ich trotz Verletzungen und vieler Mangelerfahrungen überlebt habe, daß ich gesund geblieben bin und meine eigene Lebensspur gefunden habe.

Die Vorstellung, daß jedes Kind einen Engel hat, kann für Eltern entlastend sein. Viele machen sich oft genug Sorgen, ob sie ihre Kinder richtig erziehen, ob nicht negative Einflüsse von außen die Kinder auf den falschen Weg bringen, ob die Verletzungen, die sie unbewußt ihren Kindern zufügen, diese nicht für immer schädigen. Solche Sorgen und Ängste sind durchaus berechtigt. Ich erlebe Eltern, die durch psychologische Bücher völlig verunsichert sind. Sie möchten alles richtig machen und richten sich peinlich genau nach den erteilten Ratschlägen. Aber ihrem eigenen Gefühl trauen sie nicht mehr. Dadurch wird der Umgang mit den Kindern nur noch komplizierter. Es kann sein, daß sie ihre Kinder mehr kränken, gerade weil sie ihre Kinder nicht verletzen wollen, als Eltern, die ihrem natürlichen Instinkt folgen. Die Vorstellung, daß jedes Kind seinen Engel hat, befreit die Eltern von ihrer übertriebenen Sorge. Trotz aller Begrenzungen der Eltern und trotz aller erzieherischen Mängel kann das Kind gesund heranwachsen, weil ein Engel es begleitet und über es wacht.

Das Buch wendet sich aber nicht nur an Eltern, sondern auch an alle, die ihre eigene Kindheit anschauen, sie vielleicht sogar in einer Therapie oder geistlichen Begleitung bearbeiten, um auf Verdrängungen und Verletzungen zu stoßen, die sie am Leben hindern. Manchmal sind diese Menschen verzweifelt. Sie haben schon so oft über ihre Kindheit nachgedacht und mit anderen darüber gesprochen. Sie haben möglicherweise versucht, alles aufzuarbeiten, was da auf ihnen an Belastungen lag. Aber das Wissen allein hilft ihnen nicht weiter. Die Erkenntnis, wo und wann und wie sie verletzt worden sind, heilt ihre Wunden nicht. Im Gegenteil, manche wollen immer mehr wissen über die Kränkungen ihrer Lebensgeschichte, sie wühlen in ihren Wunden und reißen die Narben wieder auf. Es ist für diese Menschen wichtig, auch die Engelsspuren in ihrem Leben zu verfolgen. Sie waren in ihrer Kindheit nicht nur dem alkoholkranken Vater oder der depressiven Mutter ausgeliefert. Sie wurden nicht nur von negativen Botschaften bestimmt wie „Du taugst nichts. Du bist mir eine Last. Am besten wärest du gar nicht da". Auch an ihrer Seite gab es einen Engel, der ihnen einen anderen Lebensraum ermöglichte, in dem sie sich wohl fühlten, in dem sie frei waren vom negativen Einfluß ihrer Umgebung, in dem sie etwas wie Heil und Ganzheit spürten. Sich mit dieser Engelsspur zu beschäftigen, kann genauso heilsam sein wie die Aufarbeitung der Verletzungen. Wenn wir mit unserer Engelsspur in Berührung kommen, werden wir auch wieder fähig, den Engel zu entdecken, der jetzt an unserer Seite geht und der uns heute genauso zum Leben führen möchte wie damals.

Wie die Engel ihre Hand schützend über dem Kind und über jeden Menschen halten, was sie an uns bewirken, das möchte ich anhand der biblischen Engelerscheinungen und Engelbegegnungen beschreiben. Dabei geht es mir nicht um eine exegetische Erklärung dieser Bibelstellen, sondern um ein bildhaftes Ausdeuten auf unsere eigene Erlebniswelt hin. Denn über Engel kann man nur angemessen in Bildern sprechen. Die Bibel hat es uns vorgemacht. Wenn wir uns auf die biblischen Bilder einlassen, werden wir mehr über unsere hilfreichen Engel erfahren als durch theologische Spekulation. Dennoch möchte ich wenigstens kurz auf die theologischen und psychologischen Bedingungen für ein angemessenes Sprechen über die Engel eingehen, um mich auch abzugrenzen von manchen übertriebenen Engelvorstellungen, wie sie heute propagiert werden.

Angemessen sprechen über Engel

In der Esoterik wird heute viel von Engeln gesprochen. Offensichtlich sehnen sich die Menschen danach, die übernatürliche Welt zu sehen und zu erfahren. In die Engelvorstellungen der

Esoterik sind Bilder heidnischer Götter und Göttinnen eingeflossen, und sie werden geprägt von Erfahrungen sensitiver und hellsichtiger Menschen. Engel werden der astralen Welt zugeordnet und sind feinstofflicher Natur. Schon in der frühen Kirche übten solche konkreten Engelvorstellungen eine große Faszination aus. Der Autor des Kolosserbriefes warnt daher die frühen Christen: „Niemand soll euch verachten, der sich in scheinbarer Demut auf die Verehrung beruft, die er den Engeln erweist, der mit Visionen prahlt und sich ohne Grund nach weltlicher Art wichtig macht." (Kol 2, 18) Offensichtlich betrieben die Häretiker, vor denen der Kolosserbrief warnt, einen Engelskult und fühlten sich über die Christen erhaben, die sich nur an Jesus Christus hielten. Solche Überlegenheit spricht heute aus vielen esoterischen Schriften. Sie wollen mehr wissen, als man zu wissen vermag. Daher gilt es, von den Engeln so zu sprechen, wie es der christlichen Tradition angemessen ist.

Annäherung von der Theologie

Allerdings sind die Engel in der Theologie der letzten 30 Jahren vernachlässigt worden. Die Theologie sagt, daß die Bibel die Existenz der Engel voraussetze, aber nicht eigens offenbare. Die Engel gehörten einfach zur Vorstellung der damaligen Welt, in der die Bibel auch von Gott und seinem Wirken an den Menschen spreche. Aber eigentlich hätten sie keine Bedeutung. Christliche Theologie käme auch ohne das Sprechen von den Engeln aus. Gegenüber dieser kritischen Haltung sehen wir in der Geschichte der Theologie und der christlichen Dogmatik, daß die kirchliche Überlieferung von Engeln als Geschöpfen Gottes redet. Sie sind also von Gott genauso geschaffen wie der Mensch und stehen in seinem Dienst. Und wenn Engel Geschöpfe sind, „dann müssen sie mit dem ganz normalen menschlichen Erkenntnisvermögen erkannt werden können" (Vorgrimler 31). Sie sind geistig-personale Mächte und Gewalten. Von der kirchlichen Lehre her sind die Engel also mehr als nur ein Bild für die heilende und liebende Nähe Gottes. Engel sind Mächte. Sie haben eine Kraft in sich. Und sie haben eine Aufgabe für den Menschen. Als geistig-personale Geschöpfe sind sie von vornherein auf den menschlichen Geist und die Person des Menschen bezogen und wirken auf seinen Geist und seine Personalität ein. Es geht also weniger um sie als isolierte Wesen als in ihrer Beziehung auf den Menschen hin.

Nach dem heiligen Augustinus ist „Engel" eine Bezeichnung für eine Aufgabe, nicht für ein Wesen. Der Engel ist der Bote Gottes, durch den Gott dem Menschen eine Botschaft sendet oder ihn begleitet und etwas in ihm bewirkt. Der Engel kann in einem Menschen zu uns kommen, im Traum oder in unserer Seele. Der Ort, an dem Engel erfahren werden können, ist das menschliche Herz. Die Bibel und die Kirchenväter sind überzeugt, daß der Mensch die Engel immer wieder einmal sehen und erfahren kann. Diese Erfahrungen werden bildhaft beschrieben. Alles genauere Eindringen in das Wesen und das Wirken der Engel, alle menschliche Neugier, der Engel habhaft zu werden, wird von der Kirche zurecht abgelehnt.

Wenn wir die kirchliche Lehre ernst nehmen, so dürfen wir mit gutem Recht von den Engeln sprechen, in denen uns Gott seine Nähe zeigt, durch die Gott selbst an uns wirkt. Gott bedient sich in den Engeln geschaffener Energien. Das können psychische Energien sein, helfende Kräfte unserer Seele, das kann die Fürbitte anderer Menschen sein, das kann auch die liebende Anteilnahme von Verstorbenen sein, die wir geliebt haben. Vorgrimler fragt zurecht: „Sollten solche psychisch-energetischen Kräfte bedeutungslos sein? Es kann nicht falsch sein, auf Gottes Schutz durch solche schützenden Kräfte zu vertrauen." (Vorgrimler 105) Wenn die Engel geschaffene geistige Wesen sind, dann können sie durch die eigenen seelischen Kräfte, durch andere Menschen und in Träumen zu uns kommen, uns das Leben deuten und heilend und helfend auf uns einwirken. Im Engel konkretisiert sich für uns damit Gottes Nähe. Gottes liebende Nähe umgibt mich im Engel in einer geschaffenen Wirklichkeit. Sie wird also für mich erfahrbar, konkret. Ich muß nicht nur an Gottes Nähe glauben. Sie läßt sich auch erfahren: etwa in einem Gedanken, der in mir aufblitzt. Von der christlichen Tradition her ist es legitim, zu sagen, ein Engel habe mir diesen Gedanken eingegeben. Die Bibel spricht vom Engel immer wieder im Zusammenhang mit dem Traum. Im Traum spricht ein Engel zu mir und konkretisiert mir Gottes Botschaft. Eine Frau erzählte mir, daß sie nie daran glauben konnte, daß Gott sie liebe. Wenn sie in einer Predigt hörte oder in einem Buch davon las, daß sie Gottes geliebte Tochter sei, sei das an ihr vorbeigegangen. Doch dann träumte sie davon, daß eine Stimme zu ihr sprach: „Du bist meine geliebte Tochter. An dir habe ich mein Gefallen." Im Traum wurde das Wort Gottes zu einer inneren Wirklichkeit. Sie mußte nicht mehr nur daran glauben. Sie hatte die Wirklichkeit des göttlichen Wortes erfahren. Ein Engel hatte ihr diese Botschaft gebracht, und zwar so, daß sie sie unmittelbar erleben konnte.

Wenn Engel eine geschaffene Wirklichkeit sind, dann können sie auch in Geistwesen auf uns zukommen, die uns umgeben, oder die die Gestalt eines Menschen annehmen. Ein Mensch kann für uns zum Engel werden. Der Mensch ist nicht seinem Wesen nach Engel. Aber in diesem oder jenem Augenblick wird er für mich dazu. In ihm erfahre ich Gottes helfende und liebende Nähe. Eine geschaffene Wirklichkeit ist auch das innere Licht, das manchmal in uns aufblitzt, oder ein inneres Bild, das in uns aufsteigt. Und eine geschaffene Wirklichkeit ist das Bild des Engels, der mich umgibt, das Bild eines leuchtenden Geistwesens. Wir können oft nicht unterscheiden, ob solche Bilder Traumbilder sind oder Visionen oder ob die Engel tatsächlich mit den normalen Augen gesehen werden können. Das ist auch nicht entscheidend. Ob Traumbilder, Visionen oder sichtbare Geistwesen, immer handelt es sich um Erfahrungen, in denen dem Menschen etwas widerfährt, was er als Engel versteht, als Boten Gottes. Im Engel kommt ihm Gottes heilende und schützende Nähe erfahrbar nahe.

Wir müssen nicht an die Engel glauben. Engel sind nicht Gegenstand unseres Glaubens. Glauben können wir nur an Gott. Aber in den Engeln kann sich der Glaube an Gottes Liebe konkretisieren und verdichten. Engel können erfahren werden. Sie verbinden unsere Welt mit der Welt Gottes. In den Engeln reicht Gott in unsere alltägliche Wirklichkeit hinein. Und daher tut es uns gut, von ihnen zu sprechen. Denn Gott ist immer auch der ganz andere, unbegreifliche, unnennbare; er ist das absolute Geheimnis, das wir nie erfassen können. In den Engeln zeigt er uns auf menschliche Weise seine Nähe. Daher dürfen wir von den Engeln sprechen. Aber wir sollen es immer im Zusammenhang mit Gott tun und nicht – wie in der

Esoterik – aus bloßem Interesse am Außergewöhnlichen. Engel sind Boten Gottes. Sie verweisen uns auf Gott. Sie öffnen unsern Blick für das Geheimnis Gottes. Sie stellen die Verbindung her zwischen Himmel und Erde, zwischen Gott und Mensch. Sie steigen auf der Himmelsleiter des Jakob auf und nieder, um Gottes Botschaft in unseren Herzen zu verankern.

Annäherungen von der Psychologie

Die evangelische Pastoralpsychologin Ellen Stubbe hat in ihrem Buch „Die Wirklichkeit der Engel in Literatur, Kunst und Religion" die Überlegungen des englischen Kinderanalytikers Donald W. Winnicott aufgegriffen, um heute angemessen von Engeln sprechen zu können. Winnicott spricht von „Übergangsobjekten und Übergangsphänomenen". Er unterscheidet beim Kind eine äußere und innere Welt: Die äußere Welt ist bestimmt von den Eltern, von den Dingen, an denen es sich stößt und für die es sich interessiert. Die innere Welt sind die eigenen Phantasien. Winnicot geht nun davon aus, daß es noch eine „dritte Dimension" gibt. Sie ist ein „Zwischenbereich des Erlebens, zu dem sowohl die innere Realität als auch das äußere Leben beitragen. Es ist ein Bereich, der nicht in Frage gestellt wird" (Stubbe 61), ein Ruheplatz, auf dem das Kind sich ausruhen kann und der ihm hilft, die innere und äußere Realität miteinander zu verbinden. Ein Stofftier, eine Puppe oder ein anderer Gegenstand dienen dem Kind als Übergangsobjekt, das ihm hilft, die Angst vor der Nacht oder vor unbekannten Gefühlen zu überwinden. Dieses Übergangsobjekt ermöglicht es dem Kind, an Geborgenheit und Sicherheit zu glauben, auch wenn die

Mutter abwesend ist – oft genug ist es Ersatz für die abwesende Mutter. Winnicott sieht die beständige Aufgabe des Menschen darin, die innere und äußere Realität miteinander in Beziehung zu setzen. Eine Hilfe von Kindheit an ist der Zwischenbereich des Erlebens: für das Kind das Spiel, in dem es seine Phantasie und seine Illusionen ausdrückt. Für den Erwachsenen wandelt sich dieser Zwischenbereich in Kunst und Religion.

Dies ist der Ort, an dem Ellen Stubbe die angemessene Rede von Engeln ansiedelt. Die Vorstellung von den Engeln hilft dem Kind und später dem Erwachsenen, das eigene Selbst zusammen zu halten. Kinder wie Erwachsene sind davon bedroht, in ihrem Selbst auseinanderzubrechen. Wenn Kinder zu ihrem Engel beten, dann spüren sie unbewußt, daß der Engel das brüchige Selbst zusammenhält, dann fühlen sie sich ganz und wertvoll. Engel, so meint Ellen Stubbe, treten in Situationen auf, in denen innerer und äußerer Zerfall droht. Ihre Wirkung geht „immer in Richtung auf Integration und Ganzheit" (Stubbe 276). Die psychologische Funktion der Engel besteht „zum einen in einer Hilfestellung zum Aufbau eines Selbst, zum anderen in der Bewahrung eines vorhandenen Selbst" (263). Aber Engel schaffen nicht nur das Selbst, sie bringen uns auch in Beziehung zu Gott. Denn das Kind spricht eher von Engeln als von Gott. Und es kann auch für Erwachsene leichter sein, von Engeln zu sprechen als von Gott, der oft genug weit weg erscheint und so abstrakt, daß er nicht erfahren werden kann. Wie der inneren und der äußeren Realität, so gehören Engel auch dem Zwischenbereich an, der die irdische und die himmlische Welt, den konkreten Alltag und den göttlichen Bereich miteinander verbindet. Durch die Vorstellung von Engeln, die uns zur Seite stehen, wird Gottes heilende und liebende Nähe für uns konkret. Engel weisen von vorneherein auf einen Erfahrungshorizont hin. Ich muß nicht an die Engel glauben: Engel erfährt man. Und sie bleiben in ihrer Ambivalenz zwischen Bildhaftigkeit und Realität. Menschen, die uns helfen, bezeichnen wir als Engel. Und wir haben eine Ahnung, daß da in unserem Innern ein Engel waltet, der uns die Augen öffnet für die eigentliche Realität, der unser bedrohtes Selbst zusammenhält, der uns auf unserem Weg begleitet und uns über die Schwelle des Todes ins ewige Licht hineinführt.

Eine andere psychologische Hilfestellung, angemessen über Engel zu sprechen, könnte uns die Psychologie C. G. Jungs bieten. Engel treten bei Kindern ja häufig als Ersatzvorstellungen für die abwesenden Eltern auf. Das Bild des Engels hilft dem Kind, sich trotzdem geborgen zu fühlen. Jung meint, daß Kinder nicht nur die konkrete Mutter und den vorhandenen Vater erleben, sondern daß sie archetypische Bilder von Mutter und Vater in sich tragen. Diese archetypischen Bilder sind die Bedingung dafür, daß das Kind trotz negativer Elternerfahrungen etwas wie Halt und Geborgenheit erleben kann. Sie geben dem Kind eine Ahnung von einer liebenden und sorgenden Mutter und werden von Kindern am liebsten in der Vorstellung von Engeln konkretisiert. Jung schreibt nicht über die Existenz von Engeln, sondern nur über ihre psychische Wirklichkeit. „Wenn die Engel nämlich ETWAS sind, so sind sie personifizierte Übermittler unbewußter Inhalte, die sich zu Worte melden." (Bd 13, 91) Engel übermitteln dem Kind die Erfahrung einer tieferen Geborgenheit, als sie die Eltern bieten können. Sie vermitteln ihm, daß da eine andere Macht ihre schützende Hand über es hält. Das beruhigt seine tiefsitzenden Ängste. Genauso wie Märchen das Kind in Berührung mit der Lebensquelle des Unbewußten bringen, so auch die Vorstellung von Engeln. Jung schreibt den Engeln einen bedeutsamen Einfluß auf das Bewußtsein zu. Wenn der Mensch die Botschaft der Engel nicht in sein Bewußtsein aufnimmt, so fließt die Energie des Unbewußten „in das Gebiet der Affektivität respektive in die Triebsphäre ab. Daraus entstehen Affektausbrüche, Gereiztheit, Launen und sexuelle Erregungen, wodurch das Bewußtsein gründlichst desorientiert zu werden pflegt." (Bd 13, 91) Für Jung stellt der Engel „eine Gegenposition zum subjektiven Ich" dar. Er steht für „ein Stück der objektiven Psyche" (Bd 11, 660). Der Mensch ist nicht nur ein Ich, sondern in ihm ist eine Welt des Unbewußten, das auf ihn einwirkt. Aus diesem Unbewußten können destruktive Kräfte kommen, die den Menschen bis hin zu Greueltaten treiben, wie sie im Dritten Reich verübt wurden. Aber aus dem Unbewußten treten auch die Engel hervor, die uns eine Ahnung vermitteln von „Schönheit, Güte, Weisheit und Gnade" (Bd 11, 660). Die Erfahrungen von den Tiefen und Höhen der menschlichen Natur berechtigen uns nach Jung, von den Engeln zu sprechen. Engel sind für Jung „spirituelle Führungskräfte der Seele", „archetypische Symbole mit einer spirituellen Energie, die auf das Ich und das Bewußtsein des Menschen eine erschreckende oder heilende Wirkung haben können" (Hark 117).

Auf dem Hintergrund der theologischen und psychologischen Überlegungen zu einem angemessenen Reden über Engel möchte ich nun einige Bilder von Engeln, wie sie die Bibel uns beschreibt, darstellen. Dabei geht es mir nicht so sehr um das Wesen der Engel, sondern um ihre Aufgabe. Und vor allem geht es mir darum, wie die Engel uns auf unserem Weg der Selbstwerdung Anstöße geben, weiter zu gehen, aufzubrechen, aufzustehen, nicht aufzugeben. Und ich gehe von der Vorstellung aus, daß jeder Mensch einen Engel hat. Aber ich verzichte darauf, diesen Engel genauer zu beschreiben. Alles Sprechen über Engel braucht den Raum von Phantasie und Kreativität. Es braucht den Raum des Vertrauens, der von der Erfahrung heilender Nähe geprägt ist. Sowohl Menschen als auch Gott können solchen Raum des Vertrauens eröffnen. In diesem Raum eines ursprünglichen Vertrauens, das bis in die Dimension des Himmels reicht, kann man angemessen über Engel sprechen. Und es braucht die Sprache der Bilder. Nur Bilder können ausdrücken, was Engel sind und wie im Engel und durch den Engel unser Leben heiler und heller wird.

1.

Der Schutzengel

Im Matthäusevangelium sagt Jesus zu seinen Jüngern: „Seht zu: Verachtet keinen einzigen dieser Kleinen! Ich sage euch nämlich: Ihre Engel sehen in den Himmeln jederzeit das Antlitz meines Vaters in den Himmeln." (Mt 18, 10)

Mit den Kleinen sind nicht nur Kinder gemeint, sondern die unbekannten, unbeachteten, einfachen Menschen in der christlichen Gemeinde. Jesus sagt nun, daß jeder dieser kleinen und verachteten Menschen einen Engel hat, der das Antlitz Gottes schaut. Diese Bibelstelle hat in der Kirche zur Lehre von einem persönlichen Schutzengel geführt. Die Vorstellung von Schutzengeln gibt es in vielen Religionen. Jesus übernimmt hier die jüdische Vorstellung, aber er führt sie auch weiter. Denn im rabbinischen Judentum sind die Schutzengel auf der Erde und können Gottes Antlitz nicht schauen. Jesus will nun sagen, daß jeder Mensch einen Schutzengel hat, der zugleich Gott schaut. Jeder Mensch steht unter dem besonderen Schutz

Gottes, der einen eigenen Boten zu ihm sendet. Die Kirchenväter haben diese Stelle so interpretiert: Von Geburt an hat jeder Mensch seinen persönlichen Schutzengel. Und die Kirche hat an dieser Lehre bis heute festgehalten. Was heißt das? Offensichtlich ist die Kirche davon überzeugt, daß Gott jedem Menschen einen Engel zur Seite stellt. Ja, manche Kirchenväter lehrten sogar, daß die Engel an der Zeugung eines Menschen beteiligt sind (Origines, Tertullian, Klemens von Alexandrien). Der Mensch existiert nicht ohne einen Engel, er ist nicht ganz ohne seinen persönlichen Engel. Die Kirchenväter haben nicht nur dem einzelnen Menschen einen Schutzengel zugewiesen, sondern auch den verschiedenen Völkern, ja den einzelnen Gemeinden. In der Offenbarung des Johannes richtet der Seher seine Botschaft jeweils an den Engel der Gemeinde (Vgl. Offb 2).

Und so hat jedes Kind seinen Schutzengel. Mir erzählen Erwachsene immer wieder, wie wichtig für sie in der Kindheit die Vorstellung vom Schutzengel war. Er gab Halt mitten in einer unsicheren Welt. Kinder haben ein natürliches Gespür für die Wirklichkeit der Engel. Die französische Kinderanalytikerin Francoise Dolto erzählt in ihren Lebenserinnerungen, daß der Umgang mit ihrem Schutzengel ihren Kinderalltag bestimmte. Sie lebte mit ihrem Schutzengel zusammen, als ob er neben ihr wäre: „Wenn ich schlafen ging, legte ich mich nur auf die eine Hälfte des Bettes, um meinem Schutzengel Platz zu lassen, damit er neben mir schlief, und ich ging in meinen Gedanken den Tag durch, der wie immer katastrophal verlaufen war, weil ich angeblich viele Dummheiten machte, aber ich wußte leider nicht, wie ich sie machte und auch nicht, warum ich sie machte, und das bereitete mir großes Kopfzerbrechen." (Stubbe 58) Und sie ist davon überzeugt, daß ihr Schutzengel sie ihr Leben lang nicht verlassen habe. Er tritt jedes Mal zur Stelle, wenn sie einen Parkplatz sucht. Sie meint: „Ein Kinderschutzengel schläft neben dem Kind. Aber ein Erwachsenenschutzengel wacht immer." (Ebd 58)

Eltern können nicht alle Wege des Kindes bewachen. Je mehr sie das Tun und Lassen ihrer Kinder kontrollieren wollen, desto mehr Angst und Aggression erzeugen sie in ihnen. Und gerade Eltern, die alles kontrollieren wollen, müssen oft erleben, daß genau das eintrifft, was sie befürchtet haben. Da hilft der Glaube daran, daß ein Schutzengel das Kind vor Gefahren bewahrt. Aber was sollen Eltern mit diesem Glauben anfangen, wenn ihr Kind auf dem Schulweg von andern geschlagen wird oder wenn es gar sexuellen Mißbrauch erfährt? Der Schutzengel ist nicht für alles zuständig. Wir dürfen ihn nicht überfordern. Das, was wir selbst leisten können, sollten wir auch tun. Vor allem sollten wir klug sein und die Realität dieser Welt richtig einschätzen. Und trotzdem bleibt der „Zwischenbereich", der nicht bedacht oder geregelt werden kann. Da ist es hilfreich, wenn Eltern ihre Kinder ihrem Schutzengel empfehlen. Es entlastet sie von der eigenen Sorge. Denn auch mit all ihren Sorgen können sie nicht dafür garantieren, daß das Kind von der Schule oder vom Kindergarten heil heimkommt oder daß es sich beim Spielen nicht verletzt. Wer aus Angst, daß etwas passieren könnte, das Kind vor allen Gefahren zu schützen versucht, der macht das Kind blind für die wirklichen Gefahren. Ein Kind muß ausprobieren, wozu es fähig ist. Und da kann immer etwas passieren, da kann es seine Grenze falsch einschätzen. Das Vertrauen in den Schutzengel und die nötige Vorsichtsmaßnahmen müssen zusammengehen. Wir können nicht erklären, warum Kinder trotz ihrer Schutzengel in Gefahr geraten und darin umkommen. Wir können zu den Schutzengeln beten. Aber wir haben keine Garantie, daß sie eingreifen. Es ist immer auch göttliche Gnade, über die wir nicht verfügen können, wenn wir die Erfahrung machen dürfen, daß uns ein Schutzengel vor einer Gefahr gerettet hat.

Jeder Erwachsene hat wohl schon einmal die Erfahrung gemacht, daß er nahe daran war, in einer Gefahr Schaden zu erleiden. Da hat er auf der Autobahn überholt, ohne das Auto zu sehen, das schon auf der Überholspur fuhr. Es ist noch einmal gut gegangen. Viele sagen dann spontan: „Ich hatte einen guten Schutzengel." Oder er ist auf einen Stau zugefahren und konnte gerade noch bremsen. Oder sein Wagen hat sich überschlagen, und er ist heil ausgestiegen. Das sind alles Gelegenheiten, in denen wir daran glauben, daß uns ein Schutzengel vor Unheil bewahrt hat. In solchen Augenblicken glauben nicht nur überzeugte Christen an ihren Schutzengel. Da spricht manchmal auch ein Atheist von seinem Schutzengel. Da ahnt er, daß er unter einem größeren Schutz steht, unter einem Schutz, der seiner Macht entzogen ist. So ein Schutzengel schenkt uns Vertrauen, daß wir immer wieder heil ankommen, wenn wir zur Arbeit fahren. Er nimmt uns die Angst vor Aufgaben, die wir zu erledigen haben und die auch mißlingen könnten.

Die Vorstellung vom Schutzengel ist so weit verbreitet, daß sie in jeder menschlichen Seele zu finden ist. Die Juden sprechen davon, die Griechen nennen ihn „daimon", die Römer „genius". Auch wenn heute viele nicht mehr an Gott glauben oder sie sich schwer tun, in eine persönliche Beziehung zu Gott zu treten, so glauben sie doch an Schutzengel. Dieser

Glaube ist eine Art „suchender Glaube“ an Gott. Denn wer vom Schutzengel spricht, der weiß, daß er von Gott kommt, daß Gott selbst ihm seinen Schutzengel zur Seite gestellt hat. Aber wer vom Schutzengel spricht, der muß nicht die ganze christliche Dogmatik bekennen. Er drückt damit eine Erfahrung aus, die er immer wieder macht. Diese Erfahrung öffnet ihn für die Dimension der Engel. Engel sind Geschöpfe Gottes; und in unserer Geschöpflichkeit, in einer konkreten Konstellation von Gefahren, beim Autofahren, bei einem Hausbrand, beim Ausrutschen auf der Straße, zeigt sich in den Schutzengeln Gottes heilende Nähe. Der Engel ist eine Konkretisierung Gottes. In ihm wirkt Gott hinein in unseren Alltag. Diesen göttlichen Widerschein in unserem Leben erkennen heute wesentlich mehr Menschen, als die, die Gott ausdrücklich ihren Vater und ihre Mutter nennen.

Jesus sagt nun von den Schutzengeln, daß sie das Antlitz Gottes schauen. Jeder Mensch hat durch seinen Engel eine Beziehung zu Gott. Jeder ist gottunmittelbar. Jeder reicht durch seinen Schutzengel in den Bereich Gottes. Er ist nicht beschränkt auf das Sichtbare und Machbare. Er ist von einem Geheimnis umgeben. Er ist nicht allein, wenn er einsam ist. Er ist nicht verlassen, wenn er ohne Begleitung durch den Wald geht. Die religiöse Sprache, die auch in der Postmoderne für viele durchaus möglich ist, würde die Psychologie so übersetzen: Die Vorstellung vom Schutzengel bringt den Menschen in Berührung mit den schützenden und bewahrenden Kräften seines Unbewußten. Sie hilft ihm, besser auf sich selbst aufzupassen und sich angstfreier auf das Leben einzulassen. Was die Psychologie mühsam erklärt, das ist den meisten Menschen unbewußt klar. Die Menschen leben nicht nur in der Realität ihres kritischen Verstandes, sondern auch im „Zwischenbereich“, in dem sie um eine Verbindung von Himmel und Erde, von sichtbarer und unsichtbarer Realität wissen. Und da sie von Kindheit an mit diesem „Zwischenbereich“ vertraut sind, verstehen sie unmittelbar die Vorstellungen des Schutzengels. Ohne daß sie kritisch darüber nachdenken, sind sie in der Tiefe ihres Herzens davon überzeugt, daß sie ein Schutzengel begleitet und vor Gefahren bewahrt.

Helmut Hark, evangelischer Pfarrer und Psychotherapeut, arbeitet in seiner Therapie oft mit dem Bild des Schutzengels. In einer therapeutischen Selbsterfahrungsgruppe ließ er die Teilnehmerinnen und Teilnehmer über die persönliche Bedeutung ihres Schutzengels nachdenken. Folgende Antworten kamen da heraus:

„Er behütet auf dem Wege. Er stärkt den Rücken. Er hält Böses von einem fern. Er wirkt in den glücklichen Zufällen. Durch ihn fügen sich die Dinge. Er erscheint in Grenzsituationen. Durch ihn empfange ich Impulse zu guten Taten. Er ist der Zwillingsbruder der Seele. Er ist mein persönlicher Schutzpatron. Durch ihn werde ich manchmal gewarnt. Er ist für mich eine höhere Intelligenz. Er spricht zu mir durch die innere Stimme. Er ist das spirituelle Urbild meiner Seele ... Er inspiriert meine Einbildungskraft. Durch ihn werden heilende Energien wirksam. Durch ihn empfange ich den rettenden Einfall.“ (Hark 141 f) Diese Sätze zeigen, daß auch Menschen, die der Kirche eher fremd sind, heute eine Ahnung davon haben, daß sie nicht allein gelassen sind. In der Vorstellung, daß ein Schutzengel sie begleitet, sie vor Gefahren warnt und rettend eingreift, drückt sich ihr Glaube an Gottes Schutz und Hilfe aus. Gott können sie sich oft genug nicht vorstellen. Aber im

Engel, da wird Gott für sie konkret. Da reicht Gott in ihre Alltagswelt hinein. Die Vorstellung des persönlichen Schutzengels wirkt in der Therapie oft stärkend und heilend. So berichtet Helmut Hark von einer Frau, die immer wieder von starken Suizid-Gedanken bedrängt wurde. In einem Traum sah sie einen Engel, „der ihr ein neues, bisher nicht gekanntes positives Lebensgefühl vermittelte" (Hark 143). Auf einmal waren die Selbstmordgedanken wie weggeblasen. Hark spricht von den spirituellen Energien des Schutzengels, die oft selbstzerstörerische Lebensmuster durchbrechen und heilen.

Der Glaube an den persönlichen Schutzengel ist mehr als die kindliche Vorstellung eines niedlichen Engels, der mich überallhin begleitet. Wenn wir als Erwachsene an unseren Schutzengel glauben, dann werden wir nicht nur unsere Ängste vor den alltäglichen Gefahren auf der Straße und im Beruf und vor bedrohlichen Krankheiten überwinden. Der Schutzengel wird uns auch das Gefühl vermitteln, daß wir durch unsere persönlichen Krisen gestärkt hindurchkommen. Und wer sich – vielleicht in einer Therapie – mit der Geschichte seiner Verletzungen befaßt und manchmal ratlos ist, wie er aus den Verstrickungen der Kindheit herauskommen kann, der wird immer wieder die heilende Wirkung seines Schutzengels erfahren. Das intellektuelle Erfassen unserer Kränkungen macht uns ja noch nicht gesund. Manche verzweifeln dann an sich und ihren lebensgeschichtlichen Belastungen. Der Glaube an den Schutzengel läßt uns darauf vertrauen, daß mitten in diesem therapeutischen Prozeß dann etwas wie ein Wunder geschieht, daß da in der Tiefe der Seele eine heilende Kraft aufsteigt, daß ein Engel uns im Traum erscheint und uns eine tiefe Einsicht vermittelt oder daß auf einmal die Angst oder der

Selbstmordgedanke verschwindet, ohne daß wir wissen, warum. Der Glaube an den Schutzengel befreit uns von der Fixierung auf die krankmachenden Faktoren unserer Lebensgeschichte. Er läßt uns auch die heilenden Energien entdecken, die in uns sind. Der Schutzengel hat uns schon in der Kindheit begleitet und uns bewahrt. Und er ist jetzt bei uns und in uns und wirkt heute schützend und heilend auf uns ein.

2.

Der Engel, der das Schreien des Kindes hört

Die erste biblische Geschichte, in der ein Engel eine entscheidende Rolle spielt, ist die Erzählung von Hagar, der Magd Abrahams. Weil die Frau Abrahams, Sarai, keine Kinder bekommt, geht Abraham zu Hagar. Und sie wird schwanger von ihm. Doch Sarai wird eifersüchtig und behandelt Hagar so hart, daß sie in die Wüste flieht. Dort findet sie der Engel des Herrn und fragt sie: „Hagar, Magd Sarais, woher kommst du, und wohin gehst du?" (Gen 16,8) Und er schickt sie zu Sarai zurück. Sie soll die harte Behandlung ertragen, denn sie steht unter der Verheißung, daß ihr Sohn Ismael eine zahlreiche Nachkommenschaft haben und erfolgreich sein werde. Hagar nennt den Ort, an dem ihr der Engel des Herrn erscheint: „El-Roi (Gott, der nach mir schaut)" (Gen 16,13).

Es ist eine archetypische Situation, in die Hagar da geraten ist. Sie fühlt sich verstoßen und von allen verlassen. Abraham, von dem sie schwanger ist, liefert sie der Willkür Sarais aus. Sie hat niemanden, der für sie eintritt. Da sieht sie der Engel und tritt zu ihr. Auch wenn Menschen sie verlassen, der Engel sieht ihr Elend und läßt sie nicht allein. Solche Erfahrungen machen Kinder immer wieder. Sie fühlen sich nicht verstanden von den Eltern. Eltern schimpfen, wegen belangloser Dinge schlagen sie gar. In der geistlichen Begleitung erzählen mir Erwachsene, wie sie sich als Kinder überhaupt nicht auskannten. Alles, was sie machten, war verkehrt. Der Vater reagierte völlig willkürlich. Sie konnten nie wissen, was sie eigentlich tun oder sagen sollten. Alles konnte einen Wutausbruch des Vaters auslösen. Solche Kinder fühlen sich allein gelassen, der Willkür preisgegeben.

Die normale Reaktion wäre, die Gefühle abzuschneiden und einfach nur noch zu funktionieren. Doch Gott sei Dank gibt es da noch andere Reaktionsweisen. Kinder suchen sich ihren Bereich, in dem sie sich vergessen können, in dem sie sich wohlfühlen, in dem sie ganz eins sind mit sich. Man könnte solche hilfreichen Reaktionen auch als Werk des Engels bezeichnen, der nach dem Kind sieht. Der Engel führt das Kind an Orte, an denen es sich geschützt weiß, an denen die Grausamkeit und die Willkür der Eltern es nicht erreichen, an denen es nicht verletzt werden kann. Dort fühlen die Kinder sich heil und ganz. Dort kommen sie in Berührung mit der inneren Quelle. Dort erkennen sie wie Hagar den Brunnen, aus dem sie trinken können. Hagar nennt diesen Brunnen „Beer-Lahai-Roi (Brunnen des Lebendigen, der nach mir schaut)“ (Gen 16, 14). Für manche Kinder ist es die Kirche, in der sie Geborgenheit erfahren. Für andere ist es die Bettdecke, die sie über den Kopf ziehen, um sich sicher zu fühlen. Oder sie bauen sich Burgen, in die sie sich zurückziehen, oder vielleicht Höhlen im Heu oder Stroh. Dort erfahren sie den schützenden Mutterschoß. Andere nehmen ihr Kuscheltier, um mit ihm zu sprechen. Oder sie streicheln ihren Hund und sagen ihm, was sie bedrückt. Da wissen sie sich verstanden. Manchmal erschrecke ich vor den Kindheitserlebnissen, die mir erzählt werden. Aber der Glaube, daß diese Menschen auch als Kind nicht völlig allein waren, daß da ein Engel sie sah und sie ansprach, daß ein Engel sie an die innere Quelle führte, an den Ort, an dem sie aufatmen konnten, gibt mir Vertrauen, daß auch so verletzte Menschen noch einen Weg in ihrem Leben finden.

Der Engel unserer Geschichte schickt Hagar wieder zurück zu Sarai. Sie soll ihre harte Behandlung ertragen. Denn sie steht ja unter einer Verheißung. Solche Botschaften gibt der Engel dem alleingelassenen und ungerecht behandelten Kind auch. Weil es unter einer Verheißung steht, weil das Kind in seinen Spielen noch von einer andern Welt weiß, in der es wichtig ist, in der es kreativ ist und Neues selbst erschaffen kann, darum kann es immer wieder zurück gehen in das Elternhaus und kann die Schwierigkeiten ertragen. Für Menschen, die in der Therapie oder geistlichen Begleitung die Verletzungen ihrer Kindheit anschauen, ist es hilfreich, die Engelsspuren in ihrer Geschichte zu entdecken. Wenn sie allen über ihre schlimmen Erfahrungen berichten, geht es ihnen nur noch schlechter. Das Erzählen kann zwar entlasten; aber manchmal belastet es uns auch. Daher lade ich meine Gesprächspartner ein, zu erzählen, wo sie solche Orte in ihrem Leben erfahren haben, an denen sie ganz im Einklang mit sich waren, an denen sie sich wohl fühlten, geschützt, geborgen, daheim. Indem sie ihren Blick auf solche „Engelerfahrungen und Engelsorte" richten, kann ein neues Vertrauen in ihnen wachsen. Sie erkennen, daß auch in ihrer Kindheit ein Engel war, der ihre Not gesehen und ihnen die nötige Kraft gegeben hat, die Härten zu ertragen. Und wenn der Erwachsene wieder mit seinem Engel in Berührung kommt, wird er anders mit seiner verwundeten Lebensgeschichte umgehen. Er wird die Verheißung erkennen, unter der er steht, die andere Welt, in die er schon als Kind eingetaucht war, die heilenden Kräfte, die vom Engel ausgingen und stärker waren als die verletzenden Schläge.

Eine junge Frau erzählte mir, daß sie sich als Kind immer nach der Liebe der Mutter gesehnt habe. Aber sie hat diese Liebe nie wirklich erfahren, wenigstens nie so, wie sie sie sich erhofft hatte. Lange ist sie dieser Liebe nachgelaufen und ist immer wieder enttäuscht worden. Sie wurde magersüchtig, um der Mutter ihre mangelnde Liebe „heimzuzahlen". Als ich sie nach ihren Engelsspuren fragte, erzählte sie spontan, wie sie als Kind oft gespielt und im Spielen sich eine eigene Welt aufgebaut hat. Sie hat den Spielkameraden und Freundinnen dann eine Regieanweisung gegeben, was sie spielen sollen. Gasthaus und Gastwirtschaft war oft das Thema ihrer Spiele. Sie selbst hat dabei immer wieder die Wirtin gespielt. Als sie sich in diese Rolle hineinspürte, wurde ihr klar, welch heilende Rolle sie sich da ausgesucht hatte. Die Wirtin umsorgt die Gäste, sie gibt ihnen das Gefühl, daß sie wichtig sind, daß man alles für ihr Wohlergehen tut. Die Gäste sind im Gasthaus willkommen, und sie sollen sich wohlfühlen. So war die Wirtin ein Engel für das Kind. Es hat diesen Engel selbst gespielt. Jetzt als Erwachsene könnte sie versuchen, mit diesem Engel in Berührung zu kommen und für sich selbst gut zu sorgen, anstatt immer nach der Liebe der Mutter Ausschau zu halten. Die

Engelsspur in ihrem Leben läßt sie die Liebe erfahren, die sie sich selbst geben kann. In ihr ist ein Engel, der für sie sorgt. Wenn sie diesem Engel traut, braucht sie nicht mehr um die Liebe der Mutter buhlen. Es ist genügend Liebe in ihr. In ihr ist die Wirtin, die ihr ein gastliches Haus bereitet, in dem sie alles vorfindet, was sie zum Leben braucht. Sie hat einen Engel bei sich, der sie immer an den Brunnen führt, an dem „der Lebendige nach mir schaut" (Gen 16, 14).

Die Geschichte Hagars geht weiter. Später, nach der Geburt, kann Sarai es nicht ertragen, daß der Sohn Hagars umhertollt. Sie kann die Lebendigkeit und Freude dieses Kindes nicht mit ansehen. So geht es leider auch heute noch Eltern, die die Lebhaftigkeit ihres Kindes nicht ertragen können. Anstatt sich über ihre Lebendigkeit zu freuen, schicken sie das Kind in die Wüste wie Sarai Hagar. Sie wenden sich von ihm ab und lassen es allein in der Wüste der Isolierung und Reglementierung, der Nichtbeachtung und der Vernachlässigung. Dort droht es zu verhungern und zu verdursten. Und es irrt umher. Es ist völlig verwirrt. Die Verletzung etwa durch den Vater, den es so sehr liebt, führt zu einer Gefühlsverwirrung. Das Kind kennt sich gar nicht mehr aus. In seiner Verwirrung hat es keine Chance mehr im Leben. Als Hagar kein Wasser mehr hat, wirft sie ihren Sohn unter einen Strauch und setzt sich abseits hin. Sie sagt sich: „Ich kann nicht mit ansehen, wie das Kind stirbt." (Gen 21, 16) Da ruft ihr der Engel des Herrn zu: „Was hast du, Hagar? Fürchte dich nicht, Gott hat den Knaben dort schreien gehört, wo er liegt. Steh auf, nimm den Knaben, und halt ihn fest an deiner Hand; denn zu einem großen Volk will ich ihn machen." (Gen 21, 17 f) Und der Engel öffnet ihr die Augen, so daß sie den Brunnen sieht, der in der Nähe ist. „Gott war mit dem Knaben. Er wuchs heran, ließ sich in der Wüste nieder und wurde ein Bogenschütze." (Gen 21,20)

Ähnliche Situationen wie Hagar erleben heute viele Mütter. Sie können nicht mit ansehen, wenn der Vater das Kind in die Wüste schickt, wenn der Vater zu schwach ist, um dem Kind den Rücken zu stärken, wenn der Vater seine eigenen Bedürfnisse am Kind auslebt. Mütter können das Schreien des Kindes nicht mit anhören, wenn es verdurstet und verhungert, weil es vom Vater nicht bekommt, wonach es sich sehnt. Hagars und Ismaels Geschichte sagt uns, daß das Kind trotzdem nicht allein gelassen ist. Ein Engel sieht es. Der Engel hört das Schreien des Kindes. Das ist eine tröstliche Botschaft: Der Engel hat nicht nur unser Weinen und unser lautes und manchmal auch nur stummes Schreien als Kind gehört. Er hört uns genauso, wenn wir heute schreien. Ismael scheint keine Chance zu haben. Er ist allein in der Wüste, unter einem Strauch. Er geht in der Gluthitze der Wüste zugrunde. Der Engel, der sein Schreien hört, zeigt Hagar, seiner Mutter, den Brunnen. Dort, wo wir nur noch schreien und keinen Ausweg sehen, dort ist immer auch ein Brunnen in der Nähe, aus dem wir wieder trinken können, um uns zu stärken. Vielleicht sehen wir ihn nicht. Wir brauchen dann einen Engel, der uns die Augen öffnet, damit wir nicht blind werden vor Schreien, sondern die Hilfen erkennen, die uns zur Verfügung stehen. Es können Menschen sein in unserer Nähe. Es kann ein Ort sein, an dem wir wieder auftanken, ein Kloster, eine Kirche, ein Wallfahrtsort oder auch eine ganz bestimmte Wiese oder ein Waldstück, in dem wir uns geborgen fühlen. Es kann auch ein Brunnen in unserem Innern sein, eine Quelle in uns, von der wir uns abgeschnitten fühlten. Auf einmal kommen wir wieder in Berührung mit dieser inneren Quelle. Und unser Leben blüht auf.

Wir entfalten unsere Fähigkeiten, so wie Ismael seine Fähigkeiten als Bogenschütze entdeckt und gelebt hat. Ismael wird zu einem großen Volk. Er entfaltet die vielen Möglichkeiten, die in ihm stecken. Er wird Bogenschütze. Der Bogenschütze, der mit Pfeil und Bogen umzugehen versteht, ist ein Symbol für die Lebenskraft und die Schnelligkeit eines Menschen. Der Bogen verbindet immer zwei Pole miteinander, er verbindet Himmel und Erde, Gott und Mensch. Und er macht uns zu einem ganzen Menschen, in dem die Gegensätze miteinander verbunden sind und zu einer gesunden Spannung werden, die den Pfeil ans Ziel bringen. Mit dem Bogen können wir ein guter Schütze werden, einer, der das Ziel trifft, der richtig zielt, der nicht an sich vorbeilebt, dem das Leben gelingt. Im Buddhismus gibt es das Bild: Der Mensch schießt von seinem Bogen aus den Pfeil seines Ichs durch das Nichtwissen hindurch auf das wahre und höchste Sein, um mit ihm eins zu werden. Der Bogenschütze steht also für den spirituellen Menschen, der sich mit Gott vereinigen möchte. So bringt uns der Engel mitten in unserer Wüste in Berührung mit unserer spirituellen Sehnsucht, die uns über die aussichtlose Lage hinausführt in den göttlichen Bereich, in dem wir Geborgenheit und Heimat, Freiheit und absolute Liebe erfahren. Oft erkennen wir erst in der aussichtslosen Lage, wozu wir fähig sind und was unser wahres Wesen ist. Aber wir brauchen den Engel, der unser Schreien hört. Wir brauchen Menschen, die keine Angst haben vor unserem Schreien. Und wir brauchen den inneren Engel, der das Rufen unserer Seele hört und darauf antwortet.

In der Begleitung von sexuell mißbrauchten Frauen taucht in mir oft die Frage auf: Warum hat denn niemand ihr Schreien gehört? Die Mutter wollte nicht die Schreie des Kindes hören. Auf zaghafte Versuche, die innere Not zu offenbaren, antwortet sie, der Onkel sei doch immer so gut zu allen. Dem dürfe man doch so etwas nicht andichten. Irgendwann sind dann die Schreie des Kindes verstummt. Die Frauen haben ihre Verletzung in sich vergraben. Sie sind zur Tagesordnung übergegangen. Aber sie haben sich selbst vom Leben abgeschnitten. Sie wollten nur noch überleben und funktionieren, damit sie sich dem Schmerz nicht mehr stellen müssen. Doch irgendwann bricht der Schrei wieder aus ihnen heraus. Es ist ein Engel, der sie anrührt, damit sie ihr eigenes Schreien nicht überhören. Sie sollen sich dieser Verletzung stellen. Woher nehmen sie den Mut? Wenn ein anderer sie begleitet, wenn er ohne Angst zuhören kann, was sie an Schrecklichem erzählen, dann erleben sie den Engel, der Hagar in der Wüste angesprochen hat. Der Engel begegnet ihnen in Menschen, die sie auf den Brunnen verweisen, der in ihnen verborgen ist. Der Engel kann ihnen aber auch in der eigenen Kraft begegnen, die auf einmal in ihnen aufbricht. In ihrem Herzen taucht da auf einmal der Engel auf, der sie auf die Quelle weist, die in ihnen sprudelt, auf die Quelle, aus der sie schöpfen können, um sich zu regenerieren, um über die alten Wunden hinauszuwachsen. Der Engel verheißt ihnen, daß sie trotz aller Verletzungen zu einem großen Volk werden und zu einem Bogenschützen, daß ihr Leben gelingen wird, daß sie das Ziel ihrer Sehnsucht erreichen. Wir dürfen in der geistlichen Begleitung und in der Therapie nicht immer nur die Wunden anschauen. Wir dürfen nicht beim Schreien stehen bleiben, so wichtig es auch sein kann, seinen Schmerz erst einmal herauszuschreien. Aber wir sollten genauso nach dem Engel Ausschau halten, der unser Schreien hört und uns auf den Brunnen hinweist, der in uns ist. Wenn wir unsern Schlauch mit dem frischen Quellwasser unseres inneren Brunnens füllen, dann wird unser Durst gelöscht, und unser Schreien verstummt.

3.

Der Engel, der den Himmel öffnet

Jakob flieht vor seinem Bruder Esau. Er hat Angst, daß sein Bruder ihn ermorden könnte. Esau ist stärker als er. Während Jakob auf seinen schlauen Verstand vertraut, hat Esau seine Muskelkraft entwickelt. Esau kann seinem Bruder nicht verzeihen, daß er ihm das Erstgeburtsrecht genommen und den Segen des Vaters erschlichen hat. Jetzt ist Jakob auf der Flucht. Mitten in der Wüste will er übernachten und nimmt sich einen Stein als Kopfkissen. Da hat er einen Traum: „Er sah eine Treppe, die auf der Erde stand und bis zum Himmel reichte. Auf ihr stiegen Engel Gottes auf und nieder." (Gen 28, 12) Und oben auf der Treppe steht Gott und verheißt ihm: „Ich bin mit dir, ich behüte dich, wohin du auch gehst, und bringe dich zurück in dieses Land. Denn ich verlasse dich nicht, bis ich vollbringe, was ich dir versprochen habe." (Gen 28, 15) Himmel und Erde verbinden Engel hier. Sie öffnen den Himmel über dem, dem er auf der Flucht eher verhangen oder verschlossen schien. Auf einmal wird sein

Leben wieder weit. Es bekommt einen größeren Horizont. Jakob weiß, daß sein Leben gelingen wird, daß Gott mit ihm sein wird und an ihm seine Verheißungen erfüllen wird.

Oft genug erleben wir uns auf der Flucht. Die Bibel kennt viele Fluchtgeschichten. Doch hier geht es um eine ganz besondere Weise, vor etwas davon zu laufen. Jakob läuft vor dem eigenen Schatten davon. Denn Esau ist der dunkle Bruder, der Schatten, den Jakob bisher nicht wahrgenommen hatte. Flucht ist sicher kein guter Weg, mit dem Schatten umzugehen. Denn der Schatten wird uns in jedem Fall einholen. Wir können ihm nicht entrinnen. Jeder Psychologe sagt uns, daß es wichtig ist, den eigenen Schatten zu integrieren. Sonst fehlt uns ein wesentliches Stück unserer Seele. Aber Jakob integriert nicht, er flieht. Er muß erst durch eine lange Schule gehen, bis er im nächtlichen Zweikampf mit dem dunklen Mann am Jabbok seinen Schatten annehmen und darin Gott selbst begegnen wird. Zunächst ist er auf der Flucht. Und Gott läßt ihn auch auf der Flucht nicht allein. Auch die Flucht darf sein. Die Engel, die Jakob im Traum erscheinen, öffnen ihm mitten auf seiner Flucht den Himmel. Das hat für mich zwei Bedeutungen: Einmal können wir den Schatten nicht integrieren, wenn uns nicht ein größerer Horizont gezeigt wird, wenn uns der Engel nicht den Himmel über uns öffnet. Wir brauchen ein Ziel, um unseren Schatten annehmen zu können. Wer auf seinen Schatten fixiert bleibt, muß davonlaufen. Denn der Schatten macht ihm Angst. Erst wenn er angesichts des offenen Himmels auf den Schatten sieht, erscheint er nicht mehr so bedrohlich. Der offene Himmel wirft sein Licht auch über den Schatten.

Zum andern ist es eine häufige Erfahrung, daß uns gerade dort, wo wir innerlich am Ende sind, ein Engel den Himmel öffnet und unser Leben wieder auf Gott hin durchlässig erscheinen läßt. Dort, wo wir nichts mehr erhoffen, dort tritt ein Engel in unser Leben und läßt uns alles in einem andern Licht erkennen. Die ausweglose Krise wird für viele zum Ort, an dem sie einen spirituellen Weg entdecken. Der spirituelle Weg ist aber kein billiger Ausweg, kein Überspringen der eigenen Krise, sondern der einzige Weg, der wirklich weiter führt. Wenn nach außen hin nichts mehr geht, dann können wir nur auf dem inneren Weg weiter schreiten, so daß unser Leben wieder gelingt. Dann entdecken wir auf dem inneren Weg unser wahres Selbst, das uns einen Ausweg weist aus der Sackgasse, in die wir geraten sind.

Auch für Kinder haben Engel die Funktion, ihnen den Himmel zu öffnen. Kindern in einer zerrütteten Familie erscheint das Leben oft eher als Wüste und Hölle. Aber in der Hölle kann keiner ewig leben. Sie können darin nur aushalten, wenn ihnen der Engel immer wieder den Himmel öffnet. Der Engel wählt viele Wege, dem Kind den Himmel zu öffnen. Da kann sich ein Kind, das daheim die Hölle erlebt, sich königlich an einer schönen Blume erfreuen. Oder es streichelt voller Liebe die Katze oder den Haushund. Ein anderes Kind kann sich vergessen, wenn es spielt. Da öffnet sich der Himmel über ihm. Da reicht ein anderer Horizont hinein in sein Leben. Für ein anderes Kind ist es der Gottesdienst, in den es gerne geht. Dort werden Lieder gesungen, die es in den Himmel versetzen. Da wird sein Herz angerührt. Da öffnet sich etwas, da tut sich eine Türe auf, und die Seele wird weit. Kinder reflektieren darüber nicht. Sie suchen spontan die Orte auf, die ihr Leben mit dem Himmel verbinden, an denen eine Himmelsleiter steht, auf der die Engel auf und niedersteigen. An solchen Orten erfahren sie, daß sie nicht allein ist, daß Gott mit ihnen gehen wird und daß Gott dafür sorgen wird, daß ihr Leben gelingt.

Der Stein, den Jakob als Kopfkissen wählte, kann ein Bild sein für die vielen Stolpersteine, die uns im Weg liegen, an denen wir uns stoßen, über die wir fallen. Der Engel verwandelt den Stolperstein in einen Stein, auf dem die Himmelsleiter steht und die Erde mit dem Himmel verbindet. Dort, wo wir stolpern, dort, wo wir fallen und scheitern, kann ein Engel uns den Himmel öffnen. Dort, wo andere Menschen uns einen Stein in den Weg legen, kann sich unser Horizont weiten. Und wir sehen das Ziel unseres Lebens. Nicht umsonst nimmt Jakob am Ende der Geschichte den Stein, stellt ihn zum Gedenkstein auf und salbt ihn mit Öl. Er wird für ihn zum Erinnerungsstein, daß Gott zu ihm gesprochen und ihm das Gelingen des Weges verheißen hat. Auf den harten Stein gießt Jakob Öl. Er geht sanft und zärtlich mit dem Steinigen und Sperrigen in seinem Leben um. Dadurch wird das Harte zu einem Ort der Fruchtbarkeit, zu einem Ort, an dem etwas in uns wachsen und heranreifen kann. Und der Stein wird zu einem Zeichen für den göttlichen Segen, der gerade dort über uns ausgegossen wurde, wo alles in uns versteinert war. Wir sehen oft erst im nachhinein, daß manche Stolpersteine zu Segenssteinen geworden sind. Im Augenblick, da wir fallen, schimpfen wir nur über diesen Stein. Aber irgendwann erkennen wir, daß gerade an diesem Stein etwas Neues in uns aufgebrochen ist und ein Reifungsprozeß in uns begonnen hat. Die Geschichte Jakobs will uns zeigen, daß der Engel auch dort bei uns ist, wo wir stolpern, und daß er uns gerade dort, wo wir auf die Nase fallen, den Himmel über uns öffnet und uns mit göttlichem Segen erfüllt.

4.

Der Engel, der das Opfer verhindert

Abraham wird von Gott auf die Probe gestellt. Er soll seinen Sohn Isaak als Brandopfer darbringen. Er macht sich mit seinem Sohn auf den Weg, besteigt den Berg, fesselt Isaak und legt ihn auf den Altar. Gerade will er seine Hand ausstrecken, um seinen einzigen Sohn zu schlachten. Da ruft ihn der Engel des Herrn bei seinem Namen und befiehlt ihm: „Streck deine Hand nicht gegen den Knaben aus, und tu ihm nichts zuleide! Denn jetzt weiß ich, daß du Gott fürchtest; du hast mir deinen einzigen Sohn nicht vorenthalten." (Gen 22,12) Es ist eine schwierige Geschichte, die bei den Zuhörern immer wieder Empörung auslöst. Wie kann Gott von Abraham verlangen, daß er seinen Sohn opfert? Ist das nicht ein grausamer Gott? Man kann diese Geschichte auf verschiedene Weise auslegen. Da wäre die Auslegung auf der Subjektstufe. Dann würde sie bedeuten, daß ich das Liebste, das ich habe, nicht festhalten kann, daß ich es immer wieder loslassen muß. Nur so werde ich innerlich auf meinem Weg weiter kommen. Ich darf nichts zum Götzen werden lassen zwischen mir und meinem Gott, selbst das Kostbarste nicht, das ich in mir spüre. Ich möchte aber die Geschichte vom Opfer Abrahams nur vom Aspekt des Engels her deuten.

Dann könnte man sich fragen, ob Gott wirklich das Opfer Isaaks verlangt hat. Vielleicht hat Abraham nur gedacht, daß Gott den Tod seines Sohnes möchte. Vielleicht war sein Gottesbild noch unvollkommen. So deuten es viele Exegeten, die meinen, die Geschichte zeige, daß in Israel Menschenopfer nicht mehr möglich seien. Das Gottesbild habe sich gewandelt. Für mich ist es keine längst vergangene Geschichte. Ich erlebe immer wieder Eltern, die meinen, sie würden Gott einen Gefallen tun, wenn sie ihre Kinder „opfern". Natürlich opfern sie sie nicht auf dem Brandopferaltar. Aber sie opfern sie auf dem Altar ihres Rigorismus und Moralismus. Da ist es für die Eltern das Wichtigste, daß sie Gottes Willen erfüllen, daß sie alle seine Gebote halten. Aber sie merken gar nicht, daß es nicht Gottes Gebote sind, die sie erfüllen, sondern die Gebote ihrer eigenen Angst und Enge. Weil sie nur auf ihre Gebote fixiert sind, bringen sie ihr Kind zum Opfer. Es erlebt nur die Kälte von Eltern, die ängstlich darauf bedacht sind, nach Gottes Willen zu leben, die aber gar kein Gespür für die Bedürfnisse des Kindes haben. Da wird dem Kind Höllenangst eingejagt, wenn es bei sexuellen Spielen erwischt wird. Die Höllenpredigt vermittelt dem Kind das Gefühl, ganz und gar verdorben zu sein und auf ewig der Verdammnis zu verfallen. Auf diese Weise wird ein Kind zum Opfer.

Doch es gibt nicht nur die rigorosen Gottesbilder, die das Kind opfern. Es sind auch die vielen Götzen, die für manche

Eltern wichtiger sind als die eigenen Kinder. Da ist der Götze Geld oder Karriere. Da ist der Götze des Vergnügens, das man sich nicht entgehen lassen kann. Wenn solche Götzen das Leben der Eltern bestimmen, wird das Kind auch zum Opfer gebracht. Es wird noch geduldet, aber sein Lebensraum wird nicht gewürdigt. Es wird abgeschoben, damit man seine eigenen Ziele verfolgen kann. Andere bringen ihr Kind auf dem Altar ihres Ehrgeizes zum Opfer. Das Kind muß all das verwirklichen, was die Eltern versäumt haben. Es muß in die Ballettstunde gehen, ein Musikinstrument lernen und zugleich Reitunterricht nehmen. Es braucht überall Nachhilfeunterricht, damit es eine gute Abiturnote bekommt und Medizin studieren kann. Es hat keinen Zweck, auf diese Eltern zu schimpfen. Sie brauchen einen Engel, der ihnen in den ausgestreckten Arm fällt, um sie daran zu hindern, ihr Kind zu opfern. Die Abrahamsgeschichte gibt uns Hoffnung, daß auch dort, wo Eltern dabei sind ihr Kind zum Opfer zu bringen, ein Engel eingreift und sie zur Einsicht bringt. Ein Engel, der ihnen bewußt macht, was sie eigentlich tun, und der ihnen die Augen öffnet, damit sie sehen, was sie opfern sollen. Sie sollen den Widder opfern, der sich mit seinen Hörnern im Gestrüpp verfangen hat. Der Widder gilt als Symbol der Kraft. Anstelle des hilflosen Kindes sollten sie ein Stück ihrer Kraft opfern, ein Stück ihres Erfolgs, ihres Ehrgeizes, ihrer Leistungsfähigkeit nach außen, damit ihr Kind leben kann. Wenn die Eltern nur um die eigene Leistung kreisen, kommt das Kind zu kurz.

In dieser Geschichte schützt der Engel das Kind, indem er dem Vater in den Arm greift. So belehrt der Engel, der das Kind begleitet, die Eltern. Das Kind hat etwas an sich, das den Teufelskreis der elterlichen Opferrituale durchbricht. Das Kind, das wie Isaak hilflos erscheint, ohnmächtig dem Willen des Vaters ausgeliefert, hat einen Engel, der immer wieder eingreift, wenn die Eltern auf ihr Opferritual fixiert sind. Wenn in der Kindheit verletzte Erwachsene zurückblicken, so werden sie immer wieder solche Engel entdecken, die die Eltern davor bewahrt haben, das Kind zu schlachten. Engel haben den Jähzorn des Vaters gebremst. Sie haben die Schläge der Mutter gemildert. Sie haben in die rigorosen Gottesbilder und in die Götzenverehrung immer wieder Breschen geschlagen, so daß das Kind doch leben konnte.

Verena Kast hat in ihrem Buch „Abschied von der Opferrolle. Das eigene Leben leben“ Menschen beschrieben, die sich zeit ihres Lebens als Opfer fühlen und in ihrer Opferposition beharren. Sie verdrängen ihre Aggressionen, vermeiden Konflikte und haben den Eindruck, daß sie hilflos den Aggressionen anderer ausgeliefert sind. Sie bleiben passiv und weigern sich, ihr Leben selbst in die Hand zu nehmen. Sie ziehen sich zurück, haben Angst vor Veränderung und stecken fest. „Es geht nichts mehr, und es darf auch nichts mehr gehen. Auf diese Weise wird das Thema des Opfers das Wichtigste im Leben.“ (Kast 94) Der Engel befreit Isaak aus der Opferrolle. Er löst die Fesseln, die ihn auf den Brandopferaltar binden. Und der Engel befreit Abraham von seiner Rolle als Aggressor. Im Widder opfert er etwas von seiner eigenen Kraft. Auf diese Weise kann Isaak leben. Wenn sich ein Kind hilflos fühlt, ist es leicht in Gefahr, in die Opferrolle zu schlüpfen. Es wird dann apathisch, es gibt sich mit allem zufrieden. Aber es lebt nicht wirklich. Die Geschichte vom Opfer Abrahams läßt uns hoffen, daß auch bei Kindern, die nach außen hin kaum eine

Chance haben, aus ihrer Opferrolle auszubrechen, ein Engel eingreift. Der Engel ist bei dem Kind, wenn es sich gegen die Aggressionen der Eltern wehrt. Der Engel ist bei dem Kind, das sich dem Brüllen des alkoholkranken Vaters entzieht, indem es in den Garten rennt und sich auf den Holzschwan setzt, den der Großvater geschreinert hat. Dort singt es Lieder. Es befreit sich auf diese Weise von der bedrohlichen Willkür des Vaters und kommt mit seiner eigenen Kraft in Berührung. Der Engel ist bei dem Kind, das sich nicht zufrieden gibt mit der dumpfen Atmosphäre daheim und sich den Freunden zugesellt, bei denen es seine Lebendigkeit ausagieren kann. Was gibt einem Kind und auch einem Erwachsenen die Kraft, sich von den Fesseln der Opferrolle zu befreien? Ist es ein spontaner Einfall? Sind es die gesunden Anteile seiner Seele? Ist es das göttliche Kind in ihm? Wir können letztlich nicht erklären, was ihm die Kraft schenkt, aus der Opferrolle auszubrechen und sein Leben selbst zu leben. Wir dürfen daran glauben, daß es sein Engel ist, der über es wacht und das Opfer verhindert.

Es gibt viele Menschen, die zeit ihres Lebens in der Opferrolle verharren. Das Zusammenleben mit ihnen ist schwierig. Denn auch wenn sie nach außen die Rolle des Opferlammes spielen und alles auf sich nehmen, was ihnen von andern aufgeladen wird, so geht von ihnen doch eine Stimmung verdrängter Aggression aus. Das Opferlamm vermittelt den andern Schuldgefühle. Weil die Kinder der Mutter soviel Kummer machen, weil sie ihr zuviel Arbeit zumuten, deshalb geht es ihr so schlecht, deshalb ist sie so müde und krank. Das Opferlamm ist ein ständiger Vorwurf an die Menschen in seiner Umgebung. Sie sind schuld, daß das Opferlamm unter der

Last, die ihm die andern aufbürden, zusammenbricht. Um aus dem Teufelskreis der Opferrolle und der heimlichen Aggressivität auszubrechen, braucht es einen Engel, der das Spiel beendet. Der Engel fällt uns in den Arm und öffnet uns die Augen: Und wir sehen den Widder. Anstatt uns selbst zum Opfer zu bringen, sollen wir den Widder opfern, den Gott uns anbietet. Wir sollen etwas von der Kraft opfern, die in uns steckt. Denn aus dem Opfer unserer Kraft und Aggression kann Leben entstehen.

5.

Der Engel, der segnet

Kurz vor seinem Tod segnet Jakob seinen Sohn Josef und dessen Söhne Efraim und Manasse. Er spricht dabei: „Der Engel, der mich erlöst hat von jeglichem Unheil, er segne die Knaben. Weiterleben soll mein Name durch sie." (Gen 48, 16) Das ist für mich ein schönes Bild. Jeder Mensch hat einen Engel, der ihn segnet, der seine Hand segnend über ihn hält und ihm Gutes zusagt. Segnen bedeutet vom Griechischen und Lateinischen her: Gutes sagen (benedicere), Gutes über einen Menschen sprechen. Der Engel, der segnet, ist zugleich der, der von jedem Unheil erlöst, der das Unheil wendet, der befreit aus krankmachenden Verstrickungen.

Es gibt Kinder, die hören oft wenig gute Worte. Dagegen wird ihnen ständig gesagt, sie sollten das oder jenes tun, sie hätten dies wieder falsch gemacht, sie sollten endlich aufräumen und nicht so zimperlich sein. Noch schlimmer sind Worte, die eher Fluch als Segen sind: „Du solltest eigentlich gar nicht sein.

Du bringst uns ins Grab. Du wirst schon sehen, wo das hinführt. Du wirst es nie zu etwas bringen. Du bist uns eine Last. Du wirst ewig büßen müssen für das, was du uns angetan hast. Gott soll dich für immer strafen, weil du so böse bist." Ich kenne Menschen, die zeit ihres Lebens den Eindruck haben, unter einem Fluch zu stehen. Sie leben mit dem Fluch, daß sie nie würdig sind, zur Kommunion zu gehen, daß sie nie gut genug sind, um ein vollwertiges Mitglied der menschlichen Gesellschaft zu sein, daß sie nie den Erwartungen der Eltern entsprechen werden. Solch ein Fluch lähmt die Lebenskraft eines Menschen. Unter einem Fluch zu leben, das heißt, ständig Angst zu haben, daß dieser Fluch sich irgendeinmal bewahrheiten wird.

Der Engel, der segnet, das kann ein väterlicher oder mütterlicher Mensch sein, die Nachbarin, die Großmutter, der Großvater, der Lehrer, der Pfarrer. Aber es kann auch der Engel sein, der im Kind selbst spricht. Man braucht nur mal den Gesprächen zuhören, die Kinder mit ihrem Kuscheltier führen. Da sagen sie oft selber Segensworte, die zwar zunächst dem Kuscheltier gelten, in Wirklichkeit aber sich selbst. Ich habe einmal ein kleines Mädchen beobachtet, das mit ihrem Ball sprach. Sie hat ihm viel Gutes zugesagt, ihn getröstet, ihn gelobt, ihm von sich selbst erzählt. Es ist genau der Zwischenbereich, den Winnicott als den Raum beschreibt, in dem das Kind die Verbindung zwischen äußerer und innerer Realität lernt. In diesem Zwischenbereich spricht das Kind andere Worte, als es von den Eltern hört. Da spricht es das aus, was das eigene Herz braucht und wonach es sich sehnt. Der Zwischenbereich ist auch der Raum, in dem das Kind eine Ahnung hat von dem Engel, der es segnet, der ihm Gutes zusagt. In den eigenen Worten des Kindes spricht der segnende Engel. Und er hält seine

Hand über ihm, damit der Fluch es nicht trifft, den die Eltern auf es richten.

Jakob nennt den Engel, der die Knaben segnet, den Engel, „der mich erlöst hat von jeglichem Unheil". Der Engel befreit das Kind von jeglichem Unheil. Er löst die Bande auf, die das Kind fesseln und nicht leben lassen. Nach außen hat das Kind oft keine Chance in einer Atmosphäre des Unheils, des Streites, des emotionalen Chaos, der Brutalität. Aber der Engel, der das Kind begleitet, schafft eine gesunde Distanz, so daß das Kind nicht alles an sich heranläßt. Er löst die enge Verhaftung an die äußere Realität, indem er es mit seiner inneren Realität in Berührung bringt, zu dem das Unheil keinen Zutritt hat. Wenn die äußere Realität zu grausam ist, führt der Engel das Kind in den Innenraum, in dem es gesegnet ist, in dem es heil ist und ganz, in dem niemand es verletzen kann. Von daher können wir verstehen, daß Kinder oft grausame Erfahrungen unbeschadet überleben.

Nicht nur in unserer Kindheit sollten wir nach dem Engel Ausschau halten. Dieser Engel begleitet uns heute genauso. Er segnet uns, indem er uns Gutes zusagt, indem er das Gute in uns benennt. Und er löst die enge Verflechtung mit einer krankmachenden Umgebung und führt uns in den Innenraum, in den der Lärm der kritisierenden und verletzenden Menschen nicht eindringen kann, in dem niemand uns kränken kann. In diesem Innenraum hält der erlösende Engel seine schützende Hand über uns, damit das Unheile, das Zerstörende, das Auflösende in unserer Nähe uns nicht treffen kann. Nelly Sachs, die jüdische Dichterin, spricht vom Segensraum, den die Engel uns darbieten:

„Engel auf den Urgefilden
wieviel Martermeilen
muß die Sehnsucht, zurück
zu eurem Segensraum durcheilen!" (Stubbe 33)

Nelly Sachs weiß, daß wir uns sehr weit von diesem inneren Segensraum entfernt haben. Die Sehnsucht muß viele Martermeilen zurücklegen, sie muß vieles lassen, woran sie sich festklammert, um in diesen inneren Raum zu gelangen, in dem wir gesegnet sind. Es sind die „Urgefilde", der ursprüngliche Ort, der Raum, der uns an den eigenen Ursprung führt und uns mit dem Urbild in Berührung bringt, das Gott sich von uns gemacht hat. Die Engel schützen den Segensraum, in dem Gott uns sein gutes Wort zusagt, in dem Gott segnend seine Hand über uns hält, in dem wir von Gottes Kraft und Gottes Gnade umgeben sind.

6.

Der Engel, der sich in den Weg stellt

Im Buch Numeri gibt es eine groteske Geschichte vom Seher Bileam und seiner Eselin. Der König Balak bittet den Propheten Bileam, sein Volk zu segnen und Israel, seinen Feind, zu verfluchen. Er verspricht ihm reiche Belohnung. Bileam macht sich auf den Weg, doch offensichtlich, ohne vorher bei Gott Weisung eingeholt zu haben. Da stellt sich ihm der Engel des Herrn in feindlicher Absicht in den Weg. Die Eselin sieht den Engel mit gezücktem Schwert den Weg versperren und weicht ins Feld aus. Bileam, der berühmte Prophet, sieht den Engel nicht. Die Eselin ist ihm darin offensichtlich überlegen. Noch zweimal stellt sich der Engel des Herrn in den Weg. Einmal drückt die Eselin das Bein Bileams gegen die Mauer beim Versuch, auszuweichen. Das andere Mal geht sie in die Knie. Jedesmal wird sie von ihrem Herrn brutal geschlagen. Da öffnet der Herr der Eselin den Mund, und sie spricht zu Bileam: „Was habe ich dir getan, daß du mich jetzt schon zum drittenmal schlägst?“ (Num 22,28) Bileam scheint gar nicht erstaunt zu sein, daß die Eselin nun spricht. Er läßt sich auf den Dialog ein und macht ihr Vorwürfe. Da öffnet der Herr dem Bileam die Augen, und er sieht „den Engel des Herrn auf dem Weg stehen, mit dem gezückten Schwert in der Hand.“ (Num 22,31) Und der Engel sagt zu ihm: „Warum hast du deinen Esel dreimal geschlagen? Ich bin dir feindlich in den Weg getreten, weil mir der Weg, den du gehst, zu abschüssig ist.“ (Num 22,32)

Dies ist kein niedlicher und freundlicher Engel, sondern einer, der Erschrecken hervorruft. Ein Engel, der sich in den Weg stellt. Der große Seher Bileam sieht ihn nicht, während seine Eselin ihn erkennt. Der Verstand erkennt den Engel nicht, der sich uns in den Weg stellt, um uns vor Unheil zu bewahren. Die Eselin, der Triebbereich, unser Instinkt, hat ein Gespür für den Engel, der uns auf unserem Weg aufhält. Der Verstand meint, er müsse unbedingt weiter gehen auf dem bisherigen Weg. Er müsse noch mehr leisten, noch mehr organisieren und planen. Doch der Körper bremst ihn. Er streikt. Manche werden dann wütend und schlagen auf ihren Körper ein, anstatt ihn zu fragen, warum er sich querlegt. Gott muß dann unserem Leib den Mund öffnen, damit er sich verständlich zu Wort melden kann. Die Sprache des Leibes läßt sich nicht überhören. Und je mehr wir auf den Leib eindreschen, desto mehr wird er rebellieren, bis wir endlich einsehen, daß unser Weg zu abschüssig ist, daß er uns ins Verderben führt. Dann sind wir dankbar, daß der Engel des Herrn sich uns in den Weg gestellt hat, damit wir nicht größeren Schaden erleiden.

Auf vielfache Weise kann sich der Engel uns in den Weg stellen. Da plant eine Ärztin einen Stellenwechsel. Aber sie findet einfach keine Wohnung am Arbeitsort. Da möchte jemand eine Reise unternehmen. Aber es geht alles schief. Das Reisebüro verschlampt seinen Auftrag. Und jetzt ist es zu spät, noch einen Platz zu bekommen. Ein Firmenchef möchte eine Veränderung in der Firmenorganisation durchsetzen. Aber alle Ansätze bleiben im Sand stecken. Ein anderer möchte gerne Lehrer werden, aber alle Bewerbungsversuche scheitern. Viele ärgern sich dann, daß sich die Pläne nicht durchführen lassen. Aber vielleicht sollten wir erst einmal nach dem Engel fragen, der sich uns in den Weg gestellt hat. Vielleicht wollte uns der Engel davor warnen, diesen Weg weiter zu verfolgen. Oder zumindest sollten wir innehalten und das Ganze nochmals überprüfen. Wir sollen dann nicht wie Bileam fixiert sein auf den Ort, an dem wir gerne ankommen möchten, sondern sollten in uns hineinhorchen, ob uns da die Eselin nicht auf den Engel aufmerksam machen möchte, der uns den Weg verstellt.

Bei Kindern äußert sich der Engel Bileams manchmal in Rebellion und Verweigerung in bestimmten Situationen. Die Eltern meinen, das Kind wäre einfach nur bockig oder es wolle nur seinen Willen durchsetzen. Das kann natürlich auch sein. Aber manchmal weiß das Kind genau, was es nicht will. Es spürt instinktiv den Engel, der da im Weg steht. Es fühlt, daß dieser oder jener kein Weg wäre, der ans Ziel führt. Und anstatt wie Bileam die Eselin zu schlagen, sollten die Eltern erst genau hinhören, warum das Kind hier nicht weiter geht. Vielleicht kann das Kind es auch nicht erklären. Aber an der Art und Weise, wie es über seine Weigerung spricht, können die Eltern spüren, ob es nur Bockigkeit ist oder ob da ein Engel den Weg versperrt. Vielleicht spricht der Engel in der Angst, die das Kind davor beschützt, sich in Situationen hineinzubegeben, die es überfordern. Wenn ein Kind sich weigert, zum Onkel zu gehen, dann hat es meistens gute Gründe. Das Kind spürt, daß ihm der Onkel nicht gut tut, daß er seine Grenze verletzt. Da sind Kinder, die von ihrem Onkel mißbraucht worden sind, die haben sich geweigert, dort nochmals hinzugehen. Aber die Eltern haben ähnlich wie Bileam auf sie eingeschlagen. Sie haben den Engel übersehen, der sich ihnen da in den Weg stellte. Sie wollten nur keinen Ärger mit dem Onkel und haben das Kind gezwungen, wieder hin zu gehen. Und irgendwann hat das Kind sich ergeben und wurde schließlich jahrelang mißbraucht. Es wäre besser gewesen, die Eltern hätten auf den Engel gehört, der sich da in den Weg stellte, anstatt auf ihre eigenen Bedürfnisse und Wünsche fixiert zu sein. Wenn ein Kind sich querstellt, ist es immer angebracht, genau hinzuschauen und hinzuhören, was sich da in den Weg stellt. Vielleicht ist es sein Engel.

Die Eselin sieht den Engel und versteht ihn. Kinder kommen oft dort mit ihrem Engel in Berührung, wo sie sich liebevoll Tieren zuwenden. Viele Mädchen sind begeistert von Pferden. Was sie da so fasziniert, ist nicht immer klar. Offensichtlich ist es die Kraft des Pferdes, das sich aber zugleich von einer zarten Hand führen läßt. Dem Pferd können die Mädchen alles erzählen, was die Eltern nicht hören wollen. Kinder, die auf dem Bauernhof aufwachsen, haben oft eine besondere Vorliebe zum Stall. Sie gehen nach der Schule zuerst in den Stall und erzählen den Tieren, was sie in der Schule erlebt haben, was sie belastet. Andere streicheln ihren Hund und fühlen sich von ihm verstanden. Bei ihren Lieblingstieren ahnen sie etwas von dem Engel, der bei ihnen ist, der sie behütet mit seiner Kraft, der ihnen aber auch zuhört und der sich ihnen in den Weg stellt, wenn sie auf gefährliche Abwege geraten.

Bileam, der berühmte Prophet, muß sich von seinem Esel belehren lassen. Er kann seinen Weg nicht weiter verfolgen. Er muß zuerst die Augen öffnen, um den Engel zu erkennen, der sich ihm in den Weg stellt. Die Geschichte lehrt uns, daß wir uns nicht auf das fixieren, was wir uns in den Kopf gesetzt haben. Wir müssen die Augen öffnen für die Engel, die sich uns in den Weg stellen und uns am Weitergehen hindern. So ein Engel kann im Widerstand des Ehepartners oder der Kinder in Erscheinung treten. Er kann sich in der Weigerung von Mitarbeitern zeigen, unsere Weisungen zu befolgen. Statt den Widerstand mit Gewalt zu brechen, sollten wir lieber genau hinhören, ob sich da nicht ein Engel in den Weg stellt, der uns vor Fehlentscheidungen bewahren möchte, der uns davor warnt, zu schnell voranzugehen, weil der Weg zu abschüssig ist.

7.

Der Engel, der beruft

Im Buch Richter beruft Gott immer wieder Menschen, die Israel aus seiner Not und Unterdrückung durch die Philister oder die Midianiter befreien. Als die Midianiter jedes Jahr die Ernte der Israeliten vernichten und das Volk verarmt, schickt Gott seinen Engel zu Gideon: „Da erschien ihm der Engel des Herrn und sagte zu ihm: Der Herr sei mit dir, starker Held. Doch Gideon sagte zu ihm: Ach, mein Herr, ist der Herr wirklich mit uns? Warum hat uns dann all das getroffen?“ (Ri 6, 12 f) Als der Engel ihm aufträgt, er solle mit der Kraft, die Gott ihm gegeben habe, Israel aus der Hand Midians befreien, da wirft er ein: „Ach, mein Herr, womit soll ich Israel befreien? Sieh doch, meine Sippe ist die schwächste in Manasse, und ich bin der Jüngste im Haus meines Vaters.“ (Ri 6, 15) Doch der Engel läßt nicht locker: „Weil ich mit dir bin, wirst du Midian schlagen, als wäre es nur ein Mann.“ (Ri 6, 16) Gideon bringt dem Engel Fleisch und Brote, um ihn zu bewirten. Der berührt die Gaben mit seinem

Stab. Da steigt Feuer vom Himmel hernieder und verzehrt alles. Der Engel aber ist nicht mehr zu sehen. Da errichtet Gideon einen Altar und nennt ihn: „Der Herr ist Friede." (Ri 6,24)

Der Engel verheißt dem Gideon, daß Gott selbst mit ihm sei. Aber die Wirklichkeit, die Gideon erfährt, ist ganz anders. Da ist überall nur Unterdrückung. Da ist von Gottes heilender und helfender Nähe nichts zu spüren. Viele Menschen können nicht an Gott glauben, weil sie nichts von seiner Hilfe sehen. Sie fühlen sich allein, unterdrückt, ausgebeutet, verletzt, hilflos. Niemand greift ein, um ihnen zu helfen. Die Flüchtlinge aus dem Kosovo und aus Ruanda können nicht daran glauben, daß der Herr mit ihnen ist. Sie fragen mit Gideon: „Warum hat uns all das getroffen?" Der Engel versucht nicht, Gideon auszureden, daß die Situation unerträglich ist, sondern er beruft und sendet ihn. Er soll selbst die Unterdrückung beseitigen. Er soll die fatale Situation lösen. Das scheint unrealistisch zu sein. Und zu Recht wehrt sich Gideon dagegen. Er als der Jüngste in der schwächsten Sippe hat doch gar keine Chance, Israel zu helfen. Doch auf dieses Argument geht der Engel nicht ein. Er sendet ihn, er traut ihm die Aufgabe zu. Er spricht einmal die Kraft an, die er von Gott erhalten habe, zum andern sagt er ihm den Sieg zu, weil Gott selbst mit ihm ist.

Diese Engelgeschichte erinnert uns an die Situation von Kindern, die Gewalt und Unterdrückung erfahren, die keine Chance haben, sich zu wehren. Man raubt ihnen den Erfolg, die Ernte. Wenn dem Kind etwas gelingt, wird es nicht gelobt. Im Gegenteil, alles, was im Kind wächst, wird ihm genommen. Die Eltern brauchen es für sich. Sie würdigen das Kind nicht, wenn es Erfolg hat, wenn es etwas zu Wege bringt, sondern sie benutzen es für die eigenen Bedürfnisse. Sie sind nicht in

Berührung mit dem Kind. Nur wenn Besuch kommt, wird es als Vorzeigekind vorgeführt. Da muß es zeigen, was es kann. Da muß es ein Gedicht vortragen oder etwas vorsingen, ob es will oder nicht. Das Bedürfnis des Kindes wird nicht berücksichtigt. Nur seine „Ernte“ interessiert. Nur sein Können ist wichtig. Damit können die Eltern vor dem Besuch angeben. Der Engel beschützt das Kind nicht vor solchen Verhältnissen, sondern er beruft es, selbst Hand an zu legen und der Unterdrückung ein Ende zu bereiten. Das klingt unrealistisch. Ein Kind kann ja nicht die Familiensituation völlig verändern. Aber der Engel gibt ihm Mut, selbst das Heft in die Hand zu nehmen, selbst für sich zu sorgen. Der Engel ist gerade dann bei ihm, wenn das Kind selbst es wagt, sich aus der Unterdrückung zu befreien. Der Engel weist auf das Unverwundbare im Kind hin, das von den unterdrückenden Kräften seiner Umgebung nicht verletzt werden kann. Und der Engel steht dem Kind zur Seite, daß es selbst Strategien entwickelt, wie es sich befreien kann.

In der Begleitung habe ich immer wieder erlebt, daß mir Erwachsene von ihren Strategien berichten, wie sie sich als Kind dem überfordernden Druck von außen entzogen haben. Da ist eine Frau als Kind aufs Feld gegangen und hat sich Höhlen im Heu geformt, in die es sich zurückgezogen hat. Da ist ein Mädchen in die Kirche geflüchtet, um bei Maria Trost zu suchen. Da versteckt sich ein Kind im Dachboden. Es hat dort sein heimliches Versteck, in dem es spielen kann. Dort fühlt es sich befreit. Dort reicht die Unterdrückung nicht hin. Eine Frau erzählt mir, daß sie sich immer in den Wald zurückgezogen hat, wenn es ihr nicht gut ging. Das war für sie ein Schutzraum. Dort hat sie an die Engel geglaubt, die mit ihr seien. Wenn wir uns fragen, warum Kinder solche Strategien der Befreiung entwickeln, dann dürfen wir es durchaus mit dem Bild des Engels erklären. Ein Engel sendet das Kind aus, mit der Kraft, die es hat, das zu tun, was ihm gut tut, für sich selbst zu sorgen, sich den Schutzraum zu schaffen, der ihm hilft, in einer angespannten Situation zu überleben. Der Engel schickt das Kind in den Kampf. Nicht in den Kampf gegen die Eltern. Denn da würde es verlieren. Aber doch in den Befreiungskampf, in dem es die Nischen findet und ausbaut, die es von der Macht der Eltern befreien. Anstatt über die Unterdrückung zu jammern, sendet der Engel das Kind in den Kampf für sich selbst, für seine Freiheit.

Wenn Erwachsene darüber klagen, daß sie sich hilflos fühlen, daß sie in der Firma Mobbing erleben, was sie aufreibt, daß sie ständig von ihren Verwandten und Bekannten verletzt werden, daß ihr Ehepartner sie unterdrückt, dann sollten sie nach dem Engel rufen, der beruft. Sie haben trotz aller Unterdrückung eine Kraft in sich, die ausreicht, um sich von äußeren Bedrängern zu befreien. Und sie haben den Engel auf ihrer Seite. Sie sind nicht allein in ihrem Befreiungskampf. Der Engel aktiviert die Kräfte im Menschen. Er fordert ihn heraus, nach Strategien zu suchen, sich aus der bedrückenden Macht anderer zu lösen. Statt uns als hilfloses Opfer zu gebärden, sollen wir mit unserer Aggression in Berührung kommen und für uns selber kämpfen. Auch wenn wir nach außen hin scheinbar keine Chance haben, werden wir etwas erreichen. Der Engel, der uns beruft, streitet mit uns.

8.

Der Engel, der Weisungen erteilt

Als Israel 40 Jahre lang in der Gewalt der Philister war, schickte Gott seinen Engel zur Frau des Manoach, die unfruchtbar war und keine Kinder hatte. „Der Engel des Herrn erschien der Frau und sagte zu ihr: Gewiß, du bist unfruchtbar und hast keine Kinder; aber du sollst schwanger werden und einen Sohn gebären. Nimm dich jedoch in acht, und trink weder Wein noch Bier, und iß nichts Unreines! Denn siehe, du wirst schwanger werden und einen Sohn gebären. Es darf kein Schermesser an seine Haare kommen; denn der Knabe wird von Geburt an ein Gott geweihter Nasiräer sein. Er wird damit beginnen, Israel aus der Gewalt der Philister zu befreien." (Ri 13,3–5)

Der Engel verheißt eine Geburt. Das ist ein Thema, das im Alten und Neuen Testament immer wieder auftaucht. Die Verkündigung an Maria in Lk 1 hat sicher Elemente dieser Engelerscheinung in Ri 13 übernommen. Doch auf den Engel, der verheißt, möchte ich erst bei der Meditation über den Engel Gabriel eingehen. Hier ist mir ein anderer Aspekt wichtig. Der Engel gibt der Frau des Manoach Anweisungen, wie sie ihren Sohn Simson behandeln soll. Er gibt also nicht Anweisungen an das Kind, sondern an die Eltern. Indem er den Eltern sagt, was sie zu tun haben, schafft er den Raum, den das Kind braucht, um zu einem Nasiräer zu werden. „Nasiräer" heißt: Er ist der Gott Geweihte, der Reine und Heilige. Er ist der, der das ursprüngliche Bild, das Gott sich von jedem Kind gemacht hat, unverfälscht darstellt. Das wäre ja das Ziel des Lebens, daß wir das reine Bild Gottes sichtbar werden lassen, daß wir ganz der und ganz die werden, die wir im Grunde unseres Herzens sind. Oft genug zwingt uns die Lebensgeschichte, ein falsches Selbst zu entwickeln, uns in ein Bild hineinzupressen, das unserem wahren Selbst nicht entspricht. Der Engel will uns den Weg zu unserem wahren und ursprünglichen Selbst führen.

Damit das Kind Simson nicht verbogen wird, sondern sein ursprüngliches Bild leben kann, bedarf es von seiten der Eltern einiger Voraussetzungen. Die erste ist, daß die Mutter weder Wein noch Bier trinkt. Sie soll sich nicht berauschen. Sie soll nüchtern bleiben, damit sie erkennt, was das Geheimnis des Kindes ist. Viele Kinder werden in ihrer Entwicklung behindert, weil die Mutter oder der Vater Alkoholiker sind. Dann sind die Eltern so mit sich beschäftigt, daß das Kind gar nicht richtig wahrgenommen wird. Eine Frau erzählte mir, daß ihre Mutter Alkoholikerin war. Sie konnte als Mädchen gar nicht mit ihr sprechen. Ihre Sucht machte sie beziehungsunfähig. Sie ließ niemanden an sich heran. So konnte die Tochter bei ihr keine Geborgenheit erfahren. Und sie hatte keine Möglichkeit, in der Begegnung mit ihr die eigene Rolle als Frau zu erlernen.

Aber es muß nicht immer der Rausch sein, der vom Alkohol herrührt. Viele leben in einem anderen Rausch. Sie sind benebelt durch ihre eigenen Illusionen, die sie von sich und ihrem Kind haben. Ihr Blick ist getrübt durch die Verletzungen, die sie selbst erfahren haben, durch Enttäuschung, Resignation, Angst und Depression. Dann sind sie unfähig, das Kind in seiner Besonderheit wahrzunehmen. In so einer Atmosphäre tut sich ein Kind schwer, das ursprüngliche Bild zu leben.

Die Mutter in unserer Geschichte soll dem Kind die Haare nicht schneiden. Das Haar gilt als Symbol für die Kraft eines Menschen. Bei Männern galten lange und offene Haare in verschiedenen Kulturen als Zeichen der Freiheit. Solange Simson die Haare wachsen, kann keiner ihn überwinden. Der Engel gibt damit den Eltern die Anweisung, dem Kind die Kraft nicht zu rauben. Das Schermesser ist Bild für alles, was das Kind von seiner Energie abschneiden kann. Wenn die Mutter das Kind für sich braucht und für ihre eigenen Bedürfnisse, dann saugt sie es aus und nimmt ihm seine Kraft. Wenn der Vater das Kind nicht ernst nimmt und es lächerlich macht, kann es seine eigene Stärke nicht entdecken. Wenn der Vater in seinem Jähzorn jede aggressive Äußerung des Sohnes sofort niedertritt, schneidet er ihn von einer wichtigen Lebensenergie ab. Ich habe einen Mann begleitet, der angesichts des jähzornigen Vaters schon früh die Strategie entwickelte, sich anzupassen und still zu sein. Das hat ihn jahrelang gut durch das Leben geführt. Er war immer angenehm und pflegeleicht. Aber irgendwann hatte er keine Kraft mehr und wurde von Depressionen heimgesucht. Das Schermesser des väterlichen Jähzorns hatte seine Aggressionen beschnitten und ihn so seiner eigenen Kraft beraubt. So war er nicht mehr fähig, sich gegen die Feinde zu wehren, sich in seinem Beruf durchzusetzen und zu kämpfen.

Der Name Simson heißt eigentlich „Sohn der Sonne". Eigentlich ist jedes Kind ein Sonnenkind, ein Kind, in dem sich die Schönheit der Sonne widerspiegelt. Aber häufig wächst ein Kind im Reich der Finsternis auf, die das Licht in ihm verdunkelt. In der Simsongeschichte weist der Engel die Eltern zu einem Verhalten an, das dem Sonnenkind ermöglicht, das eigene Wesen zu verwirklichen. Die Geschichte scheint die Einsicht der Psychologie zu bestätigen, daß das Kind sehr abhängig ist von seiner Erziehung. Aber vielleicht können wir die Geschichte so deuten, daß der Engel, der über das Kind wacht, auch den Eltern Weisungen erteilt, die dem Kind helfen. Vom Kind geht oft genug etwas aus, das den Eltern anzeigt, wie sie mit ihm umgehen sollen. Wenn die Eltern sensibel sind und auf den Engel des Kindes hören, dann spüren sie, was ihm gut tut, was das Besondere dieses Kindes ist und welchen Raum sie ihm anbieten sollen, damit es sein wahres Wesen leben kann.

Die Weisungen des Engels gelten nicht nur für die Eltern eines Kindes, sie gelten uns allen. Wir sollen uns nicht berauschen mit irgendwelchen Illusionen, die wir uns von uns selber machen. Wir dürfen kein Schermesser über die Haare unserer eigenen Kraft kommen lassen. Ich kenne viele Menschen, die sich von der wichtigen Lebensenergie ihrer Aggressionen abschneiden. Doch sie werden so zum Spielball fremder Kräfte, lassen andere ihr Leben bestimmen. Sie können sich andern gegenüber nicht abgrenzen. Sie können nicht nein sagen. Sie möchten alle Erwartungen erfüllen, die andere an sie richten. Aber damit überfordern sie sich selbst. Sie werden dann aggressiv gegen sich selbst und gegen die Menschen. Aber sie gehen nicht produktiv mit diesen Aggressionen um. Sie werden zerfressen von Aggressionen, die kein klares Ziel vor Augen haben. Sie ärgern sich über die Menschen, die soviel von ihnen erwarten. Und sie ärgern sich über sich, weil sie sich den Erwartungen anderer gegenüber nicht abgrenzen können. Eine Frau war böse auf ihre Mutter, die ständig von ihr erwartete, daß sie sie häufiger besuchen solle. Ich fragte sie, warum sie denn böse sei. Die Mutter dürfe doch Erwartungen haben. Aber es sei ihre Sache, diese Erwartungen zu erfüllen oder sie abzulehnen. Sie sei frei in ihrer Entscheidung. Diese Frau bräuchte den Engel, der ihr Weisungen erteilt, wie sie mit ihrer Aggression umgehen solle. Der Engel würde ihr sagen, daß sie sich nicht von ihrer Lebensenergie abschneiden solle. Und daß sie sich nicht berauschen solle an ihrer Bitterkeit und Unzufriedenheit. Sie solle klar sehen, was von ihr gefordert ist und was sie leisten kann. Mit dem Engel an ihrer Seite würde die Frau das Leben bestehen, ohne auf alle ärgerlich zu werden. Vielleicht denkt mancher, das sei eine psychologische Einsicht, dazu brauche man keinen Engel. Das Bild des Engels zeigt uns dabei, daß Gott seine Boten auch bis in die konkreten Auseinandersetzungen unseres Alltags hinein schickt. Auch dort, wo wir mit unseren Aggressionen zu tun haben, will uns Gottes heilende Nähe einen Weg weisen, nüchtern und angemessen mit ihnen umzugehen, so daß sie dem Leben dienen, anstatt uns zu zerfressen.

9.

Der Engel, der heilt (Rafael)

Eine wichtige Rolle spielt ein Engel in der Tobitgeschichte. Tobit schickt seinen Sohn Tobias zu Gabael, einem Verwandten, um dort das Geld zu holen, das er ihm zur Aufbewahrung anvertraut hat. Tobias sucht nach einem Reisegefährten und findet Rafael. Tobit wünscht beiden zum Abschied, daß Gottes Engel sie begleiten möge. Er weiß nicht, daß Rafael selbst ein Engel ist. Der Name Rafael bedeutet: Gott heilt. Und von zwei Heilungen berichtet die Tobitgeschichte. Einmal heilt Rafael durch seine Anweisungen Sara, die Tochter des Raguel. Sie war bereits mit sieben Männern verheiratet, aber alle starben im Brautgemach. Offensichtlich war sie nicht fähig zu einer liebenden Beziehung mit einem Mann. Ein Dämon liebte sie und brachte alle Männer um. Dieser Dämon ist ein Bild für einen Männerkomplex, den Sara hatte. Sie wollte offensichtlich unbedingt einen Mann, konnte ihn aber nicht ertragen, sondern mußte ihn töten, sobald er ihr zu nahe kam. Solche Männerkomplexe sind heute gar nicht so selten. Wenn eine Frau von einem „männermordenden Dämon" besessen ist, kann es kein Mann lange Zeit neben ihr aushalten. Er wird zugrunde gehen.

Tobias hat Angst, Sara zur Frau zu nehmen. Denn ihm könnte ja das gleiche Geschick zuteil werden. Doch Rafael ermutigt ihn. Er soll ein Stück vom Herz und von der Leber des Fisches, den sie unterwegs gefangen hatten, in einem Räucherbecken verbrennen. Der Geruch würde den Dämon vertreiben. Herz und Leber aber sind Sitz der Gefühle und der Liebe, nicht ohne Grund redet man von einem „gebrochenen Herzen" oder davon, daß einem „etwas über die Leber gelaufen" ist. Die Liebe muß verwandelt werden, damit sie zu heilen vermag; denn es gibt auch eine besitzergreifende Liebe, eine tödliche Liebe. Erst durch die Glut des Feuers kann sie zur wahren Liebe werden. Der Dämon, der das Mädchen zur Ehe unfähig macht, kann der Vater sein, von dem sie so besetzt ist, daß sie sich auf keinen andern Mann wirklich einlassen kann. Es kann aber auch die Angst vor der Sexualität sein, die mordet, wenn ein Mann sexuellen Kontakt mit ihr haben möchte. Rafael heilt die junge Frau, indem er dem Tobias einen Weg zeigt, wie er sich ihr nahen soll. Und er ermöglicht durch seine Heilung das Liebesglück der beiden.

Ein zweites Mal greift Rafael heilend ein. Bei seiner Rückkehr heilt er Tobit von seiner Blindheit. Er befiehlt Tobias, seinem Vater die Galle des Fisches auf die Augen zu streichen. „Sie wird zwar brennen, aber wenn er sich die Augen reibt, wird er die weißen Flecken wegwischen und wird dich wieder sehen können." (Tob 11,8) Die Galle ist ein Bild für Aggressionen. In dieser Geschichte wird gezeigt: Durch Aggression muß der Sohn sich vom Vater abgrenzen. Er muß aus der Symbiose heraus. Sonst bleibt der Vater blind. Nur wenn der Sohn zu sich selbst findet und sich vom Vater in gesunder Weise distanziert, kommt der Vater auch zu sich. Er muß die schmerzende Galle auf seine Augen spritzen, damit der Vater die Augen öffnen und den Sohn so sehen kann, wie er wirklich ist. Tobits Blindheit hat sicher auch mit seiner engen Spiritualität zu tun. Tobit ist gesetzestreu. Aber er merkt gar nicht, wie sich sein Leben vor lauter Gesetzen, die er peinlich genau erfüllen möchte, immer mehr verdunkelt. Wenn mir die Gesetze wichtiger sind als das Leben, richte ich meine Aggressionen gegen mich. Indem Tobias seinem Vater die brennende Galle auf die Augen streicht, kommt Tobit mit seiner eigenen Aggression auf positive Weise in Berührung. Und so verliert seine Frömmigkeit das Aggressive. Voller Freude fällt der Vater seinem Sohn um den Hals und sagt unter Tränen: „Sei gepriesen, Gott, gepriesen sei dein heiliger Name in Ewigkeit. Gepriesen seien alle deine heiligen Engel. Du hast mich gezüchtigt und hast wieder Erbarmen mit mir gehabt. Denn ich darf meinen Sohn Tobias wieder sehen." (Tob 11,14)

Rafael ist hier nicht nur der Engel, der Wunden heilt, etwa die Besessenheit der Sara und die Blindheit des Tobit, sondern auch der Engel, der heilsame Beziehungen ermöglicht. Er führt den jungen Tobias ein in die Kunst des Lebens und des Liebens. Tobias wird durch Rafael fähig, seine Frau zu lieben, ohne von ihr getötet zu werden. Und er lernt seinen Vater lieben, ohne von ihm bestimmt zu werden. Beide Formen der Liebe sind nicht so leicht zu lernen. Denn auf beiden Gebieten gibt es genügend Verwicklungen. Die Liebe zwischen Mann und Frau kann zum tödlichen Machtkampf werden. Und die

Elternliebe kann am Leben hindern, wenn die Ablösung nicht erfolgt. Die Tobitgeschichte weiß um die Schwierigkeiten, beide Weisen des Liebens zu lernen. Und sie verheißt uns, daß auch uns ein Engel begleitet, der uns in die Kunst des Liebens einführt.

Oft haben Eltern Angst, wenn der Sohn seine Freundin mit nach Hause bringt, die er heiraten möchte. Und sie betrachten voller Argwohn den Mann, den die Tochter sich auserwählt hat. Es ist tröstlich zu wissen, daß es auch da einen Engel gibt, der den Sohn und die Tochter begleitet und sie die Kunst des Liebens lehrt. Das Vertrauen in den Engel, der das Kind gerade auf diesem schwierigen Weg begleitet, entlastet die Eltern von ihrer oft übertriebenen Sorge. Der Engel wird eine gute Ablösung von den Eltern zu Wege bringen, und er wird die Liebe zwischen den Freunden ermöglichen. Allerdings haben Eltern im nachhinein auch oft Recht mit ihrem Gespür, daß dieser Mann für die Tochter nicht taugt, und daß diese Frau ihren Sohn verbiegen und ihm das Rückgrat brechen wird. Der Glaube an den Engel heilt nicht alle Verletzungen, die auf diesem Gebiet möglich sind. Manchmal müssen Kinder die Erfahrung des Scheiterns und der falschen Wahl machen, damit sie dann zu einer heilsamen Beziehung fähig werden. Wenn die Eltern sich zu sehr in die Partnerwahl hineinmischen, dann versteifen sich die Söhne und Töchter noch mehr in ihrer Wahl und halten erst recht an dem Partner fest, selbst wenn sie im eigenen Herzen an ihm zweifeln. Aber um vor den Eltern nicht als unreif dazustehen, verdrängen sie alle Zweifel und wollen beweisen, daß sie selbst wissen, was richtig ist.

Wenn eine Beziehung scheitert, dann braucht es erst recht

einen Engel, der den Sohn oder die Tochter begleitet und über Umwege hinweg einweist in die Kunst des Liebens. In der Rafaelgeschichte hat sich der Engel erst am Schluß offenbart. So werden es oft Freunde sein, die den Kindern als Engel zur Seite stehen und sie weiterführen, auch wenn alles zunächst ausweglos erscheint. Manchmal wird der Engel auch im Gespür des Sohnes oder der Tochter zu finden sein. Das untrügliche Spüren für den Partner oder die Partnerin wird sich durchsetzen, selbst wenn der Sohn in seinem Verliebtsein erst einmal blind ist oder wenn die Tochter sich von ihrem Geliebten grenzenlos ausnützen läßt. Alles, was die Eltern dagegen sagen, nützt nichts. Die Eltern können nur auf den Engel vertrauen, der im Herzen ihrer Kinder wirkt und ihnen nach ähnlich langen Wegen, wie sie Tobias gehen mußte, eine Liebe schenkt, die gelingt.

Rafael heilt auch die Elternbeziehung. Tobias muß erst einen langen abenteuerlichen Weg in die Fremde gehen, um wieder in eine neue Beziehung zum Vater zu kommen. Er geht diesen Weg zwar im Auftrag des Vaters. Aber auf dem Weg selbst hat der Vater keinen Einfluß mehr auf ihn. Da geht er in die Schule des Engels. Rafael führt ihn ein in das Geheimnis der Sexualität und der Liebe. Rafael beschützt ihn vor Gefahren. Und der Engel begleitet ihn, so daß Tobias sich auch in der Fremde von Gottes Nähe umgeben weiß. Tobias mutet dem Vater zu, länger zu warten, als er es sich ausgerechnet hatte. Und als er ihm wieder begegnet, mutet er ihm die brennende Galle zu. Seine Beziehung zum Vater hat sich gewandelt. Er ist nicht mehr nur gehorsam. Er hört auf den Engel, auf seine innere Stimme. Die zeigt ihm den Weg. Wenn Sohn und Tochter gelernt haben, auf ihren Engel zu hören und ihm zu folgen, dann wird die Beziehung zu den Eltern neu, dann können sie als Erwachsene mit ihren Eltern umgehen, voll Freude über die guten Dinge, die sie von ihnen empfangen haben, aber auch in gesunder Distanz zu dem, was die Eltern blind und hart gemacht hat. Sie sind dann nicht mehr bestimmt von den Stimmen der Eltern, die sich im Über-Ich festgesetzt haben, sondern von der inneren Stimme in ihrem Herzen. Dort spricht ihr Engel zu ihnen und zeigt ihnen, was für sie angemessen ist.

10.

Der Engel, der das Feuer lindert

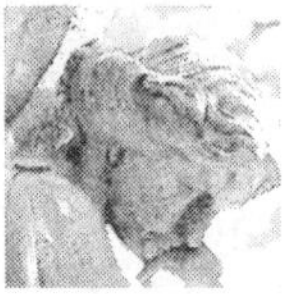

Im Buch Daniel wird uns die Geschichte von den drei Jünglingen im Feuerofen erzählt. Drei junge jüdische Männer weigern sich, das goldene Standbild anzubeten, das der König Nebukadnezzar errichten ließ. Da werden sie gefesselt und in den Feuerofen geworfen. Die Flammen, die herausschlagen, töten jeden Chaldäer im Umkreis. „Aber der Engel des Herrn war zusammen mit Asarja und seinen Gefährten in den Ofen hinabgestiegen. Er trieb die Flammen des Feuers aus dem Ofen hinaus und machte das Innere des Ofens so, als wehte ein taufrischer Wind. Das Feuer berührte sie gar nicht; es tat ihnen nichts zuleide und belästigte sie nicht." (Dan 3,49 f)

Feuer hat sehr verschiedene Bedeutungen. Es ist reinigend und erneuernd. Es kann zerstören. Aus dem Feuer kann jemand jedoch auch auf höherer Stufe neu geboren werden. So erzählt man vom Vogel Phönix, daß er sich alle 500 Jahre selbst verbrennt und dann erneuert aus der Asche aufsteigt. Er gilt für die Kirchenväter als Symbol für Christus, der in der Auferstehung den Tod überwindet. Feuer kann aber auch Bild sein für die Sexualität, für die Leidenschaft und für die Liebe. Feuer kann wertvoll sein. So durften die Germanen das Herdfeuer nie ausgehen lassen. Das Feuer kommt vom Himmel. Prometheus hat es den Göttern geraubt und den Menschen geschenkt. Feuer kann aber auch Bild des Bösen und Teuflischen sein. Es kann zerstören und alles mit sich reißen. Das Feuer hat ganze Städte vernichtet. In der Hölle brennt das ewige Feuer und bereitet den Verdammten ewige Pein. Feuer wird so zum Bild von Qualen und Schmerzen. Schmerzen können wie Feuer brennen.

Der König wirft die Jünglinge in den Feuerofen, um sie zu verbrennen. Hier ist das Feuer lebensgefährlich. Wenn in einem jungen Menschen das Feuer der Leidenschaft entbrennt, wenn er dem Feuer seiner Sexualität begegnet, dann kann auch das tödlich werden. Er kann im Feuer seiner Leidenschaft verbrennen. Er kann nicht mehr klar denken. Seine Emotionen sind wie Feuer, die in ihm brennen. In der Pubertät und in der ersten Liebe machen junge Menschen solche Erfahrungen durch.

Feuer ist in dieser Geschichte aber auch ein Bild für die feindlichen Aggressionen des Königs. Von ihm heißt es: „Sein Gesicht verzerrte sich vor Zorn … Er ließ den Ofen siebenmal stärker heizen, als man ihn gewöhnlich heizte.“ (Dan 3,19) Die jungen Männer werden in das Feuer des Hasses geworfen, den die verweigerte Verehrung im König hervorgerufen hat. Nicht erwiderte Liebe oder die Weigerung, einen Menschen zu bewundern und ihm gleichsam göttliche Ehre zu erweisen, kann in machtbesessenen Menschen einen solchen brennenden Haß erzeugen. Die Botschaft des Propheten Daniel ist nun, daß die jungen Menschen nicht allein gelassen werden, sie dem Feuer des Zornes nicht schutzlos ausgeliefert werden, sondern daß ein Engel mit ihnen hinabsteigt in ihren Feuerofen und die Hitze der Glut lindert.

Wer dem Haß anderer ausgesetzt ist, braucht einen Engel, der ihn davor schützt, der sich vor ihn stellt, damit die Wut ihn nicht erreichen kann. Und wer sich mit dem Feuer seiner eigenen Leidenschaften konfrontiert sieht, braucht einen einfühlsamen Begleiter, der ihm beisteht. Der darf keine Angst haben vor dem Feuer dieser Leidenschaft, vor dem Feuer der aufbrechenden Sexualität. Er muß wie der Engel mit hinabsteigen in den Feuerofen seiner Leidenschaften. Ein guter Begleiter schaut sich mit den jungen Menschen ihre Leidenschaften an, ohne sie zu werten. Er will sich das Feuer nicht vom Leib halten, indem er den Jugendlichen nur rigide Vorschriften macht oder ihnen mit dem Feuer der Hölle droht, wenn sie ihre Leidenschaften nicht beherrschen. Er hat Verständnis für das Feuer, das in ihnen brennt, zeigt aber auch Wege, wie sie damit umgehen können, ohne daran zu verbrennen.

Der Engel erscheint nicht nur in den Begleitern, die zu uns stehen, wenn wir vom Feuer der Leidenschaften heimgesucht werden. Jeder Mensch hat seinen Engel. Es ist etwas in ihm, das mit ihm hinabsteigt in das lodernde Feuer. Es ist etwas in ihm, das vor den Flammen des inneren Feuers bewahrt. Jeder Mensch hat in sich einen Ort, von dem aus er das Feuer anschauen kann, ohne daran zu verbrennen. Man könnte diesen Ort das Gewissen nennen, von dem aus wir beurteilen können, was in uns vorgeht. Oder es ist das innere Selbst, das unverfälschte Bild Gottes in uns, das wahrnehmen kann, was in unserer Psyche vor sich geht, ohne davon bestimmt zu werden. Die Geschichte sagt uns, daß es ein Engel ist, der mit uns zusammen ist, wenn wir in den Feuerofen unserer Emotionen geworfen werden. Und der Engel verwandelt das Feuer so, daß es wie ein taufrischer Wind erscheint. Mitten im Feuer ist ein Ort in uns, der geschützt ist. Es ist der innere Raum der Stille, in dem der Engel bei uns ist, in dem Gott selbst in uns wohnt.

Nicht nur den Jugendlichen geht es so, daß sie ins Feuer geworfen werden. Viele Erwachsenen erleben solche Situationen immer wieder. Auch wenn sie ihrer Sexualität längst begegnet sind, auch wenn sie glauben, sie hätten sie integriert, geraten sie in Situationen, in denen das Feuer in ihnen wieder aufbricht und sie zu verbrennen droht. Da verliebt sich ein älterer Mann in eine junge Frau. Er kennt sich selbst nicht mehr. Er weiß keinen Ausweg als Selbstmord. Doch ein Engel bewahrt ihn davor. Er tritt hinein in das Feuer – und verwandelt es. Da gerät eine gut verheiratete Frau an einen jungen Mann, der von allen als Schmarotzer und Nichtsnutz angesehen wird. Aber sie ist ihm ausgeliefert. Sie wirft alles über Bord, verläßt ihren Mann, um sich diesem jungen Mann hinzugeben, der sie noch dazu ausnützt. Aber das Feuer hat so von ihr Besitz ergriffen, daß sie nicht mehr klar denken kann. Der Mann und die Freunde der Familie stehen fassungslos daneben, sie können sich nicht erklären, was da abläuft. Es scheint ihr kein Engel beigestanden zu haben. Man kann nur hoffen, daß er trotzdem bei ihr ist und irgendwann einmal das Feuer lindert, so daß sie wieder klar zu sehen und ihr eigenes Leben zu leben vermag. Der Engel bewahrt die drei Jünglinge nicht davor, daß sie in den Feuerofen geworfen werden, sondern nur davor, daß sie daran verbrennen. So dürfen wir auch bei scheinbar aussichtslosen Verwicklungen nie die Hoffnung aufgeben, daß da mitten im Feuer der Leidenschaft ein Engel bei den Menschen steht und ihnen taufrischen Wind zufächelt, so daß sie sich aus dem Bannkreis des zerstörenden Feuers befreien können.

Der Feuerofen steht für viele Situationen in unserem Leben. Da gerät ein Haus in Brand. Ein mutiger Feuerwehrmann wagt sich in das brennende Haus hinein, um das Kind oder den alten Mann zu retten. In einem Betrieb gerät ein Mann in das Sperrfeuer der Kritik. Von vielen wird er allein gelassen. Doch ein Mitarbeiter stellt sich vor ihn, so daß das Feuer ihn nicht verbrennt. Da sind die vielen Konflikte zwischen haßerfüllten Gruppen, die einen Flächenbrand auslösen, wie im ehemaligen Jugoslawien, wie in Ruanda und Burundi. Oft schauen wir nur von außen zu, wie die Menschen im Feuer des Hasses verbrennen. Doch es gibt immer wieder Engel, die sich in dieses Feuer hineintrauen, die versuchen, die Wogen der Leidenschaften zu besänftigen und die mit ihrer Liebe einen frischen Wind um die Menschen schicken. Und es gibt Menschen, die sich vom Feuer des Hasses nicht anstecken lassen, weil in ihnen ein Engel ist, der sie vor dem Feuer bewahrt. Der Engel in ihrem Herzen erfüllt sie mit Versöhnung und Liebe und schafft so mitten im Feuer einen Ort, den das Feuer nicht angreifen kann. An diesem Ort der Vergebung und der Barmherzigkeit verliert das Feuer seine Macht. Und es wird allmählich von dem lauter gebliebenen Herzen ausgelöscht.

11.

Der Engel, der aus der Löwengrube befreit

Ähnlich wie in der Geschichte von den drei Jünglingen im Feuerofen klagen die königlichen Beamten Daniel an, er habe gegen das Gesetz verstoßen und zu seinem Gott gebetet, anstatt zum König. Nur ist diesmal der Perserkönig Darius dem verschleppten Juden Daniel freundlich gesinnt. Doch die anderen Könige, die Satrapen, sind neidisch auf Daniel. „Denn in ihm war ein außergewöhnlicher Geist." (Dan 6,4) Darius ist hin- und hergerissen zwischen seiner Freundschaft zu Daniel und der Verpflichtung dem eigenen Gesetz gegenüber. Er möchte Daniel gerne erretten. Doch die Satrapen erinnern ihn an das unabänderliche Gesetz der Meder und Perser. So gibt er nach und läßt Daniel in die Löwengrube werfen. Dabei wünscht er seinem Freund, daß sein Gott ihn vor den Löwen errette. Darius kann die ganze Nacht nicht schlafen und kommt schon früh am Morgen zur Löwengrube und ruft nach Daniel. Daniel antwortet ihm: „Mein Gott hat seinen Engel gesandt und den Rachen der Löwen verschlossen. Sie taten mir nichts zuleide; denn in seinen Augen war ich schuldlos, und auch dir gegenüber, König, bin ich ohne Schuld." (Dan 6,23)

Der Löwe gilt als der König der Tiere. Er ist einmal Bild der Macht und Gerechtigkeit und wird oft neben dem Thron von Göttern und Herrschern dargestellt. Der Löwe kann Bild für Christus sein, der als „Löwe von Juda" bezeichnet wird. Aber er kann auch Bild des Teufels sein, der wie ein brüllender Löwe umhergeht und sucht, wen er verschlingen kann (vgl. 1 Petr 5,8). Er gilt als Bild für unheilvolle, bedrohliche und strafende Mächte. Und er ist Repräsentant ungezähmter Wildheit und unkontrollierter Aggressionen. Wenn Daniel zusammen mit den Löwen die ganze Nacht in der Grube verbringen muß, dann kann das heißen, daß er seinen eigenen Aggressionen ausgeliefert ist, seiner eigenen Wildheit, seinen mörderischen Impulsen. Aggressionen können eine positive Kraft sein. Sie wollen das Verhältnis von Nähe und Distanz regeln. Sie geben uns Mut, uns von andern abzugrenzen und uns gegen die Verletzungen anderer zu wehren. Aber es tauchen auch Aggressionen in uns auf, die uns schier zerreißen. Eine Frau erzählte mir, daß sie ihrem Mann gegenüber, der ihr das Leben als Alkoholiker zur Hölle machte, manchmal solchen Haß spürte, daß sie ihn am liebsten umbringen wollte. Sie erschrak vor ihren eigenen ungebändigten Aggressionen. Oder ein Mann rastet schier aus, wenn er einen Kollegen sieht, der ihn beim Chef verleumdet und gegen ihn intrigiert hat. Diese Aggressionen überfallen ihn und drohen ihn zu zerreißen, ohne daß er sich ihrer erwehren kann. Wenn Kinder aggressiv sind, werden ihnen die Aggressionen oft mit Gewalt ausgetrieben. Das führt dazu, daß sie ihre aggressiven Energien verdrängen, daß sie sich anpassen und brav werden. Doch dann richten sich die Aggressionen gegen sie selbst, sie werden depressiv und kraftlos. Sie brauchen ihre ganze Energie dazu, das Aggressionspotential unter Verschluß zu halten. Andere Kinder scheinen ihrer Aggression hilflos ausgeliefert zu sein. Sie wälzen sich auf dem Boden und schreien, bis sie blau werden. Je mehr die Eltern dann in Angst erstarren, desto ungebändigter werden die Aggressionen. Es braucht den Engel, der mit hinabsteigt in die Aggression des Kindes, um es vor ihrer Zerstörungswut zu beschützen. Es braucht das Vertrauen der Eltern, die ohne Angst auf die Aggressionen der Kinder eingehen, damit sie sich wandeln können.

Gott schickt seinen Engel zu Daniel in die Löwengrube und verschließt den Rachen der Löwen. Wenn der Engel seine schützende Hand über uns hält, dann bekommen wir Abstand zu unseren Aggressionen. Dann sind die Aggressionen nicht mehr reißende Mäuler, die uns beißen. Ihr Mund wird verschlossen. Sie beißen sich nicht mehr fest in unserer Seele. Wir leben neben ihnen und können mit ihnen umgehen. In vielen Mönchsgeschichten wird erzählt, daß die Mönche Löwen gezähmt haben. Wenn ein Mensch mit seinen Aggressionen zurecht kommt, wenn sie ihm dienen, anstatt ihn zu beherrschen, dann spüren das auch die Tiere und leben friedlich mit dem Menschen zusammen. Die kraftvolle Energie steht bereit, wenn man sie braucht. Ansonsten wohnt sie einträchtig bei uns, so wie die Löwen mit Daniel in der Grube. Daniel ist überzeugt, daß es ein Engel Gottes war, der den Rachen der Löwen verschlossen hat. Der Engel, der uns Gottes schützende Nähe vermittelt, beruhigt die Aggressionen, die uns zerfressen möchten. Daniel kann die ganze Nacht friedlich neben den

Löwen schlafen. Er wächst mit ihnen zusammen. Er wird mit ihnen vertraut. Aber er kann das nur, weil er sich vom Engel beschützt fühlt. Der Engel befähigt uns zu einem friedlichen Umgang mit den Aggressionen. Wir starren nicht mehr auf sie, sondern schauen sie ohne Angst an und beobachten sie, wie sie sich verhalten.

Die Nacht, die Daniel mit den Löwen verbringt, ist ein Bild für das Unbewußte. In unserem Unbewußten entscheidet sich, ob wir von aggressiven Kräften zerfressen werden oder friedlich mit ihnen umgehen können. In unseren Träumen begegnen wir oft Löwen, die uns verfolgen. Sie zeigen, daß wir vor der eigenen Aggression auf der Flucht sind, daß wir sie noch nicht angenommen haben. Im Traum erleben wir uns oft hemmungslos aggressiv. Da wehren wir uns gegen feindliche Menschen und manchmal töten wir sie sogar. In unserem Unbewußten sind mörderische Tendenzen, ungebändigte Aggressionen, tierische Kräfte. Aber wenn uns der Traum mit den Löwen in uns konfrontiert, so läßt er uns nicht damit allein. Im Traum spricht ja der Engel Gottes zu uns. Er steigt mit hinab in unsere Löwengrube, damit wir nicht zerrissen werden. Der Traum zwingt uns nicht nur, die Löwen in uns anzuschauen. Er zeigt uns auch einen Weg, uns mit ihnen anzufreunden und ihre Kräfte in unsere Psyche zu integrieren. Wenn wir solche Löwenträume im Gebet vor Gott meditieren, dann verlieren wir die Angst vor unseren ungezähmten Aggressionen. Im Gebet können wir mit den Löwen in uns ins Gespräch kommen und sie fragen, was sie uns sagen und worauf sie uns hinweisen möchten. Vielleicht entdecken wir dann, daß sie uns helfen möchten, daß sie uns vor feindlichen Menschen schützen, die ihr Neid dazu gebracht hat, uns zu schaden.

So erlebt es Daniel. Als er aus der Löwengrube befreit wird, werden seine Ankläger in die Grube geworfen. „Sie waren noch nicht am Boden der Grube angelangt, da stürzten sich die Löwen auf sie und zermalmten ihnen alle Knochen." (Dan 6,25) Der Engel, der um Daniel herum oder in seinem Herzen war, hat ihn vor den Löwen geschützt. Die neidischen Menschen, die nicht auf ihren Engel hören, sondern von ihren Aggressionen beherrscht werden, werden von den Löwen zerrissen. Daniel ging es daraufhin gut unter dem König Darius. Wer seinem Engel traut und nicht voller Angst auf die Tatzen der Löwen starrt, der wird unter dem Schutz Gottes sicher seinen Weg gehen. Da können noch soviele Menschen in ihrem Neid und ihrer Eifersucht gegen sie kämpfen, sie werden keinen Schaden erleiden. Das ist die tröstliche Botschaft dieser biblischen Engelsgeschichte.

12.

Der Engel, der anrührt und aufweckt

Der wohl größte alttestamentliche Prophet, Elija, ein Mann voller Feuer, war in eine Krise geraten. Er hatte in einer großen Auseinandersetzung über die Baalspriester gesiegt und sie alle töten lassen. Er scheint auf dem Höhepunkt seines Erfolges zu stehen. Doch jetzt erhebt sich die Königin Isebel gegen ihn, um ihm nach dem Leben zu trachten. Da bekommt dieser kämpferische Mensch auf einmal Angst. Er mag nicht mehr. Er flieht in die Wüste, um sein Leben zu retten. Und dann holt ihn dort in der Einsamkeit die eigene Aggressivität ein. Er richtet sie gegen sich selbst. Er ist in die Wüste geflohen, um sein Leben zu retten. Doch jetzt hat er keine Lust mehr zu leben. Er wünscht sich den Tod. Er hat genug vom Kampf. Er kann nicht mehr. Er hat gegen die Baalspriester gekämpft in dem Bewußtsein, daß er Gottes Willen erfüllt. Doch jetzt hat er keine Motivation mehr für seinen Kampf. Er hat das Gefühl, daß sein ganzer Einsatz für Gott umsonst war. Er sieht keinen Ausweg als den

Tod. Er legt sich unter einen Ginsterstrauch und schläft ein. Der stacheltragende Ginsterstrauch ist ein Symbol für die Sünde des Menschen, derentwegen er seinen Acker voller Dornen und Disteln bestellen muß. Indem sich Elija unter den Ginsterstrauch legt, bekennt er, daß er genauso voller Sünden ist wie die Baalsverehrer, gegen die er so leidenschaftlich gekämpft hat. Er ist resigniert, enttäuscht über sich selbst.

„Doch ein Engel rührte ihn an und sprach: Steh auf und iß! Als er um sich blickte, sah er neben seinem Kopf Brot, das in glühender Asche gebacken war, und einen Krug mit Wasser. Er aß und trank und legte sich wieder hin. Doch der Engel des Herrn kam zum zweitenmal, rührte ihn an und sprach: Steh auf und iß: Sonst ist der Weg zu weit für dich. Da stand er auf, aß und trank und wanderte, durch diese Speise gestärkt, vierzig Tage und vierzig Nächte bis zum Gottesberg Horeb." (1 Kön 19,5–8)

Für Elija ist das ganze Lebenskonzept zerbrochen. Und das Idealbild, das er sich von sich gemacht hatte, wurde ihm zerstört. In dieser Ausweglosigkeit kann er nicht mehr weiter. Es gibt für ihn keinen Weg mehr. Er hat keine Kraft mehr, kein Lebensziel mehr. Alles scheint versperrt. Dort, wo er sich selbst nicht mehr helfen kann, wo er am Ende ist, da kommt ein Engel auf ihn zu und berührt ihn. Er weckt ihn auf und weist ihn hin auf das Brot, das in glühender Asche gebacken ist, und auf das Wasser. Er weist ihn hin auf eine Kraft, die nicht aus ihm selbst kommt. Das Brot stärkt uns auf dem Weg: Es ist auch Bild für die spirituelle Nahrung. Das Brot, das in der Asche seiner verbrannten Hoffnungen gebacken wurde, ist Bild für das, was wirklich nährt, wenn die Illusionen verflogen sind. Das Wasser löscht nicht nur den Durst, sondern ist Verheißung, daß das Leben in uns wieder fließt, daß die Starre aufbricht und das Vertrocknete sich mit neuem Leben erfüllt. Wasser ist ein Bild für die Fruchtbarkeit und Erneuerung. Brot und Wasser weisen hin auf die Verwandlung, die in Elija geschieht, wenn ein Engel ihn in seiner Ausweglosigkeit anrührt und aufweckt. Es ist tröstlich, daß Elija die Botschaft des Engels zwar versteht, sich aber trotzdem wieder hinlegt und weiterschläft. Er nimmt die Stärkung gerne an, aber nur, um sich wieder in den Schlaf zu flüchten. Offensichtlich genügt es nicht, wenn der Engel ihn nur einmal anrührt.

Viele Menschen erkennen sich im Elija unter dem Ginsterstrauch wieder. Sie haben die Nase voll. Sie haben sich abgekämpft. Aber irgendwann kommen sie an die Grenze. Sie sind in eine Sackgasse geraten, aus der sie nicht mehr mit eigener Kraft herausfinden. Ihr Lebensgebäude ist ihnen zerbrochen. Sie wollten immer eine heile Familie schaffen. Jetzt fällt sie auseinander. Die Kinder gehen andere Wege. Der Ehepartner trennt sich. Jetzt haben sie keine Kraft mehr. Sie haben sich für eine lebendige Pfarrgemeinde eingesetzt. Doch jetzt ist ihr Einsatz nicht mehr erwünscht. Sie haben sich in ihrer politischen Partei für eine menschlichere Gesellschaft engagiert. Sie haben sich im Beruf verausgabt. Doch jetzt werden sie fallen gelassen. Ihre Ideen, ihre Aktionen, ihre Kräfte sind nicht mehr gefragt. In solchen Situationen brauchen wir einen Engel, der uns aufweckt. Manchmal ist es ein Mensch, der uns aufrüttelt und uns die Augen öffnet, der uns etwas schenkt, das uns wirklich stärkt. Seine Zuwendung und Liebe, seine Freundlichkeit und sein Verständnis nähren uns. Sie zeigen uns, daß unser Weg weiter geht. Aber manchmal fallen wir kurz darauf wieder in den gleichen Fehler. Jetzt denken wir, es hat alles nichts genützt. Aber da rührt uns nochmals ein Engel an und richtet uns auf. Er öffnet uns die Augen für das, was in unserem Leben schon bereit liegt an Ressourcen, aus denen wir schöpfen können. Und jetzt können wir uns auf den Weg machen. Allerdings ist es kein schöner angenehmer Spaziergang, sondern ein Weg, der uns vierzig Tage und vierzig Nächte durch die Wüste führt. 40 ist die Zahl der Verwandlung. Nach 40 Tagen taucht aus der Sintflut die erneuerte Welt auf. Nach 40 Jahren erreicht Israel das Gelobte Land, in dem es ganz es selbst sein darf.

Der Engel, der uns aufweckt aus unserem Todesschlaf, kann auch ein Wort sein, das wir hören, das wir irgendwo lesen. Wir haben es vielleicht schon oft überlesen. Aber jetzt auf einmal trifft es uns und rüttelt uns wach. Es kann die Erfahrung eines inneren Friedens sein, der auf einmal in uns aufbricht. Und der Engel kann in uns selbst sein. Er kann uns durch ein Traumbild auf Möglichkeiten hinweisen, die wir übersehen haben. Oder er läßt in uns eine Einsicht wachsen, die uns wieder aufstehen läßt. Wir wissen es oft nicht, woher der Engel kommt. Auf einmal fühlen wir uns angerührt und aufgeweckt. Oder es ist eine spirituelle Erfahrung, die uns aus heiterem Himmel trifft, bei einer Meditation, bei einem Spaziergang, beim Anblick eines Sonnenuntergangs. Plötzlich ist uns alles klar. Wir können aufstehen und uns auf den Weg machen.

Wenn wir unsere Lebensgeschichte auf dem Hintergrund der Elijaerzählung anschauen, dann werden wir immer wieder auf Engel stoßen, die uns aufgerüttelt haben. Je heftiger wir für etwas kämpfen, desto schlimmer wird die Erfahrung der Sackgasse, in die wir geraten. Wir können mit aggressiver Kraft nicht alle Baalspriester in uns und um uns herum besiegen. Je mehr wir gegen etwas kämpfen, desto stärker wird die Gegenkraft, die uns aus dem Bekämpften entgegen kommt. Was wir bekämpfen, will angeschaut und in unser Lebenskonzept integriert werden. Als ich vor 35 Jahren ins Kloster eintrat, dachte ich auch, ich könne mit meiner Disziplin und meiner Willenskraft alle Baalspriester in mir vernichten, ich könne meine Unbeherrschtheit bezwingen und meine Fehler und Schwächen ausrotten. Aber dann bin ich genauso auf die Nase gefallen wie Elija. Mein Leben erstarrte. Ich spürte, daß ich es nie schaffen würde. In meiner Ohnmacht mußte ich zugeben, daß ich auch nicht besser war als die anderen, als meine Väter, als die Mitbrüder, die ich ständig kritisierte.

Viele haben gedacht, alles besser zu machen als ihre Eltern. Sie wollten die Kinder besser erziehen, mit dem Ehepartner besser und klarer kommunizieren, als sie es bei den Eltern beobachtet haben. Aber irgendwann erkennen sie, daß sie auch nicht besser sind als ihre Eltern, daß sie die gleichen Fehler wiederholen, daß sie ihre Kinder genauso verletzen, wie sie als Kinder verletzt worden sind. Es braucht einen Engel, der sie aus diesem Teufelskreis herausholt. Aber es gibt ja auch diesen Engel. Wir müssen nur genau hinschauen, dann werden wir in jedem Augenblick unseres Lebens auch einen Engel neben uns entdecken, der uns anrührt und uns aus dem Schlaf unserer Illusionen aufweckt. Der Engel öffnet uns die Augen, so daß wir in unserer Nähe sehen können, was uns nährt. Selbst in der Wüste, dort wo alles öde und leer erscheint, gibt es Brot und Wasser, gibt es Liebe und Zuwendung, gibt es Freundschaft und Gemeinschaft Gleichgesinnter. Selbst wenn wir die Zuwendung nicht von Menschen erfahren, so ist in uns selbst eine Qualität der Liebe, mit der wir uns selbst lieben, in der wir uns selbst nahe sein können. Der Engel in uns verweist uns auf die Liebe, die schon in uns ist. Er befreit uns vom ständigen Jammern, daß keiner uns mag. Der Engel mag uns, und er bringt uns in Berührung mit dem Ort, an dem wir uns selbst mögen, an dem wir uns zu lieben vermögen.

Aber die Schule des Engels ist für Elija mit dem Aufstehen und Sich-auf-den-Weg-Machen noch nicht zu Ende. Nach 40 Tagen kommt er an den Gottesberg Horeb. Dort geht er in eine Höhle, um zu übernachten. Die Höhle ist ein Bild für den Mutterschoß. Nach der Wüstenwanderung sehnt er sich zurück nach mütterlicher Geborgenheit. Er möchte Gott als Mutterschoß erfahren. Aber Gott ruft ihn wieder heraus aus der Höhle. Er muß sich stellen. Er muß auf den Berg hinauf, auf dem der Wind ihm um die Nase weht. Und dann zeigt ihm Gott, daß er anders ist, als Elija ihn bisher gesehen hat. Gott ist nicht im Sturm, der die Felsen zerbricht. Gott ist nicht der, der mir alle Hindernisse aus dem Weg räumt und mich zu Begeisterungsstürmen hinreißt.

Gott ist nicht im Erdbeben. Ich möchte Gott oft so erfahren, daß sich alles in mir und um mich herum ändert, daß kein Stein auf dem andern bleibt, daß alles in mir bebt und zittert. Aber Gott finde ich nicht zuerst in seiner Macht, die alles Widergöttliche zerstört.

Gott ist nicht im Feuer. Das Feuer brennt alles Unvollkommene aus und reinigt es. Gott finde ich nicht in meinem Perfektionismus, der alle Fehler ausradieren möchte. Gott begegnet mir im „stillen, sanften Sausen“ (Martin Luther), in der „Stimme verschwebenden Schweigens“ (Martin Buber), in der „Stimme einer leisen Stille“. Gott begegnet mir zart und sanft und leise. Als leise Stille, als zarter Atem, als lebendiger Hauch ist er zu erahnen. Der Engel, der Elija in diese sanfte und stille Gotteserfahrung einweist, möchte auch mich zu dem Gott führen, der mir vor allem in der Stille begegnet. Jede Krise, in die ich gerate, wird auch mein Gottesbild erschüttern. Da brauche ich einen Engel, der mich begleitet, wenn mir meine Gottesbilder zerbrechen, der mich einführt in das Geheimnis des ganz anderen Gottes, des Gottes, den ich erahne, wenn ich auf die stillen und leisen Töne meines Herzens höre, wenn ich wie Elija in mich gehe und mein Gesicht mit dem Mantel bedecke. Umhüllt, von äußerer Ablenkung geschützt, werde ich dann in die Stille hinaushorchen, um den Gott zu erahnen, der sich mir nur im Schweigen naht.

13.

Der Engel, der uns auf allen Wegen behütet

Felix Mendelssohn-Bartholdy hat in seinem Oratorium „Elias“ immer wieder Engel auftreten lassen, die den Propheten ansprechen und ihn trösten. Berühmt ist sein Engel-Quartett, in dem er die Worte aus Psalm 91 so vertont, daß die Engel in dieser heilenden Musik das Herz berühren und in es eintreten: „Denn er hat seinen Engeln befohlen über dir, daß sie dich behüten auf allen deinen Wegen, daß sie dich auf den Händen tragen, und du deinen Fuß nicht an einen Stein stoßest.“ Man fühlt sich beim Hören dieser Worte wirklich behütet und auf Händen getragen. Es ist eine heilende Musik, eine Musik gewordene Gotteserfahrung.

Seit jeher haben die Worte aus Psalm 91 die Menschen berührt. Auf unseren Wegen stoßen wir an viele Steine und verwunden uns an ihnen. Da begegnen uns Löwen und Nattern und Drachen, da begegnen wir feindlichen Aggressionen, giftigen Anfeindungen, vergifteten Atmosphären und Menschen, die uns aussaugen und verschlingen. Es sind archetypische Situationen, die der Psalm beschreibt. Wir fühlen uns oft hilflos angesichts der giftigen Worte neidischer Menschen. Wir können uns nicht wehren gegenüber Menschen, die uns mit ihren Übererwartungen vereinnahmen und uns nicht mehr freigeben. Doch der Psalm verheißt uns, daß der Engel uns dazu befähigt, über Löwen und Nattern und Drachen zu treten. (Ps 91, 13) Wenn wir mit dem Engel in uns in Berührung sind, dann können uns Löwen und Schlangen nichts anhaben. Der Engel bringt uns in Berührung mit dem unverwundbaren Bereich in uns, mit dem inneren Ort der Stille, in dem Gott selbst in uns wohnt. Dorthin kann kein Löwe dringen und keine Schlange sich einschleichen.

Zwei Bilder kennzeichnen den Engel, der uns vor Stolpersteinen, Löwen und Drachen beschützt. Er behütet uns, und er trägt uns auf seinen Händen. Behüten, das heißt, daß der Engel über uns und für uns wacht, daß er auf uns aufpaßt, wenn wir unaufmerksam sind und unachtsam unsere Wege gehen. Und Behüten meint, daß der Engel seinen „Hut", seine „Obhut" über uns wirft und uns schützend bedeckt. Er hüllt uns gleichsam in seine heilende Gegenwart ein, damit uns die feindlichen Geschosse aggressiver Menschen nicht treffen und das Gift verbitterter Emotionen uns nicht schaden kann. Und der Engel trägt uns auf seinen Händen. Er nimmt uns weg von der Erde, damit wir nicht ständig an die Steine stoßen, die im Weg liegen. Er trägt uns, damit wir die Hindernisse nicht mehr berühren. Er hebt uns auf eine andere Ebene empor, von der aus wir sehen können, was sich um uns herum abspielt, welche Spiele Menschen mit uns treiben. In seinen Händen haben wir ein höheres Niveau und gehen nicht mehr auf in den Reibereien des Alltags. Der Kontakt zum steinigen und staubigen Weg ist aufgehoben. Das befreit uns von der Macht der Folterspiele, denen wir oft genug ausgesetzt sind und in die wir uns so leicht hineinziehen lassen.

Wir dürfen die Vorstellung vom schützenden Engel nicht zu naiv sehen. Er bewahrt uns nicht vor schlimmen Situationen, die uns völlig überfordern und uns im Innersten verletzen. Er bewahrt ein Kind nicht vor dem Mißbrauch. Aber dennoch ist die Verletzung nicht das letzte Wort. Ich glaube an den Engel, der auch bei diesem Kind ist und es bedeckt mit einem Schutz, der das Innerste heil bewahrt, der den inneren Raum, in dem Gott wohnt, vor den Angriffen von außen verschließt. Ich glaube an den Engel, der das Kind auf seinen Händen trägt, damit es sich nicht wund stößt an den Steinen, die ihm die Menschen in den Weg legen, damit es über Löwen und Nattern schreiten kann. Trotz aller Verletzung haben Kinder etwas an sich, das sie unbeschadet über die giftigen Nattern schreiten läßt. Das ist für mich der Engel, der es auf Händen trägt. Wenn der Erwachsene in der Therapie oder geistlichen Begleitung seine verletzte Kindheit durchgeht, so soll er nicht nur auf die Löwen, Nattern und Drachen starren, denen er auf seinem Weg immer wieder begegnet ist. Er soll auch nach dem Engel suchen, der ihn behütet hat, der ein Auge auf ihn geworfen und über ihm gewacht hat, damit er nicht zugrunde gehe. Wenn er auf dem Weg seiner Verwundungen auch die Engelsspuren entdeckt, wird er seine Vergangenheit eher bewältigen können, als wenn er nur vor den Löwen und Drachen erschrickt und erstarrt. Der Engel ist auch jetzt bei ihm. Vielleicht hilft es ihm bei der Bewältigung seiner Lebensgeschichte, wenn er sich die wunderbare Tenorarie aus der Kantate von Johann Sebastian Bach zum Michaelis-Fest anhört. Dort singt der Tenor:

„Bleibt, ihr Engel, bleibt bei mir!
Führet mich auf beiden Seiten,
daß mein Fuß nicht möge gleiten.
Aber lehrt mich auch allhier,
Euer großes Heilig Singen
und dem Höchsten Dank zu bringen.
Bleibt, ihr Engel, bleibt bei mir."

14.

Der Engel, der für uns kämpft (Michael)

In einer Vision erlebt der Prophet Daniel, wie eine Gestalt, die wie ein Mensch aussieht, ihn stärkt und ihm zuspricht: „Fürchte dich nicht, du von Gott geliebter Mann. Friede sei mit dir. Sei stark, und hab Vertrauen." (Dan 10,18f) Die Gestalt teilt ihm mit, daß er mit dem Engelfürsten von Persien kämpfen wird: und dabei hilft ihm keiner außer dem Engelfürsten Michael. Weiter heißt es in der Vision: „In jener Zeit tritt Michael auf, der große Engelfürst, der für die Söhne deines Volkes eintritt." (Dan 12,1) „Michael" heißt: Wer ist wie Gott? Am Erzengel Michael entscheidet sich meine Haltung zu Gott. Er weist mich darauf hin, nichts an die Stelle Gottes zu setzen, sondern Gott Gott sein zu lassen. Michael kämpft gegen alle Verabsolutierung irdischer Mächte, gegen die Vergötzung von Geld und Macht. Ich kann nur dann wahrhaft als freier Mensch leben, wenn ich Gott an die erste Stelle setze.

Seit jeher gilt Michael als der Engel, der für uns kämpft. Er besiegt den Drachen. Er ist der mutige Streiter für Gott. Er wird dargestellt als ritterlicher Engel mit Helm, Schild und flammendem Schwert. Er stürzt die Höllengeister in die Tiefe. In der Bibel wird er nur von Daniel, im Judasbrief und in der Offenbarung des Johannes genannt. Im Judasbrief wird eine jüdische Legende zitiert, nach der Michael mit dem Teufel um den Leichnam des Mose rang. Der Teufel wollte ihn für sich beanspruchen, weil er den Ägypter ermordert hatte. Doch Michael widerspricht ihm und entreißt ihm den Leichnam, um ihn in den Himmel zu führen. (Jud 9) In der Offenbarung des Johannes kämpft Michael als Anführer der Engel gegen den Drachen und wirft ihn auf die Erde: „Da entbrannte im Himmel ein Kampf; Michael und seine Engel erhoben sich, um mit dem Drachen zu kämpfen. Der Drache und seine Engel kämpften, aber sie konnten sich nicht halten, und sie verloren ihren Platz im Himmel. Er wurde gestürzt, der große Drache, die alte Schlange, die Teufel oder Satan heißt und die ganze Welt verführt." (Offb 12,7–9) Der Drache ist in vielen Religionen ein Bild für die gottfeindlichen Mächte. Michael ist der Engel, der in uns gegen alles kämpft, was Gott seinen Rang streitig machen möchte. Michael ist der Engel, der darüber wacht, daß im Himmel unserer Seele Gott herrscht und nicht der Satan, daß unser Herz sich an Gott hängt und nicht an die Verblendung dieser Welt. So steht Michael dafür ein, daß Gott in uns herrscht. Nur wenn Gott in uns herrscht, werden wir wahrhaft Mensch.

In einer Predigt des Cyrill von Jerusalem heißt es: „Als Christus auf die Erde zu den Menschen kommen wollte, erwählte der Vatergott eine gewaltige Kraft, die Michael hieß, und vertraute Christus ihrer Fürsorge an." (Tre 718) Michael ist kein niedlicher Engel, sondern ein Engel voller Kraft. Und diese Kraft sendet Gott jedem Menschen, damit er nicht von den Mächten dieser Welt besiegt wird. Das ist eine tröstliche Botschaft. Neben uns ist ein Engel, der für uns kämpft. Er tritt für uns ein, wenn Menschen gegen uns kämpfen, aber auch dann, wenn wir im Kampf mit uns selber liegen. Er kämpft vor allem für die Hilflosen und Schwachen und für die Kinder. Das haben die Kinder im Spätmittelalter verstanden: Da gab es große Kinderwallfahrten in die Normandie, zum Mont-Saint-Michel. Aus dem Rheinland, Bayern, Württemberg und der Schweiz strömten Kinder zu diesem heiligen Berg, auf dem der Erzengel Michael verehrt wurde. Offensichtlich spürten sie, daß sie in einer kinderfeindlichen Welt den starken Schutz dieses Engels brauchten, um wirklich leben zu können.

Ein Kind scheint der Macht destruktiver Kräfte schutzlos ausgeliefert. Wenn mir Erwachsene erzählen, wie ungeschützt sie der Willkür ihres jähzornigen Vaters ausgeliefert waren, wie der sie fast zu Tode geschlagen hat, wenn die Mutter nicht dazwischen gefahren wäre, dann kommt in mir eine große Wut auf. Und zugleich empfinde ich tiefes Mitleid mit diesem Menschen, der so hilflos der destruktiven Macht des Vaters oder auch der Mutter ausgesetzt war. Aber wenn ich dann darüber reflektiere, versuche ich den Vater zu verstehen, der vermutlich selbst eine schwere Kindheit erlebt hat und seine Verletzungen nun unbewußt weitergibt. Er leidet sicher selbst darunter. Aber er kann nicht anders. Er wird von seiner Aggression aufgefressen, und sie frißt sich durch ihn weiter und überwältigt die Kinder. Wenn ich dann an das Kind denke, hilft mir die Vorstellung, daß es trotz aller

Hilflosigkeit und Ungeschütztheit dennoch nicht völlig der Macht des Vaters ausgeliefert war, daß da der Engel Michael für es kämpfte und ihm eine innere Kraft verlieh, diesen Kampf zu überleben. Manchmal wundere ich mich, wie Menschen mit einer brutalen Kindheit dennoch halbwegs normal geblieben sind, ja daß sie Großes geleistet haben. Da ist Michael für sie eingetreten. Er hat für sie gekämpft und sie selbst durch die harten Auseinandersetzungen mit neuer Kraft ausgerüstet. In dieser Kraft können sie nun den Kampf ihres Lebens wagen.

Doch oft erlebe ich auch Menschen, die keine Kraft mehr haben, die zerbrochen wurden durch die grausamen Verletzungen ihrer Kindheit. Ich kann mit ihnen ihre Wunden anschauen, sie immer wieder besprechen. Aber es kommt der Punkt, an dem es nicht mehr weiter hilft, die Wunden nochmals anzuschauen. Ich kann ihnen auch keinen billigen Trost geben, daß es irgendwie schon besser werden wird, daß sie ihr Leben schon noch bewältigen werden. Da hilft die Vorstellung vom Engel Michael. Auf ihn sollen sie vertrauen. Dann werden sie trotz aller Gebrochenheit erahnen, daß sie nicht nur schwach sind, sondern daß in ihnen auch eine Kraft wohnt, die sie den Kampf des Lebens bestehen läßt. Das war wohl seit jeher der Sinn der Michaelsverehrung, daß die Menschen dadurch mit ihrer eigenen Kraft in Berührung kamen. Wenn ich die verletzten Menschen auf Michael hinweise, dann bekommen sie Abstand von ihren Verletzungen. Sie schauen auf zu der Kraft, die Gott ihnen zur Seite gestellt hat. Wenn sie sich vorstellen, daß der Erzengel Michael mit ihnen streitet, werden sie trotz aller schon erfahrenen Vergeblichkeit nicht aufgeben, sondern manchen Kampf wagen, vor dem sie bisher ausgewichen sind. Im Erzengel Michael fühlen sie sich in besonderer Weise geborgen und geschützt. Michael verweist auf die Kräfte, die in unserer Seele schlummern und die durch das Vertrauen in den Engel in uns wachgerufen werden.

15.

Der Engel, der ein Kind verheisst (Gabriel)

Gabriel ist der dritte Engel, der in der Bibel mit Namen genannt wird. Sein Name bedeutet: Kraft Gottes oder Held Gottes. Seine Aufgabe wird im Lukasevangelium vor allem darin gesehen, die Geburt eines von Gott gesegneten Kindes anzusagen. Gabriel verheißt dem Zacharias, daß seine schon im vorgerückten Alter stehende Frau, Elisabeth, einen Sohn gebären wird. Er soll ihm den Namen Johannes geben, das heißt: Gott ist gnädig. Und Gabriel wird nach Nazaret gesandt zu einer Jungfrau, zu Maria. „Der Engel trat bei ihr ein und sagte: Sei gegrüßt, du Begnadete, der Herr ist mit dir ... Fürchte dich nicht, Maria; denn du hast bei Gott Gnade gefunden. Du wirst ein Kind empfangen, einen Sohn wirst du gebären; dem sollst du den Namen Jesus geben. Er wird groß sein und Sohn des Höchsten genannt werden." (Lk 1,28.30 f)

In Situationen, die aussichtslos sind, verheißt der Engel Gabriel ein Kind, einen neuen Anfang. Elisabeth, die wegen ihres

Alters kein Kind mehr erwartet, Maria, die Jungfrau, die keinen Mann erkennt, sie werden auf wunderbare Weise schwanger. Bei beiden Geburten spielen die Männer keine Rolle. Zacharias verstummt während der Schwangerschaft seiner Frau. Seine Meinung ist nicht gefragt. Joseph ist bei der Zeugung Jesu nicht beteiligt. Pietro Bandini meint, die Ankündigung der Geburt Jesu durch den Engel Gabriel sei eine „narzißtische Kränkung der männlichen Menschheitshälfte" (Bandini 98). Gott hatte im Alten Testament auf den Mann – auf Adam – gesetzt. „Diesmal setzt er auf die weibliche Seite: auf Maria und ihren Sohn Jesus, der sich durch seine Predigt der Liebe, durch seine außerordentliche Frauenfreundlichkeit, durch seine Verwerfung des Schwertes und aller Gewalt als der weltweit ‚weiblichste' aller Propheten und Religionsstifter erweisen wird" (ebd. 98). Daher sei es kein Wunder, daß vor allem Männer so „unerbittliche Feldzüge gegen Engelwelt und Engelglauben führen sollten" (ebd. 99). Gabriel wird manchmal daher auch als weiblicher Erzengel angesehen, „als eine Art himmlische Hebamme für gutes Gelingen der Geburten" (ebd. 149).

Das Motiv, daß ein Engel die Geburt des göttlichen Kindes verheißt, finden wir in allen Religionen. Es ist ein archetypisches Bild, das auch für uns heute noch eine Bedeutung hat. Es sagt uns, daß mit jeder Geburt die Verheißung eines Engels verbunden ist, daß dieses Kind wertvoll ist, groß ist, Sohn oder Tochter des Höchsten ist, und daß es eine wichtige Aufgabe in dieser Welt hat. Über der Geburt jedes Kindes steht ein Engel. So sahen es die Kirchenväter. Geburt ist nicht nur ein biologischer Vorgang, sondern immer ein Geheimnis, eine Verheißung von etwas Neuem und noch nie Dagewesenem. Die beiden Verheißungsgeschichten in Lk 1 sollen uns den Blick öffnen für das Geheimnis unserer eigenen Geburt. Auch über unserer Geburt steht der Engel Gabriel. Gott hat ihn gesandt, damit unsere Eltern ein Kind gebären, damit durch uns etwas Neues in dieser Welt aufscheint, ein neues und einmaliges Bild Gottes. Und wir haben eine Sendung. Wir leben nicht nur einfach dahin. Es ist zu wenig, wenn wir nur überleben. Wir sollten auf dem Hintergrund unserer Geburtsgeschichte erahnen, was unsere Sendung ist. Und wir sollten mit dem Engel in Berührung kommen, der über unserer Geburt wachte. Dann werden wir das Geheimnis erahnen, das wir sind. Wir werden uns nicht mehr wertlos vorkommen, sondern die einmalige Würde entdecken, die Gott uns verliehen hat.

Geburt meint nicht nur die Geburt am Anfang des Lebens. Wir müssen in unserem Leben immer wieder von neuem geboren werden, damit unser Leben lebendig bleibt. Eine Krise, die alles zerbricht, was wir bisher aufgebaut haben, kann eine Chance zu einer Neugeburt sein. Das Feuer, in das wir geraten, kann ein Bild für das Neue sein, das in uns geboren werden will. Die Mystiker haben das Bild der Gottesgeburt im Menschen geliebt. Der geistliche Weg besteht darin, daß Gott in uns geboren wird. Wenn Gott in uns geboren wird, dann kommen wir in Berührung mit dem wahren und ursprünglichen Selbst, dann wird unser Leben heil und ganz. In unseren Krisenzeiten, in Zeiten der Aussichtslosigkeit, des verzehrenden Feuers, sollten wir Ausschau halten nach dem Engel Gabriel. Wir können mit ihm ins Gespräch kommen und ihn fragen, was er uns verheißt. Über jedem von uns steht auch eine Verheißung. So sehr wir unsere Lebensgeschichte anschauen und bearbeiten müssen, so ist es doch genauso wichtig, nach vorne zu blicken und die Verheißung zu erkennen, die uns geschenkt ist. Wir haben eine Sendung. Wir haben eine Zukunft. Wir schauen die Geschichte an, nicht um darin stecken zu bleiben, sondern um daraus zu lernen, wozu wir gesandt sind und was uns verheißen ist.

Gabriel ist nicht nur der Engel, der verheißt, sondern auch der, der deutet. So hört Daniel eine Menschenstimme, die ruft: „Gabriel, erkläre ihm die Vision! Da kam er auf mich zu. Als er näher trat, erschrak ich und fiel mit dem Gesicht zu Boden. Er sagte zu mir: Mensch, versteh: Die Vision betrifft die Zeit des Endes." (Dan 8,16f) Gabriel deutet uns unsere Visionen. Er läßt uns verstehen, was wir in unserem Herzen erahnen. Es genügt nicht, wenn uns eine Geburt, ein neuer Anfang, verheißen wird. Wir müssen auch verstehen, was Gott in uns wirken möchte. Nur wenn wir unser Leben richtig deuten, kann es gelingen. Nur wenn wir verstehen, was wir im Innern sehen, können wir unser Leben meistern. Der Engel Gabriel verheißt uns die Geburt des göttlichen Kindes in uns, und er läßt uns verstehen, was Gott an uns und in uns tut. Und Gabriel ist der Engel, der unsere Geburt als Art „himmlische Hebamme" begleitet. Jede Geburt tut auch weh. Wir müssen hindurch durch den dunklen Geburtskanal, damit wir die Weite und Freiheit des Lebens erfahren dürfen. Gabriel ist der weibliche Engel, der wohl erotischste Engel, von dem uns die Bibel berichtet. Die erotische Ausstrahlung Gabriels haben die Maler auf vielen Verkündigungsszenen dargestellt. Gabriel will uns in Berührung bringen mit unserer Seele. Helmut Hark versteht „unter der Erotik der Engel deren anregende Wirkung und deren erregende Kraft in unserer Seele" (Hark 49). Gabriel möchte uns befruchten wie Maria, damit auch unsere Seele schwanger wird von Gottes Wort, damit Gottes Wort auch in uns Fleisch annimmt. Gabriel steht für die erotische Dimension der Spiritualität. Geistlich leben heißt zugleich erotisch sein, von Gottes Liebe durchdrungen werden, so daß der ganze Leib diese Liebe widerstrahlt.

16.

Der Engel, der die Freude verkündet

Am beliebtesten sind Engel in der Weihnachtszeit. Der Weihnachtsengel schmückt die Schaufenster und die Wohnungen. Jeder hört an Weihnachten fasziniert die Erzählung von der Geburt Jesu, bei der der Engel eine so entscheidende Rolle spielt: „In jener Gegend lagerten Hirten auf freiem Feld und hielten Nachtwache bei ihrer Herde. Da trat der Engel des Herrn zu ihnen, und der Glanz des Herrn umstrahlte sie. Sie fürchteten sich sehr, der Engel aber sagte zu ihnen: Fürchtet euch nicht, denn ich verkünde euch eine große Freude, die dem ganzen Volk zuteil werden soll: Heute ist euch in der Stadt Davids der Retter geboren; er ist der Messias, der Herr. Und das soll euch als Zeichen dienen: Ihr werdet ein Kind finden, das, in Windeln gewickelt, in einer Krippe liegt. Und plötzlich war bei dem Engel ein großes himmlisches Heer, das Gott lobte und sprach: Verherrlicht ist Gott in der Höhe, und auf Erden ist Friede bei den Menschen seiner Gnade." (Lk 2,8–14)

Kinder sind immer noch fasziniert von dem Weihnachtsengel, der den Hirten auf dem Feld erscheint. Da öffnet sich für sie der Himmel, und der kalte und dunkle Winter wird hell und warm. Wohl keine Zeit verzaubert die Kinder so wie die Weihnachtszeit. Da ahnen sie, daß die Welt nicht nur kalt ist. Sie begegnen an Weihnachten nicht mehr den gefrorenen Gefühlen der Eltern. Selbst kalte Herzen tauen da auf und öffnen sich. An Weihnachten kommt den Kindern eine Liebe entgegen, die aus einer andern Welt stammt. Und diese Liebe können sie am besten am Engel festmachen. Der Engel ist für sie Bild der reinen Liebe. Und er ist für sie eine Ahnung von einer heilen Welt. Ihre zerrüttete und verletzte Welt bekommt einen Schimmer von Heil und Frieden. Der Zauber von Weihnachten läßt sie erahnen, daß sie in ihrem Haus nicht nur geduldet und ertragen sind, sondern geborgen und wertvoll. In ihrem Haus wohnen nicht mehr nur Haß und Streit, sondern da ist mit dem Engel eine andere Welt eingetreten, da wird ihr unwirtliches Haus auf einmal zur Heimat.

Es sind zweierlei Engel, von denen uns Lukas in seiner Weihnachtsgeschichte erzählt. Der erste Engel ist der Engel, der den Hirten die große Freude verkündet, die dem ganzen Volk zuteil werden soll, weil der Retter, der Messias, geboren ist. Das ist wohl ein wesentliches Bild für den Engel. Durch ihn kommt Freude in diese Welt. Er verwandelt die Welt. Die Nacht der Hirten wird hell vom Glanz, der vom Engel ausgeht. Die Hirten, die Nachtwache bei ihrer Herde halten, erinnern uns an die schlaflosen Nächte, in denen wir uns hin und her wälzen, in denen wir vor lauter Grübeln nicht einschlafen können, in denen Angst und Verzweiflung uns den Schlaf rauben. Die schlaflose Nacht wird hell. Die Sinnlosigkeit unseres Grübelns wird beantwortet durch den Retter und Heiland, der uns errettet aus Angst und Verzweiflung, der unsere Wunden heilt. Was den Hirten bei ihrer Nachtwache geschieht, das kann auch heute immer wieder Wirklichkeit werden, nicht nur an Weihnachten, sondern immer, wenn unsere Nacht sich wandelt, wenn die Dunkelheit unseres Herzens hell wird und unser aufgezwungenes Wachen eine Antwort erhält.

Erwachsene erzählen mir, wie sie als Kinder oft nächtelang wach gelegen sind. Sie zweifelten an der Liebe der Eltern. Sie wußten nicht mehr ein noch aus. Alles, was sie machten, war verkehrt. Sie konnten es den Eltern nie recht machen. Sie lagen wach, weil sie Angst hatten, die Eltern würden wieder streiten, der Vater könnte die Mutter schlagen oder die Eltern könnten sie verlassen. Dann wären sie mutterseelenallein. Wenn in solche Nächte ein Engel tritt und die große Freude verkündet, daß da ein Heiland geboren wird, der ihre Ängste heilt, dann wird das Kind wieder ruhig. Dann kann es schlafen. Der Engel wacht für es. So braucht es selbst nicht mehr zu wachen. Ilse Aichinger hat in ihrer Erzählung „Engel in der Nacht" aus dem Jahre 1949 geschildert, wie zwei Schwestern, 7 und 15 Jahre alt, sich nach der Erfahrung des Engels sehnen, um ihr hoffnungsloses Alleinsein und Unverstandensein zu überwinden. In dieser Erzählung klingt die eigene Erfahrung als halbjüdisches Mädchen im Dritten Reich an. Dort war Ilse Aichinger wirklich alleingelassen. Dort hat man ihr die Kindheit gestohlen. Der einzige Weg, sich in dieser Nacht der Brutalität und Verfolgung zu behaupten, war der Glaube an den Engel. „Besser keine Welt als eine ohne Engel", sagt die jüngere Schwester. Aber ihre Welt wird zerstört. Und die ältere

Schwester, die der jüngeren Engel sein will, endet im Wahn und begeht Selbstmord. Für viele Kinder ist der Glaube an den Engel, der Licht in die Nacht bringt und Freude in die Trostlosigkeit, überlebensnotwendig. Nur weil der Engel die Nacht erhellt, kann das Kind sie aushalten. Nur weil der Engel die große Freude verkündet, können sie die Trostlosigkeit und Hoffnungslosigkeit ihres Alltags bestehen.

Neben dem Engel der Verkündigung erscheint in der Weihnachtsgeschichte ein ganzes Heer von Engeln, die Gott loben und den Menschen den Frieden verkünden. Sie werden in der bildenden Kunst oft als kindliche Engel dargestellt, die voller Lebensfreude auf ihren Instrumenten blasen oder mit vereinten Kräften zur Freude Gottes und der Menschen singen. Hier wird etwas von der Leichtigkeit des Seins sichtbar, die die Engel verkörpern. Durch die Engel wird alles leichter, lichter, froher. Da kann man wieder singen. Kinder singen oft, wenn sie allein sind, wenn sie sich in der Nacht ihres Lebens einsam fühlen, wenn sie von den Eltern alleingelassen werden. Singen ist für sie Therapie. Da kommen sie in Berührung mit einer anderen Welt, mit einer Welt der Freude und der Ausgelassenheit. Manche Kinder können nur überleben, wenn sie gegen das Geschrei ihres jähzornigen Vaters oder gegen das ständige Herumnörgeln der Mutter ihre eigenen Lieder singen. In ihrem Singen grenzen sie sich ab vom negativen Lärm ihrer Umwelt und spüren in ihrem eigenen Herzen eine Freude, die ihnen niemand nehmen kann. Die therapeutische Funktion des Singens gilt nicht nur für Kinder. Auch für Erwachsene kann es heilsam sein, wenn sie die kindlichen Engel der Freude wieder in sich einlassen und es wagen, in der Badewanne oder beim Kochen oder Spazierengehen vor sich herzusingen. Wir hatten einen Tünchner, der im Kirchenchor sang. Er hat auch oft bei der Arbeit gesungen. Da war die Arbeit nicht mehr Last, sondern Lust. Da standen ihm seine eigenen Probleme nicht mehr im Weg, da eröffnete ihm das Singen einen Weg zum Leben und zur Freude.

Die Weihnachtsengel, so meint Pietro Bandini, bilden eine „Verschwörung der Liebe" (Bandini 105). Die Weihnachtsengel verbinden Himmel und Erde miteinander, Göttliches und den Menschen, die Hirten und das neugeborene Messiaskind. Auch sie haben wie Gabriel eine erotische Ausstrahlung. Künstler haben die Weihnachtsengel oft als erotische kindliche Gestalten mit Flügeln dargestellt. Engel existieren ja im Zwischenbereich zwischen der göttlichen und menschlichen Welt. In ähnlicher Weise ist die Erotik ein Zwischenbereich zwischen Menschen, zwischen Mann und Frau. Da strömt es hin und her. Die weihnachtlichen Engel öffnen uns den Himmel und geben uns das Gefühl, daß es zwischen Gott und Menschenwelt hin- und herströmt, daß da ein Strom der Liebe hin- und herfließt. Das beflügelt unsere Seele. Die erotische Ausstrahlung der Weihnachtsengel wirkt heilend und belebend auf unsere Seele. Die Engel öffnen unsere Seele für eine andere Welt, für die Welt der göttlichen Liebe, die sich bis in unsere Nacht und Dunkelheit hinabneigt. Wenn zwei Menschen sich verlieben, eröffnet sich für sie auch eine neue Welt. Die Weihnachtsengel vermitteln uns, daß zwischen Gott und uns eine ähnliche Liebe strömt wie zwischen Verliebten. Wenn wir sie in uns einlassen, dann wird unser Leben erneuert, dann werden wir auch als Erwachsene noch von Weihnachten verzaubert und trauen trotz aller Enttäuschung der Liebe, die mit den Weihnachtsengeln in unsere Welt hineinstrahlt.

17.

Der Engel, der im Traum erscheint

Matthäus erzählt uns die Geburtsgeschichte Jesu aus der Perspektive des Josefs. Josef erscheint im Traum immer wieder ein Engel. Der Engel deutet ihm das Geschehene. Josef hatte nicht verstanden, daß seine Verlobte schwanger war. Er wollte sie heimlich entlassen. Jetzt greift ein Engel ein, der ihm im Traum verständlich macht, was mit seiner Verlobten Maria geschehen war. Er sagt zu ihm: „Josef, Sohn Davids, fürchte dich nicht, Maria als deine Frau zu dir zu nehmen; denn das Kind, das sie erwartet, ist vom Heiligen Geist. Sie wird einen Sohn gebären; ihm sollst du den Namen Jesus geben; denn er wird sein Volk von seinen Sünden erlösen." (Mt 1,20f) Der Verstand, ja selbst die innere Lauterkeit des Josef – seine Gerechtigkeit – war nicht dazu imstande, die Schwangerschaft seiner Verlobten zu erklären. Da muß ein Engel zu Hilfe kommen. Und der Engel kommt bei Josef immer im Traum. Später, als das Kind von Herodes verfolgt wird, erscheint Josef nochmals ein Engel im Traum und fordert ihn auf: „Steh auf, nimm das Kind und seine Mutter, und flieh nach Ägypten; dort bleibe, bis ich dir etwas anderes auftrage; denn Herodes wird das Kind suchen, um es zu töten." (Mt 2, 13) Und als Herodes gestorben war, erscheint ihm wieder ein Engel im Traum und befiehlt ihm, zurückzukehren. Josef reagiert immer sofort auf den Engel. Er steht auf und tut, was der Engel ihm gesagt hat.

Der Traum ist auch heute für viele der Ort, an dem sie dem Engel begegnen. Seit jeher glauben die Menschen daran, daß es ein Engel ist, der uns einen Traum sendet. Der Engel kann uns durch den Traum vor Gefahren warnen. Er kann uns aber auch die Wirklichkeit deuten, damit wir sie richtig verstehen. Und er kann uns eine Verheißung geben, eine Frohe Botschaft verkünden. Er zeigt uns an, wenn etwas Neues in uns geboren werden will. Der Engel im Traum begleitet unseren inneren und äußeren Weg. Er sagt uns, wann wir zu neuen Ufern aufbrechen und wann wir wieder heimkehren sollen. Manchmal zeigt uns der Engel im Traum auch eine ganz andere Welt, eine Welt voller Lebendigkeit und Buntheit. Gerade bei Menschen, die in einer sehr eingeengten Umwelt leben, die von andern bestimmt und drangsaliert werden, eröffnet der Traumengel eine weite Welt, in der sich der Träumende frei und voller Phantasie fühlt. Der Traum zeigt uns den inneren Schatz, den uns niemand rauben kann. Und oft genug gibt er bei Menschen, die sich krank fühlen und keine Hoffnung haben, daß sie aus ihren krankmachenden Mustern herausfinden, den Beginn der Heilung an. Im Innern ist nicht nur die Krankheit, das neurotische Problem. Da ist auch ein Engel, der uns berührt, der unsere Wunden heilt.

Wenn mir jemand seine Träume erzählt, erlebe ich sie oft

wie Engel, die ihm zu Hilfe kommen, damit er sein Leben bewältigen kann. Im Traum versetzt uns der Engel in eine andere Welt, in der wir uns daheim fühlen, in der wir geachtet sind, in der wir frei sind und im Einklang mit uns selbst. Solche Träume bewirken in uns oft tiefere Heilung als das Sprechen über unsere Probleme. Im Innern wissen wir auf einmal die Lösung, da haben wir einen Weg gefunden, wie wir weiter gehen können. Wenn ich Kinderträume anschaue, so sind da allerdings nicht nur Träume von einer bunten Welt, die das Kind aus seiner engen Welt herausführen. Kinder träumen auch häufig von Schlangen, Bären, Hunden, die sie angreifen. Daher haben sie oft Angst vor der Nacht. Denn da tauchen sie in eine Welt, in der solche Ungeheuer sie bedrohen. Es hilft nichts, ihnen ihre Träume auszureden. Man muß mit ihnen ihre Träume anschauen, in sie einsteigen und ihnen in ihrer Traumsprache antworten. Manchen hilft, daß sie ihre Kuscheltiere beim Einschlafen umarmen. Dann haben sie das Gefühl, daß sie der Bär in ihrem Arm vor allen bedrohlichen Tieren im Traum beschützen wird. Genauso kann man ihnen sagen, daß sie im Traum auch ein Engel begleitet, der sie vor den Gefahren bewahrt. Der Engel läßt sie rechtzeitig aufwachen, so daß sie nie verschlungen werden. Der Engel läßt nicht zu, daß ihnen ein Haar gekrümmt wird. Manchen Kindern helfen Bilder von Engeln über ihrem Bett. Wenn sie die abends anschauen, dann wissen sie sich auf Händen getragen und geschützt.

Für Kinder sind aber nicht nur ihre nächtlichen Träume wichtig, sondern auch ihre Tagträume. Da können sie sich ihre eigene Welt erschaffen, in der sie geborgen und geliebt sind, in der sie Abenteuer erleben und im Mittelpunkt der Aufmerksamkeit stehen. Die Fähigkeit, solche Tagträume zu träumen, befreit das Kind aus den allzu rohen Konflikten des Alltags. Es erlebt dann nicht nur das Chaos zwischen den Eltern, sondern auch eine Welt, in der sich eine liebende Mutter um es sorgt und ein Vater es bei seinen Abenteuern begleitet. Für manche Kinder sind solche Tagträume lebensrettend. Natürlich können sie auch zu einer Gefahr werden, wenn ein Kind zu sehr in dieser eigenen Traumwelt lebt und vor der Wirklichkeit flieht. Aber eine Zeitlang kann es für ein Kind heilsam sein, einer unerträglichen Situation durch Tagträume zu entrinnen. In diesen Tagträumen kommen Elfen und Feen vor, da existieren die Engel genauso selbstverständlich wie die Menschen. Sie sind vertraute Begleiter. Man kann mit ihnen sprechen. Und sie heben die Kinder auch mal in die Lüfte, damit sie alles von oben anschauen. In diesen Tagträumen kann Herodes sie nicht verfolgen. Da reicht seine Macht nicht hin. Die Träume künden ihnen vom Tod des Herodes. So können sie aus den Tagträumen immer wieder in die reale Welt zurückkehren, ohne Angst vor denen, die sie bedrohen.

Das klassische Abendgebet ist immer auch ein Gebet um gute Träume: „Herr, kehre ein in dieses Haus und laß deine heiligen Engel hier wohnen. Sie mögen uns behüten, damit wir in Frieden ruhen. Und dein Segen bleibe allezeit über uns." Wir beten, daß Gott seine heiligen Engel senden möge. Sie sollen uns Antwort geben auf unsere Fragen. Sie sollen uns eine Lösung aufzeigen, wenn wir nicht weiter wissen. Sie sollen uns helfen, uns richtig zu entscheiden. Die Engel machen uns im Traum auf Gefahren aufmerksam, die uns drohen. Sie geben uns aber auch die Heilmittel an, die wir brauchen. Der Engel im Traum ist ein wichtiger Begleiter auf unserem Weg. Er warnt uns, wenn wir etwas Wichtiges in unserem Leben übersehen. Er gibt uns die Schritte an, die wir auf unserem inneren Weg weiter gehen sollen. Und er schenkt uns oft die Gewißheit, daß Gott wirklich bei uns ist und in unser Leben eingreift. Der Traumengel verkündet uns – ähnlich wie Josef –, daß auch wir ein göttliches Kind sind, das von Herodes verfolgt wird, das der Feindschaft von Menschen ausgesetzt ist, das aber unter dem besonderen Schutz Gottes steht. Auch unser Leben wird gelingen, selbst wenn es nach außen hin nicht so aussieht. Der Traum ist für viele Menschen der Ort, an dem sie Nacht für Nacht ihrem Engel begegnen und von ihm Weisung für den kommenden Tag empfangen. Wohl dem, der wie Josef dann aufsteht und tut, was der Engel ihm aufgetragen hat.

18.

Der Engel, der dem Leben dient

Der Engel tritt nicht nur im Traum in unsere Welt ein. Er ist auch mitten in unserer Wüste, in unserer Verlassenheit, in unserer Einsamkeit bei uns. Das wird deutlich in der Szene der Versuchung, wie sie Markus in seinem Evangelium in zwei kurzen Versen beschreibt: „Danach trieb der Geist Jesus in die Wüste. Dort blieb Jesus vierzig Tage lang und wurde vom Satan in Versuchung geführt. Er lebte bei den wilden Tieren, und die Engel dienten ihm." (Mk 1,12f) Während die Engel bei Markus Jesus während seiner ganzen Wüstenzeit mit Nahrung versorgen, treten sie bei Matthäus erst nach der Versuchung zu Jesus, um ihm zu dienen (Vgl. Mt 4,11). Sie verwandeln den Berg der Versuchung in den Berg des Paradieses.

Jesus ist in der Wüste. Das griechische Wort „eremos" bedeutet: Einöde, ein unbebauter, einsamer, verlassener Ort. Dort wird Jesus vom Satan versucht. Aber der Satan kann ihn nicht besiegen. Und die wilden Tiere können ihm nichts anhaben. Er lebt mit ihnen zusammen. Denn Engel sind um ihn und dienen ihm. Das griechische Wort dafür, „diakonein" meint: bei Tisch dienen, mit Speise aufwarten. Die Engel ernähren ihn, und sie umsorgen ihn. Sie versorgen ihn mit allem, was er zum Leben braucht. Satan steht für den Abfall von Gott. Er versucht Jesus dahin zu bringen, daß er auf seine eigene Größe baut, anstatt sich Gott zur Verfügung zu stellen. Matthäus und Lukas haben die Versuchung Jesu konkretisiert als Versuchung, alles für sich zu vereinnahmen, als Versuchung zur Macht und als Versuchung, Gott für sich zu benutzen, um vor den Menschen als großer Guru und Wundertäter dazustehen. Jesus widersteht dieser Versuchung. Er bleibt im Dienst Gottes, durchlässig für Gott, gehorsam seinem Willen. Die wilden Tiere stehen in der Mythologie immer für die Triebe und Leidenschaften, für Vitalität und Instinktsphäre, und für Sexualität. Da Jesus diesen Bereich der Vitalität und Sexualität in sein Menschsein integriert, lebt er friedlich mit den wilden Tieren. Die Engel sind um ihn und dienen ihm. Die Engel verwandeln die Wüste in das Paradies. Jesus ist der neue Adam, der Mensch, der nach Gottes Bild gestaltet ist, dem die Erde untertan ist und der das einmalige und ursprüngliche Bild Gottes hier auf Erden sichtbar macht.

Engel verwandeln auch für uns die Wüste in das Paradies, die Einöde in Heimat. Sie dienen uns dort, wo wir vom Leben abgeschnitten sind, wo unser Menschsein bedroht ist durch die Fallen, in die wir immer wieder hineintappen, oder durch Gefühle, die uns zerreißen. Sie dienen uns, damit das Leben in uns aufblühen kann. Es gibt Kinder, die erleben ihren Lebensraum oft als Wüste, als Einöde, in der sie sich einsam und verlassen vorkommen, in der sie vom Leben abgeschnitten sind.

Alles ist wüst und leer, dumpf, ohne Sinn, ohne Beziehung. Es läuft einfach so weiter. Auf Dauer könnten Kinder in solch einer Wüste nicht überleben, wenn nicht immer wieder Engel für sie sorgen und ihnen dienen. Da entfaltet ein Kind trotz der äußeren Dumpfheit eine Lebendigkeit und Lebensfreude, Spontaneität und Phantasie, daß man sich wundert, woher es das hat. Es ist ein Engel, der in der Wüste für es sorgt. Und der Engel, der es begleitet, schützt es auch vor den wilden Tieren, vor der eigenen Leidenschaft, die sonst grenzenlos wäre, und vor den unbeherrschten Aggressionen der Erwachsenen. Das Kind könnte sich nicht gegen diese überstarke Aggressivität der Erwachsenen schützen, wenn nicht ein Engel zu seiner Seite stünde.

Nicht nur Kinder erleben solche Wüstenzeiten. Jeder gerät in seinem Leben immer wieder in die Versuchung. Da stellt ihm der Satan Fallen. Es können die Lebensmuster der Vergangenheit sein, in die er immer wieder hineinfällt. Da tappt einer immer wieder in das Muster, daß er die Schuld bei sich sucht, daß er sich selbst entwertet. Da setzt sich ein Priester immer wieder unter Druck, alles perfekt zu machen. Denn jeder kleinste Fehler ruft das alte Muster seiner Kindheit auf den Plan. Er wurde beschimpft und geschlagen, sobald er einen Fehler machte. Und jeder kleine Fehler wurde sofort verallgemeinert. Alles in ihm wurde schlecht gemacht, er sei ein absoluter Taugenichts. Immer wieder fällt dieser Priester in das alte Muster zurück, das ihn am Leben hindert. In solchen Versuchungen braucht er den Engel, der dem Leben dient, der ihn vor den Fallen bewahrt, damit er an das Leben in sich und an die eigenen Stärken und Fähigkeiten glauben kann. Wir werden immer wieder mit den wilden Tieren in uns konfrontiert, mit unsern Leidenschaften und Trieben. Wir können die wilden Tiere in uns nicht besiegen. Wir können nur friedlich mit ihnen zusammen leben, wenn die Engel uns dienen. Wenn die Engel unser Selbst stärken, dann haben wir keine Angst vor den wilden Kräften in uns. Im Gegenteil, dann werden sie verwandelt, dann dienen uns diese Kräfte und werden zum Zeichen unserer Lebendigkeit und Kraft.

19.

Der Engel, der sich mit mir freut

Im Lukasevangelium erzählt uns Jesus das Gleichnis von der verlorenen Drachme. „Wenn eine Frau zehn Drachmen hat und eine davon verliert, zündet sie dann nicht eine Lampe an, fegt das ganze Haus und sucht unermüdlich, bis sie das Geldstück findet? Und wenn sie es gefunden hat, ruft sie ihre Freundinnen und Nachbarinnen zusammen und sagt: Freut euch mit mir; ich habe die Drachme wiedergefunden, die ich verloren hatte. Ich sage euch: Ebenso herrscht auch bei den Engeln Gottes Freude über einen einzigen Sünder, der umkehrt." (Lk 15,8–10)

Zehn ist die Zahl der Ganzheit. Wenn die Frau eine Drachme verloren hat, hat sie ihre Mitte verloren, ist sie aus ihrer Mitte gefallen. Jetzt zündet sie die Lampe ihres Bewußtseins an und sucht in ihrem Lebenshaus nach der Drachme. Für die Kirchenväter ist die Drachme Symbol für das Bild Christi, das in uns selbst ist, für das wahre Selbst, für den göttlichen

Kern in uns. Wenn die Frau ihr ursprüngliches und unverfälschtes Bild Christi wieder gefunden hat, feiert sie mit ihren Freundinnen und Nachbarinnen ein Fest der eigenen Selbstwerdung. Und Jesus vergleicht nun dieses Fest eines Menschen, der zu seinem wahren Wesen gefunden hat, mit der Freude, die bei den Engeln Gottes herrscht, wenn ein einziger Sünder umkehrt. Die Engel feiern im Himmel das Fest unserer Menschwerdung. Wenn wir zu uns selbst finden, dann freuen sich die Engel. Denn das ist ihr ganzes Streben, daß unser Leben gelingt, daß wir so leben, wie es von Gott her gemeint ist. Jeder Mensch braucht im Haus seiner Seele Engel, die sich mit ihm freuen, wenn ihm das Leben glückt, die seinem Geist Flügel verleihen und sein Herz mit Freude erfüllen.

Das Wort für Sünder meint einen Menschen, der sein Ziel verfehlt hat, der an sich und seiner Wahrheit vorbeilebt, der an Gott vorbeilebt. Wenn er seine Wegrichtung ändert, wenn er wieder den Weg findet, der zum Leben und zu Gott führt, dann freuen sich die Engel mit ihm. Und die Engel helfen mit, daß ein Mensch, der in die Irre gegangen ist, wieder umkehrt und den richtigen Weg weitergeht. Das griechische Wort „metanoein" heißt eigentlich: „umdenken, anders denken". Die Umkehr beginnt im Denken. Unser Denken führt uns oft in die Irre. Wir denken nicht so, wie es der Wirklichkeit entspricht, sondern wir machen uns Illusionen über die Wirklichkeit. Wir hängen irgendwelchen Gedanken nach, die in uns aufkommen oder die andere uns aufdrängen. Wir denken, was alle denken. Unser Denken ist unbewußt, von andern gesteuert. Wir sollen lernen, selber zu denken, so zu denken, wie es der Wirklichkeit entspricht. Wenn wir das tun, freut sich unser Engel.

Die Frage ist, wie wir das lernen können, umzukehren, umzudenken, so zu denken, wie es mit der Realität übereinstimmt. Unser Denken wird ja von früher Kindheit an von den Eltern und von den wichtigsten Bezugspersonen beeinflußt und oft genug verbogen. Wir lernen, die Wirklichkeit so zu sehen, wie die andern sie sehen. Und dennoch erleben wir auch immer wieder, wie Kinder sich ihre eigenen Gedanken machen, wie sie selbständig denken, wie sie die Wirklichkeit oft anders sehen, wie sie sie unverfälscht wahrnehmen. Sie haben ein untrügliches Gespür für Menschen, die ihnen gut tun. Und sie meiden andere, von denen sie den Eindruck haben, daß sie ihre Grenze mißachten. Sie trauen ihrem spontanen Eindruck, den sie sich von der Welt machen, und können ihn oft erstaunlich klar in Worte fassen. Wer hilft dem Kind, sich mitten in einer festgefahrenen Denkwelt eigene Gedanken zu machen? Wir können sagen, daß das Kind in sich etwas Ursprüngliches hat, das von außen nicht so leicht verfälscht werden kann. Wir können aber auch sagen, daß es der Engel ist, der das Kind mit seinem wahren Selbst in Berührung bringt und es ein eigenständiges Denken lehrt. Dieser Engel freut sich, wenn das Kind die Wirklichkeit so sieht, wie es sie in seinem Herzen wahrnimmt. Und ebenso freut sich dieser Engel mit dem Kind, wenn es nach Umwegen und Irrwegen wieder umkehrt und den Weg findet, der ihm entspricht.

Jeder gerät in seinem Leben einmal auf Wege, die nicht weiterführen, in Sackgassen, die vor einer Mauer enden, auf Umwege, die endlos sein zu scheinen, auf Irrwege, die ihn in die verkehrte Richtung lenken, auf Abwege, die im Sand verlaufen. Und wir erleben es ähnlich wie der verlorene Sohn, daß wir auf einmal erkennen: So geht es nicht weiter. „Ich will aufbrechen und zu meinem Vater gehen.“ (Lk 15,18) Das griechische Wort „anastas“, das dort steht, heißt eigentlich: aufstehen. Es ist das Wort, das auch für die Auferstehung gebraucht wird. Irgendwann auf unseren Irrwegen möchten wir aufstehen und den eigenen Weg gehen. Dann feiern wir Auferstehung. Dann feiert der Engel mit uns. Und es war der Engel, der uns den Gedanken eingegeben hat, aufzustehen, uns nicht mehr weiter treiben zu lassen auf Wegen, die nicht weiterführen, den Aufstand zu wagen gegen alles, was uns vom Weg zum Leben abhält. Es ist tröstlich zu wissen, daß uns unser Engel auch auf allen Umwegen und Irrwegen begleitet. Er hat offensichtlich Geduld mit uns. Er verläßt uns nicht, auch wenn unser Weg noch so abschüssig wird. Wir dürfen vertrauen, daß er sich irgendwann auf unserem Weg zu Wort meldet und uns im Herzen eingibt, aufzustehen und den Weg zu wählen, der uns in die größere Lebendigkeit und Freiheit und Liebe führt. Manchmal hören wir die Stimme des Engels in einem andern Menschen oder in den leisen Impulsen unseres Herzens aber erst, wenn wir wie die Frau im Gleichnis eine Drachme verloren haben und aus unserer Mitte, aus dem Gleichgewicht gefallen sind. Aber es ist nie zu spät, aufzustehen, das Licht unseres Bewußtseins anzuzünden und uns auf die Suche nach dem verlorenen Selbst zu machen und das Fest unserer Ganzwerdung, unserer Einswerdung mit Gott, zu feiern. Dann feiert unser Engel mit und freut sich mit uns.

20.

Der Engel, der die Angst nimmt

In der lukanischen Fassung der Ölbergszene erscheint ein Engel Jesus in seinem Gebetskampf und stärkt ihn. Jesus hat Angst. Er steht vor der Frage, ob er fliehen oder standhalten soll. Er ringt mit Gott, ob es denn sein Wille sein könne, daß er sterben müsse. Er wollte den Menschen die Botschaft vom barmherzigen Vater verkünden. Er wollte ihnen die Güte und Menschenfreundlichkeit Gottes erweisen und sie auf den Weg des Friedens und des Lebens führen. Doch nun wenden sich die Repräsentanten der Juden, die römerfreundlichen Sadduzäer, gegen ihn. Soll er seinem Auftrag untreu werden und nur sich selbst retten? Kann es sein, daß Gott ihn dem gewaltsamen Tod preisgibt? In seinem Gebetskampf bittet er inständig: „Vater, wenn du willst, nimm diesen Kelch von mir! Aber nicht mein, sondern dein Wille soll geschehen. Da erschien ihm ein Engel vom Himmel und gab ihm neue Kraft." (Lk 22,42 f) Der Engel steht ihm in seiner Angst bei. Lukas schildert diese Angst

Jesu sehr realistisch: „Er betete in seiner Angst noch inständiger, und sein Schweiß war wie Blut, das auf die Erde tropfte." (Lk 22,44) Das griechische Wort für Angst heißt hier: „Agonia". Es kommt von „agon = Kampf, Wettkampf". „Agonia" ist der innere Aufruhr, die Besorgnis, die Angst um den Sieg, „die letzte Spannung der Kräfte vor hereinbrechenden Entscheidungen und Katastrophen" (Stauffer, Theologisches Wörterbuch I, 140) Es bezeichnet die Todesangst, das letzte Aufbäumen aller Kräfte vor dem Ermordetwerden. Bei Jesus ist es die Angst, ins Nichts zu fallen, die Angst vor dem Kampf um Leben und Tod, die Angst vor einer Qual, die er nicht absehen kann, die Angst vor der Willkür der Macht, der er schutzlos ausgeliefert ist. In dieser Angst steht der Engel Jesus bei, er stärkt ihn und verwandelt die Angst. Denn nach diesem Kampf geht Jesus gefaßt und aufrecht zu den Jüngern und sagt zu ihnen: „Steht auf und betet, damit ihr nicht in Versuchung geratet!" (Lk 22,46) Das Gebet hat Jesus geholfen, in der Versuchung, in der Verwirrung wieder Klarheit zu finden und Kraft für seinen Weg.

Von Ängsten werden heute viele Menschen heimgesucht. Auch wenn sie ihre Angst nach außen hin nicht zeigen, so ist sie doch ihr ständiger Begleiter. Und wenn sie einmal offen über sich sprechen können, dann ist die Angst ihr zentrales Thema. Da ist die Angst vor dem Versagen, die Angst, sich zu blamieren, vor den andern lächerlich zu erscheinen. Andere haben Angst vor Menschen, die Macht ausüben. Sie geraten in Panik, wenn andere sie kritisieren, wenn sie ihnen mit ihrer Autorität gegenüber treten. Es ist die Angst, daß die mit einem machen können, was sie wollen. Oder es ist die Angst, von anderen abgelehnt zu werden, nicht mehr beliebt zu sein, wenn man Fehler macht. Oder es ist eine diffuse Angst, die man nicht mehr genauer erklären kann. Es kann die Angst vor der Dunkelheit sein, die Angst vor engen Räumen, vor Krankenhäusern, vor Einbrechern. Oder es ist die existentielle Angst vor Krankheit und Sterben, die Angst, es nicht zu schaffen, an seinem Leben vorbeigelebt zu haben. Unsere Ängste nähren sich aus Urängsten, die offensichtlich zum Menschen gehören. Es sind die Ängste, die in unserem kollektiven Unbewußten sitzen und die von allen Völkern in ihren Sagen und Mythen beschrieben werden: die Angst vor Vernichtung, Verschlungenwerden und Untergehen. Und die Angst, die vor einer konkreten Situation auftaucht, wird verstärkt durch Erfahrungen von Angst in der frühen Kindheit. Da ist eine Frau, die schon als kleines Kind längere Zeit im Krankenhaus verbringen mußte, ohne einen Besuch zu bekommen. In ihr brechen immer noch Ängste aus, wenn sie in ein Krankenhaus geht, um Kranke zu besuchen. In manchen Situationen hat sie Verlustängste, die durch die äußeren Bedingungen gar nicht gerechtfertigt sind. Sie weiß um diese Urängste und kann inzwischen auch besser damit umgehen. Aber sie tauchen immer wieder auf und verstärken die Angst, die durch konkrete Erfahrungen ausgelöst wird. Eine andere Frau hat Angst vor jeder Autorität, weil sie sofort an den Vater erinnert wird, der sie brutal geschlagen hat, vor dem sie ohnmächtig und hilflos war. Bei jedem, der sie laut anspricht, taucht diese Urangst des Kindes vor dem schreienden und schlagenden Vater auf.

Es gibt offensichtlich Ängste, die zwar durch die Therapie bewußt gemacht und bearbeitet, aber nicht völlig aufgelöst werden können. Sie bleiben trotz aller Bewußtmachung. Man kann versuchen, damit zu leben. Wenn man um die Wurzel der Ängste weiß, verurteilt man sich nicht mehr, wenn die Angst auftaucht. Man akzeptiert sie und kann sie dadurch relativieren. Es hat keinen Zweck, gegen die Angst zu kämpfen. Denn damit verstärke ich sie nur. Ich muß mich mit ihr anfreunden, mir erlauben, wovor ich Angst habe. Ich kann mir z. B. vorstellen, daß ich mich blamiere, daß ich das Stottern anfange oder vor Aufregung und Unsicherheit schwitze. Was geschieht dann? Ist es wirklich so schlimm, wie ich befürchte? Lehnen mich dann wirklich alle ab? Oder kann ich es mir selbst nicht verzeihen, wenn ich einen Fehler mache? Ich kann mir auch vorstellen, daß mich in meiner Angst ein Engel begleitet, daß ich nicht allein bin mit meiner Angst. Die Angst darf sein, aber in meiner Angst weiß ich um den Engel, der bei mir ist. Der Engel in mir bringt mich mit dem Vertrauen in Berührung, das neben meiner Angst auch immer in mir ist. Jesu Angst ist nicht gleich vergangen, als der Engel ihn stärkte. Aber es hat sich etwas für ihn verwandelt. Wenn ich mir vorstelle, daß ein Engel bei mir ist in meiner Angst, dann verschwindet dadurch die Angst noch nicht. Aber in meine Angst kommt ein Funke Hoffnung hinein. Manchmal scheint die Angst ja abgrundlos zu sein. Man meint, man hätte keinen Boden unter den Füßen. Das Bild, daß auch dort noch mein Engel mit mir geht, schenkt mir in dieser Abgrundlosigkeit wieder ein Stück Boden unter den Füßen, auch wenn er noch schwankend ist.

Ich bin der Angst nicht völlig ausgeliefert, sondern kann durch den Engel an meiner Seite auch einen Raum des Vertrauens erfahren.

21.

Der Engel, der die Fesseln löst

In der Apostelgeschichte erzählt uns Lukas von der wunderbaren Befreiung des Petrus aus dem Kerker durch einen Engel. Herodes hatte Petrus ins Gefängnis werfen lassen. „In der Nacht, ehe Herodes ihn vorführen lassen wollte, schlief Petrus, mit zwei Ketten gefesselt, zwischen zwei Soldaten; vor der Tür aber bewachten Posten den Kerker. Plötzlich trat ein Engel des Herrn ein, und ein helles Licht strahlte in den Raum. Er stieß Petrus in die Seite, weckte ihn und sagte: Schnell, steh auf! Da fielen die Ketten von seinen Händen. Der Engel aber sagte zu ihm: Gürte dich, und zieh deine Sandalen an! Er tat es. Und der Engel sagte zu ihm: Wirf deinen Mantel um, und folge mir! Dann ging er hinaus, und Petrus folgte ihm, ohne zu wissen, daß es Wirklichkeit war, was durch den Engel geschah; es kam ihm vor, als habe er eine Vision. Sie gingen an der ersten und an der zweiten Wache vorbei und kamen an das eiserne Tor, das in die Stadt führt;

es öffnete sich ihnen von selbst. Sie traten hinaus und gingen eine Gasse weit; und auf einmal verließ ihn der Engel." (Apg 12,6–10)

Viele fühlen sich wie Petrus im Gefängnis, gefesselt und von zwei Soldaten bewacht. Petrus hat keine Chance. Das Gefängnis kann die Angst sein, die uns gefesselt hält. Es kann auch eine Beziehung sein, in der man sich gefangen fühlt. Gefängnis können die eigenen Grenzen sein. Man hat das Gefühl, man kommt nicht aus sich selbst heraus. Man ist in sich selbst verstrickt, von seinen Leidenschaften gefangen, voller Hemmungen und Blockaden. Rechts und links sind zwei Soldaten. Sie vertreten das Gesetz. Oft wird unser inneres Gefängnis von den Vertretern des Gesetzes bewacht, von den Vertretern unseres eigenen Über-Ichs, das uns einpeitscht, daß wir dieses und jenes tun sollen und das nicht, daß wir an allem schuld sind. Die Soldaten bestrafen uns sofort, wenn wir gegen die Stimmen des Über-Ichs verstoßen haben. Sie gehen gewaltsam gegen uns vor. Petrus muß sogar zwischen diesen Soldaten schlafen. Er hat keinen Bewegungsspielraum. Das Über-Ich kann zu einer Kontrollinstanz werden, die uns überallhin verfolgt, sogar bis in den Schlaf. Bei jedem kleinen Tun bewertet sie uns und verurteilt uns. Wenn wir uns über einen Erfolg freuen, kommt sofort das innere Verdikt, daß das Stolz sei. Wenn wir etwas sagen wollen, setzt uns das Über-Ich unter Druck, daß wir auch alles richtig machen.

Manche Menschen fühlen sich in ihrem Gefängnis genauso chancenlos wie Petrus. Sie brauchen auch einen Engel, der mitten in der Nacht zu ihnen kommt und sie von ihren Ketten befreit, der sie in die Seite stößt, damit sie aufstehen und sich auf den Weg in die Freiheit machen. Aufstehen muß der Gefangene selbst. Nur wenn er selbst aktiv wird, können die Ketten von seinen Händen fallen. Der Engel gibt noch andere Befehle: „Gürte dich und zieh deine Sandalen an! ... Wirf deinen Mantel um, und folge mir!“ (Apg 12,8) Wer sich gefangen fühlt in seinen Leidenschaften und Trieben, in seinen Ängsten und Depressionen, der muß sich den Gürtel seiner eigenen Kraft anlegen. Der Gürtel ist aber nicht nur Bild für die eigene Kraft, sondern auch für die Bereitschaft, das zu tun, was in unserer Macht steht. Die Sandalen und der Mantel sind Zeichen dieser Bereitschaft, sich auf den Weg zu machen und dem Engel zu folgen. Solange der Engel vorausgeht, greifen die Wachen nicht ein. Die Wächter des Über-Ichs sind angesichts des Engels entmachtet. Wenn wir mit dem Engel in Berührung sind, dann schweigen die Stimmen des Über-Ichs. Und dem Engel öffnen sich die Türen von selbst. Er führt uns hinein in die Freiheit, in das Leben, in die Stadt.

Vielleicht kommt der Engel auch bei uns im Schlaf, im Traum. Petrus kann kaum unterscheiden, ob sich Traum oder Wirklichkeit abspielt. Der Traum wird wirklich. Er ist tatsächlich aus dem Gefängnis entkommen. Wenn der Engel zu uns kommt, wissen wir auch oft nicht, ob es Traum oder Wirklichkeit ist. Aber auch der Traum ist eine Wirklichkeit, die in die äußere Realität hinein wirkt. Wenn sich im Traum unsere Fesseln lösen, dann werden wir auch in der Realität des Alltags freier auftreten. Was im Unbewußten geschieht, ist wirklich und wirkt bis in die bewußte Realität hinein. Wenn ich davon träume, daß die Gefängnismauern zusammenstürzen, dann ist auch in der Realität mein Gefängnis aufgebrochen. Wenn ich träume, daß die Verfolger mich aus dem Auge verlieren, dann bin ich schon einen Schritt weiter auf dem Weg meiner Selbstwerdung.

22.

Der Engel, der die Auferstehung bewirkt

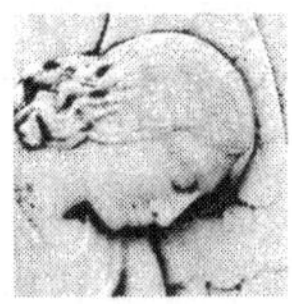

In allen Auferstehungsberichten spielen Engel eine wichtige Rolle. Sie bezeugen die Auferstehung und deuten den Frauen oder den Jüngern das Geheimnis des leeren Grabes. Im Matthäusevangelium bezeugt der Engel des Herrn nicht nur die Auferstehung, sondern er scheint sie auch herbeizuführen und sie zu begleiten. „Nach dem Sabbat kamen in der Morgendämmerung des ersten Tages der Woche Maria aus Magdala und die andere Maria, um nach dem Grab zu sehen. Plötzlich entstand ein gewaltiges Erdbeben; denn ein Engel des Herrn kam vom Himmel herab, trat an das Grab, wälzte den Stein weg und setzte sich darauf. Seine Gestalt leuchtete wie ein Blitz, und sein Gewand war weiß wie Schnee. Die Wächter begannen vor Angst zu zittern und fielen wie tot zu Boden. Der Engel aber sagte zu den Frauen: Fürchtet euch nicht! Ich weiß, ihr sucht Jesus den Gekreuzigten. Er ist nicht hier; denn er ist auferstanden, wie er gesagt hat. Kommt her und seht euch die

Stelle an, wo er lag. Dann geht schnell zu seinen Jüngern und sagt ihnen: Er ist von den Toten auferstanden. Er geht euch voraus nach Galiläa, dort werdet ihr ihn sehen. Ich habe es euch gesagt. Sogleich verließen sie das Grab und eilten voll Furcht und großer Freude zu seinen Jüngern, um ihnen die Botschaft zu verkünden." (Mt 28, 1–8)

Die Frauen kommen bei Matthäus nicht zum Grab, um den Leichnam Jesu zu salben, sondern um das Grab zu schauen. Es steht dort das griechische Wort „theorein", das meint: betrachten, meditieren, anschauen. Sie kommen schon am späten Abend. Denn nach der Abenddämmerung beginnt schon der neue Tag. Sie möchten die ganze Nacht über am Grab bleiben, um Jesus zu betrauern und über ihn nachzudenken und zu meditieren. Da entsteht ein starkes Erdbeben, eine Erschütterung. Da wird alles durcheinander geschüttelt, da kommt Bewegung hinein in die Grabesstarre. Und der Engel des Herrn steigt vom Himmel herab. Erdbeben und Engelerscheinung sind die beiden wichtigsten Merkmale der Gottesbegegnung im Alten Testament. Wenn Gott erscheint und in die Welt eingreift, dann kündigt er sich im Erdbeben und im Engel an.

Der Engel wälzt den Stein vom Grab weg und setzt sich darauf. Oft genug liegt ein Stein auf uns, der uns blockiert und uns vom Leben abhält. Er liegt gerade dort auf uns, wo das Leben in uns aufblühen möchte. Unter dem Stein kann sich das Leben nicht entfalten. Es bleibt unterdrückt. Der Engel weiß um unsere Blockaden und löst den Stein dort, wo er uns am meisten am Leben hindert. Und der Engel setzt sich auf den Stein. Er verwandelt den Stein, der uns blockiert, in einen Stein, der uns Gottes befreiende Gegenwart anzeigt.

Der Engel dieser Erzählung ist voller Macht. Er leuchtet wie ein Blitz auf in der Dunkelheit. Die Wächter, die den Toten bewachen, zittern vor Angst. Sie sind wie tot, während der, den sie bewachen, zum Leben kommt. In uns sind solche Wächter, die das Tote in uns bewachen, die darüber wachen, daß sich ja nichts in uns verändert, daß alles beim Alten bleibt, daß an unseren Grundsätzen nicht gerüttelt wird. Wenn der Engel wie ein Blitz einbricht in unsere Grabeswelt, dann stürzen die Wächter zu Boden. Sie können das Leben in uns nicht mehr davon abhalten, herauszukommen und sich zu entfalten. Es geht eine gewaltige Kraft von diesem Engel aus, der auch unser Grab aufsprengt, in dem wir uns eingerichtet haben mit unserer Resignation und Enttäuschung. Der Engel läßt uns nicht ruhig in unserem Grab schlafen. Er rüttelt uns wach. Auferstehung ist nicht nur etwas Vergangenes. Der Engel des Herrn will auch in uns Auferstehung bewirken, indem er den Stein wegwälzt, der uns blockiert. Es gibt viele Menschen, die lieber in ihrem Grab liegen bleiben. Sie jammern zwar, wie feucht und dunkel es darin ist. Aber sie haben Angst aufzustehen. Denn dann müßten sie sich dem Leben stellen. Dann könnten sie verwundet werden. Und sie hätten keine Ausrede mehr für die Verweigerung, in der sie sich eingerichtet haben. Da braucht es einen Engel, der uns erschüttert und schüttelt, der in uns eine Bewegung auslöst und uns aus dem Grab hinauswirft.

Der Engel löst Betroffenheit und Furcht aus. Aber er sagt zu den Frauen, sie sollten sich nicht fürchten. Er zeigt ihnen, daß das Grab leer ist, daß Jesus auferstanden ist. Sie finden ihn nicht mehr im Grab, nicht mehr in der Vergangenheit, nicht mehr im Nachtrauern des Gewesenen. Er geht ihnen voraus nach Galiläa. In Galiläa werden sie ihn sehen, nicht in Jerusalem, nicht in der heiligen Stadt, sondern im verachteten Gebiet von Galiläa, in dem Juden und Heiden vermischt leben. Dort, wo wir leben, in der Banalität unseres Alltags, in dem Frommes sich mit Heidnischem mischt, Gottesferne mit Gottesnähe, Fremdes mit Vertrautem, dort, wo wir uns selbst verachten, dort werden wir den Auferstandenen sehen und ihm begegnen. Mitten im Durcheinander dieser Welt werden wir Auferstehung erfahren. Mitten in der Selbstverachtung wird uns der Auferstandene aufrichten.

Der Engel sendet die Frauen, daß sie nun selbst zu Engeln der Auferstehung werden und den Jüngern die Frohe Botschaft von der Auferweckung Jesu verkünden. Die Frauen wollten nur das Grab sehen. Sie wollten Zuschauerinnen bleiben. Jetzt bekommen sie eine Aufgabe. Sie sollen zu den Jüngern gehen und ihnen bezeugen, daß das Leben den Tod besiegt hat, daß die Liebe stärker ist als der Haß, daß die Steine, die das Leben abhalten, weggewälzt sind und das Grab offen steht. Die Frauen verlassen das Grab voller Freude, aber zugleich voller Furcht. Sie sind betroffen von dem Geschehenen. Der Engel war für sie nicht nur Zeuge der Auferstehung Jesu. Er hat auch sie zum Aufstehen gebracht. Sie sind aufgestanden und haben sich auf den Weg gemacht. Auf diesem Weg sind sie dem Auferstandenen selbst begegnet. Da haben sie gespürt, daß die Botschaft des Engels stimmt. Und so wurden sie selbst zu Engeln, zu Boten der Auferstehung für andere.

Das ist wohl die größte Wirkung, die ein Engel in unserem Leben haben kann, daß er den Stein von unserem Grab wälzt und uns aus dem Grab aufstehen läßt. Es ist soviel leichter, liegen zu bleiben und den andern die Verantwortung für sich zu-

zuschieben, als selber aufzustehen. Es ist bequemer, sich als Opfer zu fühlen, als für sich selbst Verantwortung zu übernehmen. Der Engel, der uns begleitet, hindert uns daran, in der Opferrolle zu bleiben. Er wälzt den Stein von unserem Grab, damit wir nun selbst aufstehen und uns dem Leben stellen. Der Engel bringt uns in Berührung mit der eigenen Kraft. Er ist nicht nur außen, sondern auch innen. Manchmal brauchen wir Menschen als Engel, die uns den Stein vom Grab wegrollen und uns Mut machen aufzustehen. Aber aufstehen müssen wir dann selbst. Da heißt es, der Kraft zu vertrauen, die der Engel in uns hervorruft, die in uns selber ist.

Schon Kinder kennen das Grab. Als Kinder haben wir tote Vögel feierlich begraben und ein Kreuz auf ihr Grab gestellt. Offensichtlich hatten wir ein Gespür dafür, daß alles Tote begraben werden muß. Nur so kann es verwandelt werden und auferstehen. Man muß das Alte, das sich überlebt hat, begraben und kann es nicht ein Leben lang mit sich herumschleppen. Aber manche Kinder erleben das Grab noch anders. Sie fühlen sich wie im Grab, wie unter einer Grabplatte. Sie kommen gar nicht zum Leben. Alles spielt sich ab wie unter einer Decke. Die dumpfe Atmosphäre im Elternhaus deckt alles zu, was da an Lebendigkeit aufblühen möchte. Sie ist wie ein Stein, der auf ihnen liegt und sie vom Leben abhält. Manchmal scheinen Kinder nicht ansprechbar. Sie leben in einer anderen Welt, ein großer Stein macht ihnen die Realität unzugänglich. Die Eltern sind oft beunruhigt, wenn das Kind sich in das eigene Grab zurückzieht. Sie wissen nicht, ob da ein Engel mitten in der Nacht in das Grab steigt und den Stein wegwälzt. Die Erzählung vom Auferstehungsengel bei Matthäus will in uns das Vertrauen wecken, daß die Grabessituation für ein

Kind oder für einen Erwachsenen nicht endgültig bleibt, daß dann, wenn alles dunkel ist und voller Trauer, wenn die Depression alles Leben zugedeckt hat, ein Engel vom Himmel herabsteigt und ein Erdbeben auslöst. Wenn der Engel in einem treuen Begleiter oder im Traum oder in einer inneren Erfahrung herabsteigt in unsere Grabessituation, dann werden auch wir aufstehen können, um zu leben. Der Engel kann wie ein Blitz zu uns kommen. Ein Geistesblitz erhellt unsere Dunkelheit und schafft den Raum zum Aufstehen.

23.

DER ENGEL, DER DAS LEBEN DEUTET

Im Lukasevangelium haben die Engel bei der Auferstehung eine andere Bedeutung. Sie deuten das Geschehen der Auferstehung für die Frauen. Die Frauen gehen ins Grab hinein und finden den Leichnam Jesu nicht. Aber sie verstehen nicht, was das bedeuten sollte. „Während sie ratlos dastanden, traten zwei Männer in leuchtenden Gewändern zu ihnen. Die Frauen erschraken und blickten zu Boden. Die Männer aber sagten zu ihnen: Was sucht ihr den Lebenden bei den Toten? Er ist nicht hier, sondern er ist auferstanden. Erinnert euch an das, was er euch gesagt hat, als er noch in Galiläa war: Der Menschensohn muß den Sündern ausgeliefert und gekreuzigt werden und am dritten Tag auferstehen. Da erinnerten sie sich an seine Worte. Und sie kehrten vom Grab in die Stadt zurück und berichteten alles den Elf und den anderen Jüngern." (Lk 24,4–9)

Wie im Alten Testament sind die Engel hier als Männer beschrieben. Sie haben ein leuchtendes Gewand, das sie als Engel ausweist. Die beiden Engel stellen an die Frauen eine Frage in Form eines Sprichwortes: „Was sucht ihr den Lebenden bei den Toten?“ Sie sollen den Auferstandenen nicht im Grab suchen, nicht im Reich der Toten. Dieses Sprichwort ist auch heute noch aktuell. Viele Fromme suchen Jesus im Reich der Toten, im Reich toter Buchstaben und bloßer Gesetzesfrömmigkeit. Andere suchen ihn nur in der Vergangenheit. Sie kreisen nur um traditionelle Formen, anstatt sich dem Leben zu stellen. Manche benutzen ihren spirituellen Weg, um dem Leben auszuweichen, anstatt es in sich zuzulassen. Andere suchen das Leben bei den Toten, wenn sie im Geld, im Besitz, in der Macht, in der Karriere, im Prestige ihr Glück suchen. Auferstehung aber heißt, das Leben in sich selbst zu entdecken und es nicht mehr bei toten Dingen zu suchen.

Dann deuten die beiden Engel die Auferstehung. Das, was auf den ersten Blick unverständlich ist, wird auf einmal klar. Die Engel erinnern an die Worte Jesu, an seine Leidensweissagung. Diese Worte waren den Jüngern offensichtlich dunkel geblieben. Aber nun beginnen sie auf einmal zu leuchten und ihnen den Weg Jesu zu erhellen. Jetzt wird auf einmal verständlich, daß Jesus nicht nur seinen Tod am Kreuz, sondern auch seine Auferstehung am Dritten Tage vorausgesagt hat. Der Engel als „angelus interpres“, als Deuter und Interpret, ist ein wichtiges Bild geworden. Die Engel, die uns begleiten, führen uns ein in das Geheimnis unseres Lebens. Sie decken den Sinn auf, wenn uns alles sinnlos erscheint. Ohne richtige Deutung können wir auch nicht richtig leben. So wie wir unser Leben deuten, so erleben wir es auch. Der Engel deutet uns das Leben so, wie Gott es sieht. Wenn wir seiner Deutung glauben, dann gelingt unser Leben.

Für Kinder sind normalerweise die Eltern die Deuter des Lebens. Oft aber suchen Kinder auch andere Interpreten für ihr Leben. Beliebt sind die Großeltern, die alles, was das Kind erlebt, von ihrer eigenen Lebenserfahrung her deuten, die neues Licht hineinbringen. Sie lassen in ihrer Deutung oft etwas vom Geheimnis des Lebens durchscheinen. Das fasziniert Kinder. Das Leben ist nicht nur banal. Es geht nicht nur um richtig oder falsch. Das Leben hat viele Dimensionen. Es reicht bis in den Himmel hinein. Da gibt es Engel, die uns begleiten und die auch unser Leben wunderbar erscheinen lassen. Eine Deutung, die nur an der Oberfläche bleibt und nur ein angepaßtes Dasein ermöglicht, befriedigt die Kinder nicht. Sie wollen an das Geheimnis des Lebens rühren. Und sie lassen keine Deutung gelten, die nicht auch den Tod einbezieht. Nur wenn der Tod keine Katastrophe ist, sondern ein Weg zur Auferstehung, sind Kinder zufrieden. Sie haben in sich ein Gespür für das Geheimnis von Tod und Auferstehung. Sie gehen daher oft viel unbefangener um mit dem Sterben. Ihr Engel sagt ihnen, daß der Tod nicht das letzte Wort ist, sondern daß die Toten zu Gott gehen und dort im Himmel auf neue Weise leben, daß sie dort so leben, wie die Kinder sich schon immer Leben vorstellen und wünschen.

Auch als Erwachsene brauchen wir immer wieder Engel, die uns unser Leben deuten. Im Gespräch mit einem Freund geht uns auf einmal auf, daß alles, was wir bisher erlebt haben, einen Sinn hat, daß Gott uns da einen guten Weg geführt hat. Oder wir hören eine Predigt und auf einmal wird uns klar, was unsere momentane Situation bedeutet. Wir gehen anders nach Hause. Wir verstehen unser Leben und können es so annehmen, wie es ist. Wir erleben eine Beerdigung. Voller Trauer gehen wir wie die Frauen zum Grab. Da erfahren wir in der Ansprache oder in den Gebeten eine Deutung, die uns das Geschehen in ein anderes Licht hüllt. Oder wir sind gescheitert und klagen einer Freundin das Zerbrechen unseres Lebenskonzeptes. Aber nach dem Gespräch spüren wir, daß wir dennoch getragen sind. Wir erkennen sogar im Scheitern einen Sinn. All die Menschen, die uns unser Schicksal deuten, erfahren wir als Engel. Und wir erleben sie oft genug als Engel der Auferstehung, die uns neues Vertrauen schenken, aus der Resignation aufzustehen in ein neues Leben hinein.

24.

Der Engel, der uns in den Himmel trägt (Lazarus)

In allen Völkern gibt es die Vorstellung vom Todesengel, der uns sicher durch das Tor des Todes geleitet. Sterbeforscher wie Raimond Moody oder Elisabeth Kübler-Ross sprechen von Lichtwesen, die uns im Tode erscheinen und liebevoll zur Seite stehen. Sie sprechen dabei vom Engel, der uns im Prozeß des Sterbens begleitet und uns in der jenseitigen Welt willkommen heißt. In der biblischen Erzählung vom reichen Mann und dem armen Lazarus, der krank und voller Geschwüre vor der Türe des Reichen lag, wird das Bild des Todesengels aufgegriffen: „Als nun der Arme starb, wurde er von den Engeln in Abrahams Schoß getragen." (Lk 16,22)

Es ist ein weit verbreiteter Glaube, daß Engel uns in den Himmel tragen werden. Wenn bei uns im Kloster der Sarg eines verstorbenen Mitbruders von der Kirche zum Friedhof getragen wird, singen wir die altehrwürdige Antiphon: „In paradisum deducant te angeli" (In das Paradies mögen dich die

Engel geleiten). Dort sollen die Märtyrer den Verstorbenen aufnehmen und in die heilige Stadt Jerusalem geleiten. Dann schließt die Antiphon: „Chorus angelorum te suscipiat, et cum Lazaro quondam paupere aeternam habeas requiem" (Der Chor der Engel möge dich aufnehmen. Und mit dem einst armen Lazarus mögest du ewige Ruhe haben). Hier wird auf die Geschichte vom armen Lazarus Bezug genommen. Die Engel mögen uns genauso wie einst Lazarus in den Himmel tragen. Lazarus heißt: Gott hilft. Wir sind im Tod nicht ohne Hilfe. Gott selbst sendet seine Engel, daß sie uns auch dann helfen, wenn wir uns im Tod nicht mehr selbst helfen können. Die Engel werden uns hinübertragen in die heilige Stadt, in den Himmel, in dem die Engel und Heiligen Gott anbeten. Dort wird sich der Chor der Engel über unsere Ankunft freuen und ein Danklied anstimmen. Es gibt ein schönes Bild eines alten Meisters um das Jahr 1200, auf dem die beiden Erzengel Rafael und Gabriel in einem Tuch eine abgeschiedene Seele in den Himmel tragen. Es ist ein Trostbild für kranke und sterbende Menschen. Sie werden nicht in das Dunkel des Todes fallen, sondern von liebenden Engeln sanft in den bergenden Schoß Gottes getragen.

Im Offertorium der Totenmesse wird Michael als der Engel besungen, der uns in das ewige Licht führen möge: Da heißt es nach der Bitte, daß Gott den verstorbenen Gläubigen vor den Qualen der Hölle bewahren möge: „Vielmehr geleite sie Sankt Michael, der Bannerträger, in das heilige Licht, das du einstens dem Abraham verheißen und seinem Nachkommen." Die Liturgie kennt also noch das Bild, daß Engel uns in den Himmel tragen werden. Gerade der Erzengel Michael, der starke Kämpfer für Gott, wird auch für uns kämpfen, damit wir sicher an das andere Ufer gelangen, in das heilige Licht Gottes, in dem wir selbst ganz zu Licht werden. Es ist ein tröstliches Bild, daß ein Engel uns hier das ganze Leben lang begleitet, daß er uns auf unsern Wegen schützt, daß er uns immer wieder anstößt, wirklich zu leben, daß er unsere Wunden heilt und uns aus dem Gefängnis befreit und daß dieser Engel uns auch im Tod nicht verlassen wird. Er wird uns über den Abgrund des Todes, der seit jeher den Menschen Angst macht, sicher hinüber geleiten. Dann hat unser Engel seine Aufgabe erfüllt. Und er kann für immer einstimmen in den Chor der Engel, der im Himmel das ewige Lob Gottes singt. Der Engel verläßt uns auch beim Todeskampf nicht. Der Tod verliert durch die Anwesenheit des Engels seinen Schrecken. Dort, wo wir ohnmächtig sind, wo wir den Schmerzen und der Einsamkeit ausgeliefert sind, steht der Engel neben uns. Das Tor des Todes werden wir nicht allein durchschreiten, sondern in Begleitung unseres Engels.

Johann Sebastian Bach schließt die Johannespassion mit dem tröstlichen Choral:

Ach Herr, laß dein' lieb' Engelein
Am letzten End' die Seele mein
In Abrahams Schoß tragen;
Den Leib in sein'm Schlafkämmerlein,
Gar sanft, ohn' ein'ge Qual und Pein,
Ruh'n bis am Jüngsten Tage!
Daß meine Augen sehen dich
In aller Freud', o Gottes Sohn,
Mein Heiland und Genadenthron!
Herr Jesu Christ, erhöre mich,
Ich will dich preisen ewiglich!

Viele tun sich schwer mit dieser Sprache. Doch die Nahtodeserlebnisse vieler Menschen lassen uns diese Worte in einem neuen Licht erscheinen. Gottes Engel werden uns im Tod geleiten und in Gottes liebende Hände hineintragen. Kinder haben mit dieser Vorstellung keine Probleme. Sie leben in der Welt der Engel. Und sie sind überzeugt, daß ihr Engel sie auch im Tode in Abrahams Schoß tragen werde, daß sie im Tod in Gottes mütterliche Arme hinein sterben werden. Der Tod hat etwas mit Geburt zu tun, mit einem mütterlichen Schoß. Dort werden wir für immer die Geborgenheit erfahren, die wir hier ersehnen, die wir hier zwar immer wieder erleben dürfen, die aber zugleich auch brüchig und vergänglich ist. Im Tod werden wir für immer im mütterlichen Schoß Gottes ruhen und im Blick auf Gottes Liebe ewige Freude genießen.

Schluss

Die Engel, von denen uns die Bibel berichtet, zeigen uns, daß eine heilende Nähe in alle Situationen unseres Lebens hineinreicht. Gott ist nicht nur das ferne und unbegreifliche Geheimnis, sondern er greift in den Engeln konkret in unser Leben ein. Er schickt uns Engel in Menschengestalt, die eine Zeitlang mit uns gehen und uns die Augen öffnen für die eigentliche Wirklichkeit. Er schickt uns Engel, die uns im Traum einen Weg aus der Sackgasse heraus zeigen, die uns im Traum Heilmittel für unsere Seele reichen und uns die Fesseln lösen. Gott hilft uns durch den Engel, der in uns ist, in unserem Herzen, in unseren Gedanken, in den leisen Impulsen unserer Seele. Wenn wir mit der Theologie die Engel als geschaffene Geistwesen verstehen, dann konkretisiert sich in ihnen Gottes heilende Nähe in einer geschaffenen, erfahrbaren Wirklichkeit. In sichtbaren Menschen, in manchmal sich zeigenden Lichtgestalten, in Träumen, die sich tief in unsere Seele einprägen, die wir anschauen und meditieren können, handelt Gott durch seine Engel an uns. Das ist eine tröstliche Botschaft, eine Botschaft, die den fernen und unbegreiflichen Gott hineinholt in unsere Alltagswirklichkeit.

Jeder Mensch hat einen Engel. Das ist die Frohe Botschaft der biblischen Geschichten. Und das ist auch die Erkenntnis der geistlichen Tradition. Jeder Mensch braucht im Haus seiner Seele besondere Räume des Schutzes und des schöpferischen Versunkenseins. Dort wohnen die Engel bei ihm und führen ihn ein in die Leichtigkeit des Seins, in die Zärtlichkeit und Liebe und in die Lust am Leben. Die Engel beflügeln seine Seele. Sie verleihen seinem Geist Flügel der Phantasie, damit er sich abheben kann von der Banalität des Vordergründigen und sich der Himmel öffnet über der Leere seiner Wüste. Die Engel vermitteln uns die Erfahrung, daß wir in besonderer Weise geschützt und geborgen sind. Wir sind nie allein gelassen. Engel begleiten uns in alle Situationen unseres Lebens, in die Einsamkeit, in das Gefängnis, in die Angst, in die Depression, in das Grab unseres Selbstmitleids und unserer Resignation, ja bis in den Tod hinein. Engel werden uns auch durch das dunkle Tor des Todes tragen. Sie werden uns ins Licht geleiten, damit wir gemeinsam mit ihnen Gott das ewige Loblied singen.

Engel haben unser Schreien als Kind gehört, als wir verletzt und gekränkt worden sind, als wir uns der Willkür und der Mißachtung ausgeliefert fühlten. Engel waren bei uns in unseren Schmerzen, in unseren Ängsten, in unserer Ohnmacht. Von Kindheit an wußten wir den Engel an unserer Seite, ja wir wußten den Engel in uns als Quelle heilender und schützender Kräfte, als Potential des Kreativen, als innere Ressource, als hilfreiche Einfälle. Engel führten uns ein in die innere Welt, in die die Verletzungen der äußeren Welt nicht hineinreichten. Sie vermittelten uns eine Aura der Würde, die uns niemand nehmen konnte. Als Erwachsene können wir anknüpfen an unsere Engelerfahrungen in der Kindheit. Aber wir können unsere Engel nicht mit Kinderaugen anschauen. Wir müssen sie als erwachsene, aufgeklärte Menschen betrachten. Für mich heißt, den Engel im eigenen Leben sehen, daß ich die Fixierung aufgebe auf die Geschichte meiner Verletzungen und Kränkungen, meines Scheiterns und meiner Niederlagen. Mit dem Engel in Berührung kommen heißt für mich, die Engelsspuren in meinem Leben entdecken. In der geistlichen Begleitung durfte ich immer wieder erfahren, wie Menschen Heilung und Befreiung erfahren haben, wenn sie die Engelsspuren in ihrer Lebensgeschichte erkannten und meditierten. Da wuchs ihnen eine andere Kraft zu, eine göttliche Kraft. Da kamen sie in Berührung mit der Dimension des Göttlichen. Und erst im göttlichen Bereich konnten sie der Mensch werden, der sie von ihrem Ursprung her sind. Wenn sie den Engel in ihrem Leben betrachteten, dann wurden sie frei von der bedrängenden Nähe verletzender und mißachtender Menschen. In den Engeln erlebten sie Gottes heilende und befreiende Nähe, Gottes liebenden und zärtlichen Hauch, der sie in jedem Augenblick ihres Lebens umweht und einhüllt. Die Begegnung mit den Engeln ließ sie selbst zu Engeln werden für andere. Darin besteht wohl unser aller Berufung, daß wir füreinander zum Engel werden, der den Himmel über dem andern öffnet und ihm Gottes heilende und liebende Nähe vermittelt.

Literatur

Pietro Bandini, Die Rückkehr der Engel. Von Schutzengeln, himmlischen Boten und der guten Kraft, die sie uns bringen, Bern 1995.

Annemarie Brückner, Michaelsverehrung, in: Theologische Realenzyklopädie, Bd. XXII, S. 717–724.

Helmut Hark, Mit den Engeln gehen. Die Botschaft unserer spirituellen Begleiter, München 1993.

C. G. Jung, Gesammelte Werke, Bd. 11, Zürich 1963. ders., Bd. 13, Olten 1978.

Verena Kast, Abschied von der Opferrolle, Stuttgart 1998.

Ellen Stubbe, Die Wirklichkeit der Engel in Literatur, Kunst und Religion, Münster 1995.

Herbert Vorgrimler, Wiederkehr der Engel? Ein altes Thema neu durchdacht, Kevelaer 1991.

Anselm Grün

Herzensruhe

Im Einklang mit sich selber sein

Doppelband

Inhalt

Dem Schatten nicht davonlaufen
Einleitung

„Es war einmal ein Mann, den verstimmte der Anblick seines eigenen Schattens so sehr, der war so unglücklich über seine eigenen Schritte, daß er beschloß, sie hinter sich zu lassen. Er sagte zu sich: Ich laufe ihnen einfach davon. So stand er auf und lief davon. Aber jedesmal, wenn er seinen Fuß aufsetzte, hatte er wieder einen Schritt getan, und sein Schatten folgte ihm mühelos. Er sagte zu sich: Ich muß schneller laufen. Also lief er schneller und schneller, lief so lange, bis er tot zu Boden sank. Wäre er einfach in den Schatten eines Baumes getreten, so wäre er seinen eigenen Schatten losgeworden, und hätte er sich hingesetzt, so hätte es keine Schritte mehr gegeben. Aber darauf kam er nicht."

Auf die Idee, sich einfach in den Schatten eines Baumes zu setzen, kommen viele Menschen heute nicht. Sie laufen lieber vor sich davon wie der Mann in der Geschichte, die uns Dschuang Dse überliefert hat. Doch wer vor seinem Schatten davonläuft, der läuft sich zu Tode. Er kommt nie zur Ruhe. Das ist wohl die Situation vieler Menschen, die sich heute schier zu Tode laufen, nur weil sie Angst haben, ihrem eigenen Schatten zu begegnen, sich in den weniger angenehmen Seiten anzuschauen. Sie wollen ihrem Schatten entkommen. Aber dadurch kommen sie in eine Ruhelosigkeit, die sich oft genug dann in Herzproblemen äußert. Nicht umsonst zählen die Herz-Kreislauf-Krankheiten heute mit zu den häufigsten Todesursachen. Wenn das Herz nie zur Ruhe kommt, wird es überfordert, dann kann es nur irgendwann den Dienst versagen. Es sind vorwiegend Männer, die am Herzen erkranken. Bei manchen ist das Herz kerngesund. Aber sie haben trotzdem Angst, ihr Herz würde aussetzen und sie würden sterben. Herzprobleme haben oft mit Angst zu tun. Man läuft vor etwas davon. Das Herz symbolisiert vor allem die Gefühle. Häufig sind es die nicht zugelassenen und verdrängten Emotionen wie Liebe und Haß, die Herzprobleme verursachen, beim einen Herzrhythmusstörungen, beim andern Herzanfälle. Weil man dem Herzen zu entfliehen sucht, meldet es sich ständig zu Wort und zwingt einen, sich mit ihm zu beschäftigen. Bei manchen spricht man von Herzneurose. Sie sind fixiert auf ihr Herz und leben ständig in der Angst, es könne aussetzen. Herzkranke machen oft einen verbissenen Eindruck. Sie gleichen dem Mann in der Geschichte. Sie können nicht ausruhen und genießen. Sie können sich nicht in den Schatten eines Baumes setzen. Daher spricht man ja von der typischen Managerkrankheit. Man muß immer etwas Wichtiges tun. Sich mit dem eigenen Schatten zu beschäftigen wäre für sie Kinderkram. So plagen sie sich lieber mit ihren Herzkrankheiten herum.

Der Weg der Herzensruhe, wie er vor allem im frühen Mönchtum beschrieben worden ist, ist heute hochaktuell;

denn die Ruhelosigkeit ist eine Zeitkrankheit geworden. Unzählige Menschen klagen darüber, daß sie nicht zur Ruhe kommen. Die frühen Mönche wissen aus eigener Erfahrung, daß man nicht einfach zur Ruhe kommt, wenn man weniger arbeitet. Die Herzensruhe zu finden ist ein langer Weg, der über die ehrliche Selbsterkenntnis und Selbstbegegnung letztlich zu Gott führt, in dem unser unruhiges Herz nach dem berühmten Wort des hl. Augustinus allein zur Ruhe kommen kann. Es ist ein anspruchsvoller Weg, den die Mönche beschreiben, aber zugleich ein einladender Weg, weil er uns verheißt, in die Sabbatruhe Gottes schon hier und jetzt, mitten im Trubel unserer Welt, einzugehen und sie zu genießen. So möchte ich in diesem Buch immer wieder die Erfahrungen der Mönche zu Wort kommen lassen, nicht nur, weil ich selbst aus dieser Mönchstradition schöpfe, sondern weil ich glaube, daß sie auch für unsere Zeit nicht nur Lehr-, sondern auch Lebemeister sind. Ich beziehe mich dabei vor allem auf Evagrius Ponticus, den wichtigsten Schriftsteller aus dem östlichen Mönchtum (345–399), und auf Johannes Cassian (um 360–430/435), der in die ägyptische Wüste zog, um die Erfahrungen der dortigen Mönche für den Westen fruchtbar werden zu lassen. Und ich schöpfe aus der Regel Benedikts (um 480–547), nach der ich selber als Mönch lebe und die seit dem Mittelalter auch für viele Weltleute Wegweiser zum Leben geworden ist. Die Grundlage, auf die sich die Mönche seit jeher bezogen haben, ist die Heilige Schrift. So möchte ich die Worte der Heiligen Schrift meditieren, die uns die Herzensruhe verheißen. Jesus selbst hat offensichtlich die Not der Menschen in ihrer Angst und Ruhelosigkeit gesehen und lädt sie deshalb ein, bei ihm wahrhaft Ruhe zu finden.

Das Thema der Ruhelosigkeit habe ich in letzter Zeit in vielen Seelsorgsgesprächen beobachtet. Da höre ich immer wieder die Klage, daß man einfach nicht zur Ruhe komme. Da sind die vielen Sorgen, die einem die Ruhe rauben, sogar die Nachtruhe. Man kann nicht schlafen, weil man sich Sorgen macht um die Kinder, die psychische Probleme haben, die ganz andere Wege gehen, als man sich das in der Erziehung gedacht hat. Da ist die Sorge um die finanzielle Lage der Familie. Die Arbeitslosigkeit läßt einen nicht mehr ruhig schlafen. Denn wenn die so weitergeht, dann kann der Vater die Familie nicht mehr ernähren, dann kann er das Haus nicht mehr abzahlen. Da sind die vielen Sorgen, die man sich täglich macht, die Sorge, was die andern wohl von einem denken, ob man auch alles richtig macht, ob man mit seinem Verhalten auch ja nicht aneckt. Man zergrübelt sich den Kopf damit, was die andern sich über einen für Gedanken machen. Manchmal ist dieses Sorgen schon krankhaft geworden. Da geht eine Frau in ein Geschäft zum Einkaufen. Die Verkäuferin ist heute nicht so freundlich. Vermutlich hat sie nicht gut geschlafen. Aber sofort bezieht die Frau es auf sich selbst. Den ganzen Tag überlegt sie, was der Verkäuferin an ihr wohl aufgefallen sei, was sie wohl von ihr halte, ob sie sich da irgendwie blamiert habe, ob sie etwas Falsches gesagt habe. Sie ruft ihre Freundin an und erzählt ihr, was sie erlebt hat. Und schon wird die kleine Begebenheit, die gar keinen realen Grund hat außer der eigenen Sorge um einen guten Ruf, zum beherrschenden Thema, von dem die Frau einfach nicht mehr loskommt.

Vor allem Menschen, die eine verantwortliche Stelle innehaben, klagen darüber, daß sie nicht zur Ruhe kommen. Ständig wollen die Menschen etwas von ihnen. Und sie überlegen, ob sie immer richtig reagiert haben, ob die Entscheidungen, die sie getroffen haben, wohl dem Unternehmen dienen oder ob sie in die falsche Richtung weisen. Wenn sie abends heimkommen und sich nach Ruhe sehnen, kommen sie doch nicht zur Ruhe, weil sie einfach nicht abschalten können. Sie fahren in Urlaub und finden keine Ruhe. Ständig nagt ihr Gewissen, ob alles, was sie getan haben, wirklich in Ordnung war und welche Folgen es für sie haben könnte. Weil sie innerlich nicht zur Ruhe kommen, nützt ihnen der beste Urlaub nichts. Gestreßt und verspannt kehren sie aus dem Urlaub zurück, und die gleiche Tretmühle geht weiter. Irgendwann einmal brechen sie dann überfordert zusammen.

Andere kommen nie zur Ruhe, weil sie letztlich Angst davor haben, einmal nichts zu tun. Sie haben Angst, in der Stille und in der Ruhe mit der eigenen Wahrheit konfrontiert zu werden. Wenn ich nichts habe, an dem ich mich festhalten kann, dann könnte ja die ganze Enttäuschung über mein Leben hochkommen, dann könnte ich ja entdecken, daß mein Leben gar nicht mehr stimmt, daß mein ganzer Einsatz für die andern in der Luft hängt. Ich mache nur so weiter, um meiner Verzweiflung aus dem Weg zu gehen. Aber eigentlich glaube ich nicht mehr daran, daß das, was ich tue und was ich lebe, noch einen Sinn habe. Alles ist leer. Vor dieser Leere laufe ich davon. Oder mein Gewissen könnte sich zu Wort melden. Schuldgefühle könnten aufsteigen. Davor habe ich Angst. So laufe ich vor der Stille und vor der Ruhe davon. Das Schlimmste, das mir passieren könnte, wäre, einmal der eigenen Wahrheit begegnen zu müssen. Weil ich das unter allen Umständen vermeiden möchte, muß ich immer etwas tun, mich immer mit etwas beschäftigen. So wird auch die freie Zeit zum Streß. Ich stopfe die Leere auch in der Freizeit zu mit unzähligen Aktivitäten. Solche Menschen, die ihrer Wahrheit ausweichen, sind ständig auf der Flucht vor sich selbst. Und dann klagen sie darüber, daß sie so gestreßt sind. Sie machen sich den Streß selbst. Sie können nicht zur Ruhe kommen, weil sie es im Grunde ihres Herzens gar nicht wollen, weil eine tiefsitzende Angst sie ständig herumtreibt.

Der Unfähigkeit, zur Ruhe zu kommen, entspricht die Sehnsucht des heutigen Menschen, endlich einmal abschalten und ruhig werden zu können. Kurse, die Wege zur inneren Ruhe verheißen, sind überfüllt. Man erwartet von psychologischen Methoden oder von körperlichen Entspannungstechniken, daß man endlich auch die innere Ruhe findet, nach der man sich sehnt. Ruhe kann man aber nicht durch äußere Entspannungstechniken erzeugen. Sie ist Ergebnis eines spirituellen Weges. Die frühen Mönche zielten darauf ab, den Menschen in die Ruhe Gottes zu führen.

Hesychia, das war das große Wort, das die Mönche fasziniert hat. Ja die Mönchsbewegung wurde sogar schon seit dem 3. Jahrhundert Hesychasmus genannt, Weg zur inneren Ruhe. Die Ruhe, von der die Mönche schreiben, ist allerdings nicht die königlich-bayerische Bierruhe, in der man sich von niemandem stören lassen will. Solche Bierruhe, in der man von allen in Ruhe gelassen werden möchte, ist eher ein sattes und starres Sich-Einlullen in einen Bierrausch, der von der Realität nichts mehr wahrnehmen möchte. Es geht den Mönchen um eine Ruhe, in der das Herz zur Ruhe kommt, in der sich die Angst beruhigt, in der man Erquickung und Regenerierung erfährt. Die Ruhe ist letztlich Erfahrung der ewigen Sabbatruhe, die Gott uns zugedacht hat. Wer Gott im Gebet und in der Meditation erfährt, der wird innerlich wie äußerlich ruhig, der kommt zu sich selbst, der kommt in Einklang mit sich selbst. Der spirituelle Weg der Mönche ist für mich zugleich ein therapeutischer Weg. Die therapeutische Weisheit, die in ihren Anweisungen steckt, wird heute von vielen Psychologen neu entdeckt. Es ist für sie ein hochaktueller Weg, den wir heute genauso zu gehen vermögen wie die Menschen damals, allerdings nur dann, wenn wir ihre Weisheit auch in unsere Sprache übersetzen.

So möchte dieses Buch den Leser einladen, sich unter den Schatten des Baumes zu setzen, den Gott selbst uns bereitet. Gott selbst lädt uns ein, daß wir uns im Schutz seiner Flügel bergen dürfen (vgl. Ps 61,5). Er ist der Fels, in dessen Schatten wir Ruhe finden. In der Geborgenheit der göttlichen Liebe können wir es wagen, unsern Schatten auszuhalten, ohne zu erschrecken. Der Schatten „seiner Flügel“ nimmt unserem Schatten das Bedrohliche. Bei Gott sich bergen, bei Gott Heimat und Ruhe finden, in Gott zur Ruhe kommen, das ist wohl auch heute in unserer ruhelosen Zeit eine Verheißung, der es lohnt nachzuspüren.

I.

Ursachen der Ruhelosigkeit heute

Warum sind die Menschen heute so ruhelos? Wenn wir danach fragen, so lassen sich viele Ursachen ausmachen. Da gibt es äußere Ursachen, wie etwa die wirtschaftliche Situation oder das soziale Umfeld. Und es gibt psychische Ursachen, die dem Menschen die Ruhe rauben. Die Psychologen sprechen von neurotischer Ruhelosigkeit. Manchmal hat die innere und äußere Unruhe auch in der eigenen Lebensgeschichte ihren Grund, in traumatischen Erfahrungen, die den Menschen nicht zur Ruhe kommen lassen. Und es gibt eine krankhafte Ruhelosigkeit, die nur vom Arzt und Psychiater behandelt werden kann. Eine angemessene Zeitanalyse zu erstellen, übersteigt meine Kompetenz. Ich möchte nur ein paar Beobachtungen und Gedanken darlegen, die aus meiner Erfahrung an der Unfähigkeit zur Ruhe schuld sind. Dabei kann ich mich nicht auf Untersuchungen stützen, sondern nur auf die vielen Gespräche, die ich bei meinen Kursen immer wieder geführt habe. Aber ich hoffe, daß auch dieser begrenzte Erfahrungshorizont einige typische Zeitphänomene deutlich werden läßt.

1.
Das soziale und wirtschaftliche Umfeld

Da ist einmal der wirtschaftliche Druck, unter dem heute viele Menschen leiden, vor allem die Verantwortlichen in den Betrieben. Der Wettbewerb wird im Zeitalter der Globalisierung immer härter. So kann sich der Firmenchef nicht bequem in den Sessel setzen, er muß ständig auf der Hut sein, daß er keine Marktanteile verliert, daß seine Bilanzen stimmen, daß er auf die Bedürfnisse der Zeit richtig reagiert. Und diese Bedürfnisse wechseln heute mit einer Geschwindigkeit, daß sich eine Firma nicht mehr auf den Erfolgen von gestern ausruhen kann. Sie muß immer wieder nach neuen Wegen suchen, um heute bestehen zu können. Die vielen Sitzungen, die die Manager von einem Termin zum andern treiben, leiden alle an Kurzatmigkeit. Es ist nicht die große Perspektive, die heute gefragt ist, sondern der schnelle Erfolg, ohne Rücksicht, was die Folgen für die Schöpfung und für die Menschen im Betrieb auf Dauer sind. Auch in Führungsseminaren wird auf diesen kurzfristigen Erfolg gesetzt. Das führt aber dann zu einem ständigen Umbauen der Firma, zu einem ständigen Rollenwechsel der Mitarbeiter, zu immer neuen Fortbildungsmaßnahmen. Aber vor lauter Umbauen der Strukturen kommen die Menschen nicht zur Ruhe, kann man nicht mehr mit Ruhe arbeiten.

Der kurzfristige Erfolg wird erkauft durch die Unzufriedenheit der Mitarbeiter und durch ihre psychische und physische Ausbeutung. Die Ruhelosigkeit der Verantwortlichen setzt sich fort in einer hektischen Atmosphäre in der Firma. Der Druck wird nach unten weitergegeben. Oft scheint der Druck nur Ausdruck der Ratlosigkeit zu sein, die die Leiter umtreibt. Die Geschäftigkeit ist nur eine Scheinlösung. Man meint, damit eine angemessene Antwort auf die Probleme unserer Zeit zu geben. Aber da man nicht die Ruhe findet, wirkliche Lösungen zu finden, erzeugt man nur immer mehr Ruhelosigkeit bei allen Mitarbeitern. Immer weniger wissen einen Ausweg aus dem Teufelskreis der Hektik.

Dazu kommt eine äußere Mobilität, die unsere Gesellschaft prägt. Wer heute Arbeit finden will, muß mobil und flexibel sein. Er muß bereit sein, öfter seinen Wohnsitz zu wechseln. So aber kann er nirgends einwurzeln und nirgendwo zur Ruhe kommen. Man braucht nur einmal den Verkehr auf den Autobahnen zu beobachten, um die Ruhelosigkeit zu erspüren, die unsere Gesellschaft prägt. Zur Mobilität in bezug auf den Arbeitsplatz gehört der Drang, zu allen möglichen Ereignissen fahren zu müssen. Gerade die Freizeit verbringen viele nicht in ihrer Heimat. Sie müssen erst hinaus fahren ins Grüne oder gar in ferne Gegenden fliegen, um Freizeit zu genießen. Aber die Freizeit ist nicht von Ruhe geprägt, vielmehr von Hektik und Unruhe. Da gibt es den Animateur, der die Urlauber ständig auf Trab hält, oder den Entertainer, der uns davor bewahrt, mit uns selbst in Berührung zu kommen. Denn er hält ständig etwas zwischen uns und unsere Seele. Da verkommt die Freizeit zu einem ständigen In-Bewegung-Sein. Und so kommen die Urlauber nicht erholt nach Hause, sondern gestreßt. Das letzte Stück Erholung, das sie vielleicht mitbringen, geht in den Rückreisestaus auf den Autobahnen verloren.

Geschäftigkeit als Ausdruck der Ziellosigkeit

Wenn ich einmal im Urlaub durch die Fußgängerzone Münchens gehe, so erlebe ich da nur geschäftige Menschen. Sie eilen von einem Geschäft zum andern. Ja selbst die Touristen scheinen voller Hektik zu sein. Mark Twain meint, die Geschäftigkeit unserer Zeit sei Ausdruck der Ziel- und Orientierungslosigkeit: „Als sie das Ziel aus den Augen verloren, verdoppelten sie ihre Anstrengung." Wer ein Ziel vor Augen hat, der geht konsequent darauf zu, ohne sich ständig anzutreiben. Wer das Ziel nicht mehr kennt, der versucht, seine innere Leere mit Aktivismus auszufüllen. Er kommt sich wichtig vor, weil er soviel zu tun hat. Er will sich beweisen, daß sein Leben sinnvoll ist. Er ist doch ständig mit Wichtigem beschäftigt. Doch wenn er es genauer anschaut, ist es oft Luft, mit der er sich beschäftigt. Mit seiner Beschäftigung möchte er nur die Leere überdecken, die hinter seiner Hektik als gefährlicher Abgrund lauert. Paul Virilio hat diese Erfahrung in die Worte gekleidet: „Die Geschwindigkeit ruft die Leere hervor, die Leere treibt zur Eile." Je geschäftiger einer ist, desto mehr entsteht in ihm eine Leere. Und diese

Leere versucht er wiederum, mit hektischer Betriebsamkeit zu füllen. So entsteht ein Teufelskreis, aus dem er nicht mehr ausbrechen kann. Unsere Zeit ist von diesem Teufelskreis von Hetze und Leere gekennzeichnet. Manchmal hat man den Eindruck, daß unsere Politik das Ziel aus den Augen verloren habe und deshalb so hektisch jeden Tag andere Lösungsmöglichkeiten präsentiere.

Die Ziellosigkeit und Orientierungslosigkeit zeigt sich auch in unserem Freizeitverhalten. Anstatt alte Kirchen anzuschauen oder die schöne Landschaft zu genießen, wird der Erlebnisurlaub organisiert. Man hetzt die Menschen von Event zu Event. Animateure müssen die Urlauber ständig beschäftigen. Hier wird deutlich, daß Hetze von Haß kommt, daß die Animateure die Leute „hassen machen", daß so ein Urlaub nichts Menschenfreundliches ist, sondern Ausdruck des tiefen Menschenhasses, der sowohl Urlauber wie Organisatoren bestimmt. Je zielloser man ist, desto mehr treibt man einander in die Hetze, desto mehr hindert man sich daran, den Augenblick zu genießen. Urlaub kommt eigentlich von „Erlauben". Im Urlaub sollten wir uns erlauben, die Muße zu genießen. Muße ist das Gegenteil von Hetze, in die der Animationsurlaub treibt. Muße ist Zustimmung zum Sein, Sich-Versenken in die Wirklichkeit, einfach Dasein, ohne Druck, sich beschäftigen zu müssen.

Pascal Bruckner, ein französischer Philosoph, hat den heutigen Menschen gekennzeichnet als „den hyperaktiven

Nichtstuer, der immer in Alarmbereitschaft ist, bereit zum Erstürmen des Amüsierbabel" (63). Früher war die Muße Privileg der Begüterten, heute scheint „die Arbeit zum letzten Refugium der Elite zu werden" (ebd.). Die absolute Ruhe scheint heute nichts Erstrebenswertes zu sein, sondern eine Strafe. Freizeit ist heute nicht „jener wesenhafte Friede in den Tiefen des Seins, den Paul Valéry pries. Sie zeichnet sich durch die Unmöglichkeit aus, nichts zu tun. Überall Eile, Presse, Alarm im Dienst der größten Lächerlichkeiten: im Fernsehen die Tyrannei der Uhr, gelenkt von Werbenotwendigkeiten ... Selbst in den Augenblicken der Entspannung bleibt der moderne Mensch ‚ein Arbeiter ohne Arbeit' (Hannah Arendt)." Er wird zum unruhigen Müßiggänger, der unfähig ist, seine Hektik zu lassen und die Ruhe zu genießen. Nicht die Sehnsucht nach Ruhe prägt die heutige Freizeitindustrie, sondern die Flucht vor der Ruhe in die Betriebsamkeit. Bruckner nennt die heutige Freizeit „die Kunst, den Wind zu umarmen, verkleidet als Überanstrengung". Und schon Kurt Tucholsky schreibt davon, daß unsere Zeit „den zappelnden Nichtstuer" erfunden habe. Der zappelnde Nichtstuer prägt unsere heutige Freizeitindustrie.

Maßlosigkeit

Eine wichtige Ursache für die Ruhelosigkeit unserer Zeit ist die Maßlosigkeit, die alles beherrscht. Diese Maßlosigkeit zeigt sich in der Werbung, die uns dazu anstachelt, immer noch mehr zu kaufen, immer wieder Neues auszuprobieren. Die Werbung spricht unsere maßlosen Bedürfnisse an, unser Bedürfnis nach immerwährendem Glück, nach sofortiger Befriedigung, nach Geborgenheit und Erfolg. Hinter der Maßlosigkeit der Werbung steht ein ganz bestimmtes Selbstbild, das wir haben, das Bild eines Menschen, der alles kann, für den es keine Grenzen gibt, der alles im Griff hat. Der maßlose Mensch bläht sich auf. C. G. Jung spricht von Inflation. Er versteht darunter den Menschen, der keine Grenze mehr anerkennt, der meint, alles sei machbar. Er wird unruhig, sobald er an seine Grenze stößt. Und er versucht der Grenze aus dem Weg zu gehen, indem er seine maßlosen Bedürfnisse befriedigt. Aber sobald ein Bedürfnis befriedigt ist, taucht schon das nächste auf. So kommt er nie zur Ruhe.

Die Maßlosigkeit bestimmt auch unsere Produktion. Wir müssen immer mehr produzieren, ohne Rücksicht darauf, ob die Produktion überhaupt sinnvoll ist. Wir müssen immer schneller fahren, immer mehr in weniger Zeit vollbringen. Wir müssen immer weiter in Urlaub fahren. Wir müssen immer teurere Autos kaufen. Es ist wie ein Zwang, unter dem viele Menschen stehen. Sie können das, was sie haben, nicht genießen. Weil sie die Mitte verloren haben, weil sie ihr Maß vergessen haben, können sie sich nur an den andern messen. Sie müssen besser abschneiden als die andern. So werden sie von den Bedürfnissen der anderen bestimmt, anstatt das Maß anzunehmen, das für sie stimmt. Nur wer maßvoll ist, kann auch Ruhe finden. Nur wer sein Maß kennt, kann auch nein sagen zu den Bedürfnissen, die man ihm aufdrängt.

Lärm als Ruheverhinderer

Selbst der Mensch, der sich nach Ruhe sehnt, wird heute vom Lärm der Umwelt daran gehindert, die Stille zu genießen. Überall umtönt ihn Lärm, der Verkehrslärm, der Lärm in den Betrieben, der Lärm der Medien. In manchen Häusern kann man im Sommer die verschiedensten Fernseh- und Hörfunkprogramme auf einmal hören. Aus jeder Wohnung tönt ein anderer Sender. Leute, die in der Nähe einer befahrenen Kreuzung wohnen, können ihre Fenster noch so dicht schließen – der Lärm wird sie überallhin verfolgen. Da gibt es Menschen, die gerne in aller Stille arbeiten. Aber die Kollegin am Schreibtisch, der Mitarbeiter an der Baustelle redet in einem fort. So kommt zur Arbeit noch der Streß der vielen Worte dazu, die den ganzen Tag auf einen einströmen. Es gibt so viele Menschen, die die Stille nicht aushalten. Und sie rauben sie auch denen, die sie gerne suchen. Da möchte einer schweigend spazierengehen, aber der Begleiter redet ununterbrochen. Auf diese Weise kann man die wunderschöne Landschaft gar nicht bewundern. Man ist ständig mit Nichtigkeiten beschäftigt. Andere kommen nach der Arbeit kaum nach Hause, da geht schon der Fernseher oder das Radio an. Sie brauchen eine Geräuschkulisse. Sie verdeckt ihre Unfähigkeit, mit sich selbst allein zu sein und zur Ruhe zu kommen.

Hetze und Selbsthaß

Neben dem Lärm ist es vor allem die Hektik, die uns daran hindert, zur Ruhe zu kommen. Immer wieder höre ich die Klage, wir würden in einer hektischen Zeit leben. Die Hektik im Beruf, in der Familie, in der Umwelt nehme immer mehr zu. Das Wort Hektik kommt eigentlich aus der medizinischen Fachsprache. Es leitet sich vom griechischen „hexis" her, das Haltung und Zustand bedeutet. Ein hektisches Fieber ist eigentlich ein langdauerndes, chronisches Fieber. Erst im 20. Jahrhundert hat das Wort hektisch die Bedeutung bekommen: „fieberhaft, aufgeregt, von krankhafter Betriebsamkeit, sprunghaft, gehetzt". Offensichtlich ist das Aufgeregtsein heute eine chronische Krankheit, ein Zustand, der die Gesellschaft prägt. Viele klagen heute über die Hektik im Berufsleben. Da wird jede Minute verplant. Da wird man, ohne daß man es will, zur Hetze getrieben. Hetze kommt eigentlich von Haß. Der Haß treibt zur Verfolgung. Wir werden in die Hetze gejagt, wir werden zur Eile angetrieben. Es ist ein sehr aggressiver Ton in den beiden Wörtern „Hektik" und „Hetze". Aber das Leben ist heute von dieser aggressiven Grundstimmung geprägt. Da erlauben wir uns gar nicht mehr, auszuruhen, das Leben zu genießen. Der Chef treibt uns zur Arbeit an. Und er selbst wird angetrieben von denen, die ihn verfolgen. Das können andere Firmen sein, das kann aber auch sein eigener Verfolgungswahn sein, sein eigener Ehrgeiz, der ihn nicht zur Ruhe kommen läßt. Hektik ist also von Haß geprägt, von

Haß auf die andern, denen man das Leben nicht gönnt, die man zu immer höheren Leistungen und zu mehr Tempo antreibt. Hetze läßt aber immer auch auf einen Haß auf sich selbst schließen. Man hetzt sich selber, weil man böse ist auf sich, weil man sich selbst haßt, weil man das Leben haßt. Man stöhnt über die Anforderungen von außen, aber man setzt sich selbst ständig unter Druck. Wenn man genauer nachfragt, warum man sich so unter Druck setzt, dann wird man auf eine tiefe Selbstablehnung stoßen. So wie man ist, ist man nicht gut, kann man sich nicht lieben. Man haßt sich so, wie man ist. Deshalb muß man mehr aus sich machen, in der Hoffnung, daß man sich dann lieben kann. Aber diese Hoffnung ist leer. Sie wird nie erfüllt, weil der Hektik und dem Haß etwas Maßloses innewohnt.

Hektik und Hetze führen aber nicht zu der größeren Leistung, die man erwartet. Im Gegenteil, je hektischer wir arbeiten, desto mehr Fehler machen wir, und desto blinder werden wir für die eigentlichen Lösungen. Hektik verhindert eine gediegene Leistung, die Bestand hat. Hektik führt immer nur zu kurzfristigen Lösungen und zu Arbeitsergebnissen, die nicht zufriedenstellen. Wenn ich gehetzt einen Tisch schreinere, wird er nicht so lange halten, wie wenn ich ihn achtsam und behutsam fertige und mich an ihm freuen kann. Wenn ich eins nach dem andern tue, kommt mehr dabei heraus, als wenn ich hektisch bald nach diesem oder jenem Ordner greife, wenn ich wie ein gehetztes Wild von Besprechung zu Besprechung eile. Mir erzählen Verantwortliche in der Wirtschaft, wie sie unzufrieden sind über die Hektik, die sie ständig antreibt. Sie haben selbst das Gefühl, daß dabei nichts herauskommt. Aber sie haben nicht die innere Ruhe, um dieser Hektik auszuweichen. Sie ist wie ein Fieber, das um sich greift. Wer sich ihm entzieht, hat das Gefühl, daß er sich außerhalb des Clubs der Erfolgreichen stellt. Und davor haben viele Angst. Denn das wichtigste Paradigma unserer Zeit scheint zu sein, dazuzugehören. Wenn ich in der Ruhe aussteige aus dem Kreislauf der Hektik, dann gehöre ich nicht mehr zu den Streßgeplagten. Vom Streß geplagt zu sein scheint wie ein Imagesymbol zu sein, mit dem sich jeder gerne schmückt, obwohl er im Grunde unter solchem Schmuck leidet, ja oft sogar zusammenbricht.

Man hat den Eindruck, daß heute die Geduld fehlt, etwas wachsen zu sehen. Man muß sofort Erfolge sehen. Man muß sofort Bedürfnisse erfüllen. Man läßt sich nicht mehr die Zeit, dem Wachsen einer Blume oder eines Baumes zuzusehen. So wird in manchen Firmen viel Wind fabriziert. Aber es wächst nichts, was Bestand hat. Die gleiche Ungeduld kann man bei der Erziehung der Kinder beobachten. Man kann es kaum aushalten, wenn Kinder einmal eine Krise durchmachen. Man gerät in Panik und meint, man müsse die Krise sofort wieder in Griff bekommen. Unsere Politik ist von Kurzatmigkeit geprägt. Täglich werden neue Lösungsmöglichkeiten angepriesen, die aber schon am gleichen Tag widerrufen werden. Je schneller man Lösungen möchte, desto mehr lähmen sich die verschiedenen Parteien, und es geschieht gar nichts. Die Hektik gebiert leeres Stroh.

Der Hektiker arbeitet effektiv weniger als der, der mit Ruhe und Gelassenheit an die Arbeit geht. Wir hatten in unserem Kloster einen Maurer. Wenn man dem zuschaute, dachte man, der läßt sich aber Zeit, der arbeitet ganz gemächlich. Aber wenn man abends die Quadratmeter nachrechnete, die er an Fliesen verlegt hatte, so staunte man, daß er wesentlich über dem Durchschnitt lag. Ein anderer machte immer den Eindruck, daß er überbeschäftigt sei. Aber am Abend konnte er auf wenig effektive Leistung zurückblicken. Ein Mitbruder erzählte mir von zwei Mönchen einer Abtei, die er vor seinem Eintritt öfter besucht hatte. Der eine jammerte schon bei der Begrüßung, daß er soviel zu tun hätte und daher nur ganz wenig Zeit habe. Er blieb aber dann doch eine Stunde. Aber immer hatte man das Gefühl, daß er gar nicht ganz dabei war. Er erzählte mehr von sich und seiner vielen Arbeit und hatte kaum ein Ohr, wie es denn dem andern erginge. Der andere Mitbruder kam freudig zur Begrüßung und teilte ihm mit, daß er heute 20 Minuten Zeit für ihn habe. In diesen 20 Minuten war er so präsent und hörte so aufmerksam zu, daß der Besucher das Gefühl hatte, er wäre nur für ihn da. Und die Zeit fühlte sich viel länger und erfüllter an als die eine Stunde, die der hektische Mitbruder da war.

2. Psychische Ursachen der Ruhelosigkeit

Häufig hat die Ruhelosigkeit psychische Ursachen. Da gibt es die Unruhe des Menschen, der etwas verdrängt und vor einem Konflikt davonläuft. Da gibt es die Ruhelosigkeit, die den Beginn einer Depression anzeigt. Man kann nicht mehr schlafen. Man kann es nicht mehr in einem Zimmer aushalten. Immer muß man hin und her laufen und etwas tun. Man kommt einfach nicht mehr zur Ruhe. Da gibt es krankhafte Ruhelosigkeit, die nur der Arzt und Psychologe heilen kann. Und da gibt es viele Vorformen neurotischer Unruhe. Die psychisch Kranken führen uns nur deutlich vor Augen, was wir alle irgendwie auch kennen. Denn jeder kennt das Phänomen, daß er vor etwas davonläuft, daß er einfach nicht zur Ruhe kommt, daß ihn etwas umtreibt, ohne daß er sagen kann, was es ist. Oft entschuldigen wir uns dann damit, daß wir halt gerade viel zu tun haben. Aber unsere Umwelt bekommt es oft mit, daß wir so hektisch sind, daß wir unsere Mitte verloren haben. Sie signalisiert es uns, daß wir einmal etwas für uns tun müßten. Aber wir weigern uns meistens, in unserer Psyche nach den Ursachen zu suchen. Wir erklären unsere Unruhe mit der äußeren Situation, in der wir stehen. Aber wenn die Unruhe zu einer Dauerhaltung wird, sollten wir doch in uns hineinhorchen und fragen, was die tiefste Ursache dafür ist.

Psychisch kranke Menschen sind oft von einer großen Ruhelosigkeit geprägt. So macht man gerade bei Magersüchtigen die Beobachtung, daß sie ruhelos sich immer beschäftigen müssen, sich oft völlig für andere verausgaben. Der Grund dafür ist – so sagt die Psychologie – oft Triebabwehr. Sie haben Angst vor ihren Trieben und suchen vor ihnen davonzulaufen, indem sie sich immer beschäftigen. Andere werden von ihren Trieben in die Unruhe getrieben. Es gibt neurotische Formen der Ruhelosigkeit, und es gibt Psychosen, die sich in starker Unruhe ausdrücken. Manisch-depressive Menschen sind in ihrer manischen Phase von rastloser Hektik bestimmt. Eine Depression kündet sich oft durch Ruhelosigkeit und Schlaflosigkeit an. Menschen können tagelang nicht mehr schlafen. Sie kommen einfach nicht mehr zur Ruhe. Überall wo sie sind, zergrübeln sie sich den Kopf. Sie regen sich über die Menschen in ihrer Umgebung so stark auf, daß sie davon nicht mehr loskommen. Bei der Arbeit, beim Gebet, beim Spaziergang, überall werden sie von den ärgerlichen Gedanken über ihre Umwelt zermürbt. Sie können nicht mehr abschalten. Sie haben keine Distanz mehr zu ihrer Umwelt. Die Umwelt bekommt absolute Macht über sie und treibt sie um. So geraten sie völlig aus dem Gleichgewicht. Sie verlieren den Anker und werden wurzellos. So irren sie ohne Ziel herum und werden krank. Mit dem Willen allein kann man die Krankheit der Ruhelosigkeit nicht bezwingen. Da muß man die Ursachen anschauen, die Distanzlosigkeit, die Unfähigkeit, in der eigenen Mitte zu sein, sich selbst zu spüren. Man definiert sich von außen. Man wird von außen bestimmt, getrieben, zermartert.

Daneben gibt es andere Formen von Ruhelosigkeit, die nicht von einer Krankheit zeugen, die aber dennoch psychische Ursachen haben. Für die griechische Philosophie waren es die Affekte, die den Menschen die Ruhe rauben. Wenn einer nicht angemessen umgeht mit seinen Affekten, wird er von ihnen getrieben. Die alten Mönche haben die griechische Lehre von den Affekten weitergeführt zu ihrer Auffassung von den neun Logismoi. Logismos heißt wörtlich: Berechnung, Erwägung, Überlegung, Betrachtung. Evagrius Ponticus, der die acht bzw. neun Logismoi am ausführlichsten beschrieben hat, versteht darunter gefühlsbetonte Gedanken, Leidenschaften, Triebe und Emotionen. Wenn wir sie einfach gewähren lassen, hindern sie uns daran, zur Ruhe zu kommen, unsere Mitte und unseren Seelenfrieden zu finden. Die Lehre von den neun Logismoi wurde später zur Lehre von den acht Lastern und schließlich von den sieben Hauptsünden. Aber ursprünglich war sie nicht moralisierend gemeint, sondern psychologisch. Sie wollte die Ursachen erforschen, warum wir nicht zur Ruhe kommen, warum wir nicht ohne Zerstreuung beten können. Die Lehre von den neun Logismoi hat offensichtlich auch das Enneagramm beeinflußt, das heute so modern geworden ist. So könnte diese alte Lehre auch heute ein gutes Raster abgeben, um die Ursachen für unsere mangelnde Fähigkeit zur Ruhe zu beschreiben.

Getrieben von den Trieben

Evagrius teilt die neun Logismoi in drei Gruppen ein, die er jeweils dem begehrlichen (epithymia), dem emotionalen (thymos) und dem geistigen (nous) Bereich im Menschen zuordnet. Der begehrliche Bereich ist von den drei Grundtrieben geprägt: Essen, Sexualität und Besitzstreben. Manche können Ruhe nicht aushalten. Sie müssen immer etwas essen. Sie stopfen die innere Leere zu. Sie stehen immer wieder auf und suchen im Kühlschrank nach etwas Eßbarem. Für viele besteht das Abendritual heute darin, daß sie vor dem Fernseher sitzen und nebenbei immer etwas essen. Offensichtlich kann das Fernsehen sie nicht zerstreuen. Sie brauchen auch noch etwas zu knabbern, um ihre Ruhelosigkeit zuzustopfen. Andere werden von ihrer Sexualität getrieben. Sie sind nicht bei sich. Wenn sie eine schöne Frau sehen, geht ihre sexuelle Phantasie mit ihnen durch. Sie stürzen sich nicht in die Ruhelosigkeit, um ihre Triebe abzuwehren, wie es die Magersüchtigen tun, sondern sie werden von ihrer Sexualität in die Unruhe getrieben. Sie können nicht ruhig durch die Stadt gehen. Sie müssen sich ständig sexuell aufpeitschen lassen. Frauen erzählen mir, wie sie sich oft abends in der S-Bahn oder U-Bahn belästigt fühlen von Männern, die offensichtlich nichts anderes im Sinn haben als Sex. Sie schauen nach Frauen aus, die sie reizen, setzen sich neben sie und fummeln an ihrem Penis herum. Es wirkt peinlich, wenn ein Mensch nur noch von seiner Sexualität beherrscht wird und nichts anderes mehr denken kann. Solche Menschen sind ruhelos. Sie können sich selbst nicht fühlen. Sie brauchen immer einen Reiz von außen. Sie können Sexualität nicht genießen, sondern sind ihrem Sexualtrieb ausgeliefert.

Ähnlich ist es mit der Habgier, die einen nie zur Ruhe kommen läßt. Man kann sich nicht an dem freuen, was man hat, sondern schaut ständig nach dem aus, was man noch brauchen könnte. Tagelang treibt es einen um, ob man nicht das oder jenes kaufen sollte. Doch sobald man es gekauft hat, kann man sich gar nicht mehr darüber freuen. Da geht schon das nächste Bedürfnis an, das einen wieder nicht in Ruhe läßt, bis man es durch Kaufen erfüllt hat. Manche werden regelrecht von einer Kaufsucht getrieben. Etwas zu besitzen ist durchaus nichts Schlechtes. Die Sehnsucht nach Besitz entspringt letztlich der Sehnsucht, in Ruhe und Sicherheit leben zu können. Besitz ist die Verheißung von Ruhe. Aber viele werden von ihrem Besitz besessen. Sie werden dazu getrieben, immer mehr zu besitzen. Weil sie in sich nicht genügend Reichtum haben, suchen sie den Reichtum außen.

Allen drei Grundtrieben ist es eigen, daß sie uns in die Sucht treiben können, wenn wir nicht aktiv mit ihnen umgehen. An und für sich sind die Triebe nicht schlecht. Wie das Wort sagt, treiben sie uns an, etwas zu tun. Eigentlich wollen sie uns zum Leben treiben. Essen will uns zum Genießen treiben, Sexualität zur Lebendigkeit und Besitz zur Ruhe. Die Bibel versteht diese Grundtriebe des Menschen letztlich als Antreiber auf Gott hin. Im eucharistischen Mahl werden wir eins mit Gott. Die Beziehung zu Gott wird in einer erotischen Sprache beschrieben. Der wahre Besitz, der uns Ruhe bringt, ist die kostbare Perle, die in uns ist, das wahre Selbst, das Bild, das Gott sich von uns gemacht hat. Aber wir lassen uns oft genug davon in die Sucht treiben, in die Eßsucht, die Drogensucht, die Trinksucht, in die Sexsucht, die Kaufsucht, die Spielsucht, die Habsucht. Sucht ist immer verdrängte Sehnsucht. Weil wir uns unserer Sehnsucht nicht stellen, die in den drei Trieben zum Ausdruck kommt, werden wir süchtig. Und der Süchtige sucht vergebens nach der Erfüllung seiner Bedürfnisse. Er wird von seiner Sucht beherrscht.

Von Emotionen durcheinandergeschüttelt

Auch die drei Logismoi des emotionalen Teiles können in die Unruhe treiben. Die Mönche nennen die drei Emotionen: Traurigkeit, Zorn und Lustlosigkeit (Akedia). Es gibt aber sicher noch viele andere Emotionen, die das menschliche Herz verwirren und es an der Ruhe hindern. Da ist die Traurigkeit, die sich in Selbstmitleid oder Depression äußern kann. Man kann seine Situation nicht bejahen, man trauert seinen nicht erfüllten Illusionen nach. Man schwimmt im Selbstmitleid. Cassian übersetzt das griechische Wort lype, das Evagrius als „Niedergeschlagenheit der Seele“ beschreibt, mit tristitia, Trübsinn, „finsterer Ernst, Trist-Sein, resignative Verstimmung, deprimiertes

Mürrisch-Sein". Die Traurigkeit hat mit Schwermut und Depression zu tun. Depressionen künden sich oft durch eine übertriebene Unruhe an. Man kann es nicht mehr bei sich aushalten. Manchmal steigert sich die Unruhe dann in Schlaflosigkeit. Man kann nicht mehr abschalten. Man ist zwar ständig müde, aber es gelingt einfach nicht, einzuschlafen. Man wird von so vielen negativen Gedanken gequält, daß man nicht zur Ruhe kommt. Heute leiden viele Menschen an Schlaflosigkeit. Die Formen der Schlaflosigkeit sind verschieden. Manche können nicht einschlafen, weil ihnen soviel im Kopf herumgeht. Andere kommen einfach nicht ins Bett. Sie tun noch irgend etwas Belangloses, aber sie können sich nicht aufraffen, alles loszulassen und sich schlafen zu legen. Andere schlafen zwar ein, aber schon nach kurzer Zeit wachen sie wieder auf und quälen sich dann die ganze Nacht damit ab, daß sie nicht mehr schlafen können. Oft sind es Inhalte des Unbewußten, die sich zu Wort melden. Man hat sie zu lange verdrängt. Jetzt verschaffen sie sich in der Ruhelosigkeit Gehör. Manchmal sind es die Auseinandersetzungen des Alltags, die einem dann nachts hochkommen. Da erinnert sich ein Geschäftsführer an die Konflikte mit seinem Chef. Er grübelt nach und wiederholt innerlich das Gespräch, das er während des Tages mit seinem Chef geführt hat. Aber es führt nicht weiter. Das Grübeln geht im Kreis herum. Er wälzt sich von einer Seite auf die andere und muß morgens gerädert und unausgeschlafen wieder aufstehen.

Cassian beschreibt, wie aus der Traurigkeit vier Haltungen entstehen: „grobes, unfreundliches Wesen (rancor), Kleinmut (pusillanimitas), Verbitterung (amaritudo), Verzweiflung (desperatio)“. Diese vier Haltungen münden schließlich im Zorn, der nach Evagrius der Traurigkeit folgt. Der Zorn, die Bitterkeit, die Unzufriedenheit sind typische Formen der Ruhelosigkeit. Da verletzt mich jemand. Ich kann die Verletzung nicht loslassen, die kränkenden Worte nicht vergessen. Ich führe ständig Selbstgespräche und komme nie zur Ruhe. Oder ich habe mich geärgert. Auch wenn ich abends allein in meinem Zimmer bin, tauchen diese ärgerlichen Gedanken immer wieder auf. Ich kann einfach nicht abschalten. Ich komme nicht zur Ruhe. Die negativen Gedanken und Gefühle peinigen mich. Ich kenne eine Frau, die überall in ihrem Dorf das Negative sieht. In der Kirche stimmt nichts mehr. Der Fußballverein nimmt ihre Kinder in Beschlag und überfordert sie. Mit der Nachbarin gibt es Streit. Mit allen Menschen gibt es nur Streit. Ob sie bügelt oder einkauft, immer verfolgen sie die Gedanken, daß alle gegen sie sind. Sie kommt von ihrem Ärger einfach nicht los. Sie hat Angst, verrückt zu werden. Sie spürt, daß es so nicht weitergehen kann. Sie hat keine Distanz, sie kann nicht unterscheiden zwischen den Menschen, die Probleme haben, und sich selbst. Sie kann die andern nicht draußen lassen. So steigert sie sich in eine Unruhe hinein, die für sie bedrohlich wird. Obwohl es nach außen hin keine schlimmen Verhältnisse sind, macht sie sich das Leben so schwer, daß sie es nicht mehr alleine schafft.

Manchmal ist es auch eine innere Unzufriedenheit, die mich daran hindert, zur Ruhe zu kommen. Ich lehne mich gegen alles auf, kann mich auf nichts einlassen, nichts wirklich genießen. Mit nichts bin ich zufrieden. Selbst wenn etwas gelingt, finde ich ein Haar in der Suppe. Oder wenn mir andere etwas Gutes tun, finde ich genügend Gründe, es zu kritisieren. Ich spüre, daß ich es nicht lange neben solchen Menschen aushalten kann, die immer nur Unzufriedenheit verbreiten. Neben solchen Menschen, die in sich zerrissen sind, ist es nur sehr schwer, seine innere Ruhe zu bewahren. Vor ihnen muß man sich schützen und sie ihrer eigenen Unzufriedenheit überlassen. Manche schimpfen ständig vor sich hin und rauben sich damit die Ruhe. Andere sind zwar nach außen still, aber in ihrem Innern tobt der Kampf der Gedanken und Gefühle. Es ist wie ein Vulkan, auf dem sie sitzen. Jeden Augenblick kann er platzen, sobald noch jemand kommt und ihnen Anlaß gibt, sich zu ärgern.

Akedia – die Unfähigkeit, zur Ruhe zu kommen

Die typische Beschreibung der Unruhe finden wir in den Überlegungen der Mönche zum Logismos der Akedia. Akedia ist für Evagrius Ponticus der schlimmste Dämon, der den Menschen innerlich auseinanderreißt. Akedia ist die Unfähigkeit, im Augenblick zu sein, sich auf das einzulassen, was gerade ist. Evagrius schildert einen Mönch, der vom Dämon der Akedia angefochten wird, recht humorvoll.

Der Mönch sitzt in seiner Zelle. Aber er hält es dort nicht aus. Er schaut ständig zum Fenster hinaus, ob vielleicht nicht doch jemand zu Besuch kommt. Er schimpft auf die hartherzigen Mitbrüder, die heute wieder nicht an ihn denken. Dann schaut er zum Himmel, ob es nicht bald Zeit zum Essen ist. Er rebelliert gegen Gott, der die Sonne heute so langsam wandern läßt. Dann liest er ein wenig in seiner Bibel. Aber dabei wird er müde und schläfrig. So nimmt er die Bibel als Kopfkissen, um zu schlafen. Dann ärgert er sich, daß das Kopfkissen so hart ist. Er steht wieder auf und rebelliert gegen alles. Evagrius meint, er wird weinerlich wie ein kleines Kind, weil es nicht bekommt, was es haben will, wobei es gar nicht genau weiß, was es überhaupt haben möchte. Als ich diese Schilderung des Evagrius in einem Kurs vorgetragen habe, meinte eine Frau, ich würde genau ihren Mann schildern, wenn es draußen neblig sei. Da könne sie es noch so gemütlich machen, eine Kerze anzünden oder Musik auflegen. Da nützt nichts. Da ist der Mann unruhig, wandert von einem Raum in den andern und rebelliert gegen alles, was gerade ist, gegen das Wetter, gegen Gott, gegen die Politiker, gegen die Kirche, gegen die Frau, gegen die Kinder, gegen den Beruf. Alles ist gegen ihn. Nicht umsonst nennt Cassian die Akedia taedium (Widerwille, Überdruß). Die Akedia erzeugt im Menschen den horror loci (Widerwillen gegen den Ort, an dem man gerade ist). Immer möchte man woanders sein. Wenn man arbeitet, möchte man am liebsten nichts tun. Wenn man nichts zu tun hat, wird es einem auch langweilig. Man kann sich weder auf das Gebet noch auf die Arbeit, noch auf das Nichtstun einlassen. Und man kann nicht einmal das Nichtstun genießen. Akedia ist die Unfähigkeit, sich auf den Augenblick einzulassen und ganz gegenwärtig zu sein. Aber immer sind die anderen daran schuld, daß es einem nicht gut geht. Wenn der Mitarbeiter nicht so schwierig wäre, ginge es mir besser. Wenn mein Haus nicht so dunkel wäre, würde ich mich wohler fühlen. Wenn mein Strumpf nicht so eng wäre, wäre ich nicht so unzufrieden. Man rebelliert gegen alles, gegen die Menschen, mit denen man lebt, gegen den Ort, an dem man wohnt, gegen das Wetter, gegen das Fernsehprogramm, gegen die Kleider, die man gerade trägt, ja gegen den eigenen Leib, der nicht so ist, wie man es gerne hätte. Das ist heute auch eine weitverbreitete Seuche, die Pascal Bruckner in seinem Buch „Ich leide, also bin ich“ treffend beschrieben hat. Es ist die Sucht der Victimisierung. Ich bin immer Opfer. Schuld sind immer die anderen. So aber kommt man nie zur Ruhe.

Von der Wortbedeutung her heißt A-kedia eigentlich „Mangel an Sorgetragen“. Denn kedos meint „Sorge, Trauer, Leid um etwas Verlorenes“. Wucherer-Huldenfeld übersetzt die Akedia daher mit „wesenhaftem Mangel an Sorge um das eigene Selbstsein und Dasein miteinander, dem Mangel an liebendem Sorgetragen“. Und Josef Pieper meint, Akedia dürfe man nicht mit Trägheit übersetzen. Vielmehr sei damit gemeint, „daß der Mensch nicht mitarbeite an der Verwirklichung seiner selbst; daß er sich weigere, den erforderlichen Beitrag zu leisten zu dem selbsteigenen, wahrhaft menschlichen Dasein". Evagrius nennt die Akedia auch Atonia der Seele. Sie ist Spannungslosigkeit und Erschlaffung. Der Mensch hat die gesunde Spannung (die Eutonia) verloren. Er ist formlos und spannungslos. Er fällt innerlich wie äußerlich auseinander. Er irrt umher. Seine Bewegungen sind fahrig. Das Heilmittel gegen die Akedia ist daher die Sorgfalt in allem, was man tut. Die Sorgfalt erzeugt wieder eine gesunde Spannung im Menschen, die Eutonia.

Cassian stellt einen Katalog von Haltungen auf, die aus der Akedia folgen: „Müßiggang (otiositas), Schläfrigkeit (somnolentia), schlechte Laune (importunitas), Unruhe (inquietudo), Herumvagabundieren (pervagatio), Wankelmütigkeit (instabilitas mentis et corporis), Gerede (verbositas), Neugier (curiositas)". Damit beschreibt er wohl treffend die Haltung vieler Menschen heute. Die ersten drei Haltungen stellen die Weigerung dar, sich auf etwas einzulassen. Der Müßiggang meint nicht wahre Muße (otium), die Fähigkeit, ganz im Augenblick zu sein und das Dasein zu genießen, sondern die Weigerung, sich in der Arbeit fordern zu lassen. Man genießt nicht die Muße, sondern man geht müßig und lustlos herum, man ist ein „zappelnder Nichtstuer" (Tucholsky). Die Schläfrigkeit stellt sich immer dann ein, wenn einen etwas innerlich angehen sollte. Man schaut sich einen Film an, aber man schläft ein, anstatt sich anrühren zu lassen. Die schlechte Laune ist eine Rebellion gegen alles, was ist. Die fünf anderen Haltungen folgen aus dieser Rebellion. Man ist ständig unruhig. Man vagabundiert herum. Man ist immer beschäftigt, aber nie tiefer bei einer Sache. Die übertriebene Aktivität will nur die darunter liegende Depression überspielen. Die Psychologie spricht hier von „larvierter Depression“, die sich in einer psychosomatischen Krankheit ausdrücken kann oder eben in einer übertriebenen Hektik. Die Unruhe zeigt sich nicht nur in ständiger Aktivität, sondern auch in der Unfähigkeit, sich mit seinem Geist auf eine Sache einzulassen, etwas bis zum Ende durchzudenken, ein Buch zu Ende zu lesen und bei einem Thema zu bleiben. Und die Unruhe zeigt sich in den Körperbewegungen, die nicht aus der Mitte heraus geschehen, sondern fast wie automatisch anmuten, fahrig, hektisch, zerrissen.

Gerede und Neugier sind heute zwei weitverbreitete Ausdrucksformen der Akedia. Gerede ist das Gegenteil von Gespräch. Man hört nicht zu. Es kann sich kein wirkliches Gespräch entwickeln. Ständig wechselt man das Thema. Man spricht immer nur über Belangloses, am liebsten über andere, um von sich selbst abzulenken. Wucherer-Huldenfeld nennt die verbositas „einen tiefgreifenden Sprachverfall“. Der Mensch „erfährt sein Inneres als leer, dumpf und stumm; er hat nichts Wesentliches zu sagen und verbirgt diesen Zustand durch immer lauter werdendes Gerede. Das Gerede erweckt den Anschein, über alles Bescheid zu wissen sowie höchster Interessiertheit und ist doch bodenlos.“ Im Gerede scheint man mit andern in Beziehung zu sein. Aber in Wirklichkeit drückt sich darin nur die Beziehungsunfähigkeit aus. Aber selbst dieser Unfähigkeit zu wirklicher Beziehung stellt man sich nicht, sondern weicht ihr aus im oberflächlichen Gerede. Zu welchem Sprachverfall das Gerede führt, zeigen die heute weitverbreiteten Talkshows. Da wird die Fähigkeit des Menschen zum Gespräch ad absurdum geführt. Da redet man aneinander vorbei. Da wird der andere zwar zum Reden animiert. Aber die Zeit wird ihm vorgegeben und oft genug auch die Gedanken. Da kann sich nichts entwickeln. Da wird alles neue Denken sofort wieder zerstört. Es geht nur um Effekthascherei, aber nicht um ein wirkliches Gespräch.

Zum Gerede gehört die Neugier, die Martin Heidegger in „Sein und Zeit" treffend beschrieben hat. Im Anschluß an Augustinus kennzeichnet er die Neugier als „ein spezifisches Unverweilen beim Nächsten", als „zerstreute Aufenthaltslosigkeit". Die Neugier sucht „das Neue nur, um von ihm erneut zu Neuem abzuspringen. Nicht um zu erfassen und um wissend in der Wahrheit zu sein, geht es", sondern darum, von einem zum andern zu hüpfen, wobei eigentlich alles gleichgültig ist und einen nichts wirklich angeht. Viele sitzen mit dieser Neugierde vor dem Fernseher. Sie hüpfen von einem Programm zum andern, möchten überall einmal hineinschauen, aber sie werden immer unfähiger, sich einen Film zu Ende zu sehen, eine Diskussion bis zum Schluß mitzumachen. Man möchte alles und hat am Ende nichts in der Hand.

Von den Gedanken hin und her gerissen

Noch weniger als die Gefühle lassen sich die Gedanken beruhigen, die im Kopf herumschwirren. Solange sie im Kopf sind, kommen wir nie zur Ruhe. Die Gedanken lassen sich nicht so leicht abstellen. Sie können sich verselbständigen. Manche zergrübeln sich mit ihnen ununterbrochen den Kopf und kommen nie zur Ruhe. Die Mönche nennen hier als die drei geistigen Logismoi: Ruhmsucht, Neid und Hybris (Stolz). In der Ruhmsucht geht es darum, daß wir ständig darüber nachdenken, was die andern von uns denken. Wir stehen innerlich ohne Unterlaß auf der Bühne und überlegen uns, was wir wohl tun und sagen müßten, damit wir gebührend beklatscht werden. Die Ruhmsucht ist gepaart von einer ständigen Angst vor der Meinung der andern. Wir haben Angst, den Erwartungen unserer Umgebung nicht gerecht zu werden. Wir überlegen ängstlich, ob die andern wohl unsere Fehler und Schwächen entdecken. Wir können nicht mit innerer Ruhe in eine Gesellschaft gehen. Wir setzen uns selbst unter Druck, daß wir auch eine gute Figur machen, daß wir von allen gesehen werden. Wir sind von außen gesteuert. Und solange wir in der Hand der anderen sind, sind wir immer hin und her gerissen, leben wir nie aus unserer eigenen Mitte.

Die Ruhmsucht tritt heute vor allem als Perfektionismus auf. Wir haben Angst, einen Fehler zu machen. Wir haben den Anspruch, fehlerlos zu sein. Die Ursache dieses Perfektionismus liegt häufig in der Kindheit, daß wir unseren Wert nur durch Leistung und Fehlerlosigkeit erkaufen konnten. Auf dem Hintergrund des Perfektionismus steht die tiefsitzende Angst vor der eigenen Wertlosigkeit. Man möchte seinen Wert beweisen, indem man immer mehr arbeitet. Aber selbst wenn man einmal gelobt wird, ist es einem zu wenig. So tut man immer mehr, weil die Sehnsucht nach Bestätigung maßlos ist. Man hat nie genug mit der Anerkennung, die man bekommt. So arbeitet man sich zu Tode und findet doch nie den inneren Frieden.

Viele möchten ihre Angst überwinden, weil sie sie immer und überall verfolgt. Aber wenn sie ihre Angst frontal bekämpfen, werden sie sie nie überwinden. Sie werden ständig auf sie fixiert bleiben. Wir müssen uns den Ursachen unserer Angst zuwenden. Und ein zentraler Grund für unsere Angst liegt in einer falschen Lebenseinstellung, in einer lebensverneinenden Grundannahme, wie es die kognitive Verhaltenstherapie ausdrückt. So eine zerstörerische Grundannahme könnte sein: „Ich darf keinen Fehler machen, sonst bin ich nichts wert. Ich darf mich nicht blamieren, sonst werde ich abgelehnt." Wer von solchen Grundannahmen bestimmt wird, kann nicht ruhig seine Arbeit verrichten oder aus seiner Mitte heraus den Menschen begegnen. Er wird von den Gedanken der Angst gequält. Auch wenn er abschalten möchte, verfolgen ihn diese Gedanken. Er überlegt sich, ob er bei der Arbeit auch alles richtig gemacht habe oder ob da irgend jemand einen Fehler nachweisen könnte. Nach einem Gespräch kann er sich nicht in Ruhe zurücklehnen. Er wiederholt innerlich das Gespräch und zergrübelt sich den Kopf, was denn nun der andere von ihm denken könnte, ob er hinter manchen Bemerkungen seine Problematik, seine neurotische Struktur entdecken könnte. Die Angst verfolgt uns wie ein Schatten und läßt uns nie zur Ruhe kommen.

Neid und Eifersucht hindern uns auf ähnliche Weise an der Ruhe wie die Angst. Der Neid führt dazu, daß wir uns ständig mit andern vergleichen. Wir können nicht bei uns bleiben und das genießen, was uns geschenkt worden ist. Wir sind mit unseren Gedanken immer beim andern, beziehen unseren Wert aus dem Vergleich mit andern. Man braucht nur den Stammtischgesprächen oder dem Kaffeeklatsch in den Arbeitspausen zuzuhören. Da wird ununterbrochen über andere hergezogen. Andere müssen entwertet werden, um sich selbst aufzuwerten und um an den eigenen Wert glauben zu können. Da kann man den andern nicht so stehen lassen, wie er ist. Wir müssen unseren Kommentar dazugeben. Dieses ständige Über-andere-Reden ist heute ein typisches Kennzeichen unserer Unruhe. Auch wenn wir äußerlich nicht über andere reden, so sind unsere Gedanken doch in einem unaufhörlichen Gespräch über sie. Unser Herz kommt nie zur Ruhe.

Wer von Eifersucht gequält wird, der weiß, wie sie ihm die Ruhe rauben kann. Wenn die Ehefrau oder der Ehemann, die Freundin oder der Freund einen Besuch macht, ist der ganze Abend voll von eifersüchtigen Gedanken. Man überlegt, wie dieser Besuch wohl aussehen wird, ob da mehr dahinter ist, ob sie oder er über mich redet, ob sie an diesem Mann oder ob er an dieser Frau Gefallen findet, ob da mehr daraus entstehen könnte. Wir versuchen, uns die Gedanken zu zerstreuen, indem wir uns vor den Fernseher setzen. Aber auch da kommen die eifersüchtigen Gedanken nicht zur Ruhe. Wir gehen ins Bett. Aber wir können nicht einschlafen, weil wir uns in der Phantasie ausmalen, was da alles geschehen könnte. Um die Eifersucht nicht zuzugeben, weil sie unser großartiges Selbstbild zerstört, steigern wir uns in ärgerliche Gedanken über den Freund oder die Freundin hinein. Wir denken uns Sätze aus, wie wir ihn bzw. sie verletzen könnten, wie wir uns rächen könnten. Auf einmal entdecken wir, welche Mördergrube unser Herz ist, wie wir da nicht mehr Herr im eigenen Haus sind, sondern von unzähligen masochistischen und sadistischen Gedanken gequält werden. Sie rauben uns die Ruhe, lassen uns nicht schlafen, hindern uns daran, uns über den Abend zu freuen, an dem wir endlich einmal allein sind. Das Alleinsein wird zur Qual. Wir martern uns selbst mit eifersüchtigen Gedanken.

Die Hybris besteht in der Weigerung, seine eigene Wirklichkeit anzuschauen und sich mit ihr auszusöhnen. Wir halten fest an unserem idealen Selbstbild und verschließen die Augen vor unseren blinden Flecken. Aber wir leben doch ständig in der Angst, daß die andern unsere Fassade durchschauen und unsere Schwächen entdecken könnten. Wir denken uns immer neue Strategien aus, um unsere Schwächen zu verdecken. Aber das ist sehr anstrengend. Vor allem aber geraten solche Menschen durch jede Krise völlig in Panik. Jetzt versuchen sie, voller Unruhe darauf zu reagieren und die Krise wieder in Griff zu bekommen. Es darf unmöglich geschehen, daß die andern meine Krise erkennen, daß sie meine Unsicherheit spüren. So klammere ich mich entweder an einen Guru und verspreche mir von ihm, daß er meine Krise löst. Oder aber ich suche voller Unruhe ständig nach neuen Methoden, um meine Krise in Griff zu bekommen. Vielleicht versuche ich es mit gesunder Ernährung oder mit Joggen oder mit autogenem Training. Das sind alles gute Wege. Doch wenn ich sie aus der Angst heraus gehe, sonst könnten die andern meine Krise erkennen, dann helfen sie mir nicht weiter, dann treiben sie mich vielmehr immer mehr in die Unruhe hinein. Dann möchte ich mit Gewalt die Krise in Griff bekommen und werde doch weiterhin von der Angst getrieben, es dennoch nicht zu schaffen.

In der Hybris möchte ich nicht nur meine Fehler und Schwächen vor den andern verbergen, ich möchte auch vor mir selbst gut dastehen. So versuche ich, meine Schuldgefühle zu verdrängen. Aber ich lebe ständig in der Angst, daß die Schuldgefühle doch hochsteigen und mich quälen könnten. Viele meinen, Schuld sei heute kein zentrales Thema. Doch die Therapeuten erleben in ihren Sprechzimmern, wie viele Menschen von Schuldgefühlen gequält werden. Schuldgefühle sind oft die Ursache für die Ruhelosigkeit. Man ist ständig auf der Flucht vor den eigenen Schuldgefühlen. Denn sie sind unangenehm. Sie zerren mir meine unschuldige Maske vom Gesicht. So muß ich immer neue

Strategien entwickeln, um ihnen aus dem Weg zu gehen. Eine Strategie besteht darin, mich immer zu beschäftigen, damit keine freie Zeit entstehen kann, in der die Schuldgefühle hochsteigen könnten. Viele klagen, daß sie soviel zu tun haben. Aber sie sind selbst schuld daran. Denn aus Angst, ihre Schuldgefühle könnten sich zu Wort melden, müssen sie immer etwas tun. Aber irgendwann werden sich die Schuldgefühle doch bemerkbar machen. Dann beginnt ein zweiter Mechanismus, der Entschuldigungsmechanismus. Man sucht nach immer neuen Gründen, warum man doch nicht schuldig ist, warum man nicht anders handeln konnte, warum der andere eigentlich schuld ist, daß man sich so verhalten hat usw. Aber je mehr wir nach Entschuldigungen suchen, desto mehr verfolgen uns die Schuldgefühle. So müssen wir immer neue Gründe finden, um uns zu entschuldigen. Das ist ein Kreislauf, der uns die innere Ruhe raubt.

Eine andere Strategie, mit seinen Schuldgefühlen umzugehen, besteht in der ständigen Suche nach Anerkennung. Weil man sich in seiner Schuld als unannehmbar erfährt (Paul Tillich), muß man daher das Angenommenwerden von vielen Menschen erfahren. Ich gehe von Seelsorger zu Seelsorger, von Therapeut zu Therapeut, nur um nochmals zu erfahren, daß ich ein guter Mensch bin, wertvoll, liebenswert, daß ich es doch gut meine und mich um ein gutes Leben bemühe. Ich erzähle zwar von meinen Problemen, aber nicht, um sie zu lösen, sondern um von neuem Zuwendung und Bestätigung zu erfahren. Aber auch wenn mich tausend Menschen annehmen und mir ihre Zuwendung schenken, ich habe nie genug. Denn in mir sitzt das nagende Gefühl, doch nicht liebenswert zu sein. Die Schuldangst treibt mich immer weiter dazu, immer wieder von neuem Bestätigung zu suchen. Andere versuchen – wie Drewermann es ausdrückt – ihre Schuld dadurch abzuzahlen, daß sie sich im Dienst an den andern verausgaben, daß sie sich übernützlich zeigen. Das schlechte Gewissen treibt sie dazu, ständig für andere dazusein, nur um die Schuld in sich beruhigen zu können. Aber auch das gelingt ihnen nicht. So werden sie weiter von ihren Schuldgefühlen gejagt.

Ein Sprichwort sagt: „Ein gutes Gewissen ist ein sanftes Ruhekissen." Solange wir ein schlechtes Gewissen haben, kommen wir nie zur Ruhe. Das schlechte Gewissen raubt uns sogar noch den Schlaf. Das schlechte Gewissen hat nicht nur mit unseren Schuldgefühlen zu tun, sondern auch mit den Erwartungen, denen wir uns ausgesetzt sehen. Wir haben ein schlechtes Gewissen, weil wir die Erwartungen der Menschen um uns herum nicht erfüllt haben. Da erwarten die Eltern von ihren Kindern, daß sie gute Noten heimbringen, daß sie noch den oder jenen Fortbildungskurs machen, daß sie noch zur Ballettschule und zur Musikschule gehen. Das sei heute doch so wichtig. Das fördere die Gesundheit und mache in der Gesellschaft angesehen. Oft genug sind die zu hohen Erwartungen selbst schon Ausdruck einer inneren Unruhe. Man kann das Kind nicht so annehmen, wie es ist. Man muß es ständig zu neuen Unternehmungen treiben, aus Angst, es würde sonst nicht mitkommen, oder auch aus der Angst, man könnte sonst im Vergleich mit andern keine so pfiffigen Kinder vorweisen. Wir haben Erwartungen an die andern. Offensichtlich erwarten wir uns von der Erfüllung dieser Erwartungen durch die andern, etwa durch die Kinder, daß es uns dann besser geht. Aber das ist ein Fehlschluß. Weil wir unfähig sind, ja zu sagen zu uns selbst, haben wir tausend Erwartungen an die andern. Die sind schuld, wenn es uns nicht gut geht. Aber selbst wenn sie unsere Erwartungen erfüllen, tauchen in unserem Herzen schon wieder neue Erwartungen auf.

Wir sehen uns aber auch selbst den Erwartungen der andern ausgesetzt. Der Freund erwartet, daß ich ihn anrufe oder besuche. Die Familie erwartet, daß ich genügend Zeit für sie habe. Die Firma erwartet, daß ich mich noch mehr für sie engagiere, daß ich immer für sie verfügbar bleibe. Die kranke Mutter erwartet, daß man sich mehr um sie kümmere. Manche werden von solchen Erwartungen schier aufgefressen. Sie laufen ständig mit einem schlechten Gewissen herum, die Erwartungen nicht zu erfüllen, denen sie sich ausgesetzt fühlen. Manchmal meinen sie allerdings auch nur, daß das oder jenes von ihnen erwartet wird. Letztlich sind es dann die eigenen Erwartungen an sich selbst. Diese Erwartungen entspringen dem Über-Ich. Im Über-Ich haben sich die Stimmen der Eltern verinnerlicht. Da taucht in uns immer wieder die Stimme auf, die uns schon als Kinder unter Druck gesetzt hat: „Sei anständig. Leiste etwas. Sei erfolgreich. Laß dich nicht hängen. Du darfst nicht auffallen. Mache es allen recht. Geh allen Konflikten aus dem Weg. Gib immer nach!“ Solche inneren Befehle lassen uns nie zur Ruhe kommen. Ich kenne Menschen, die sich nicht trauen, einmal eine Pause zu machen. Zu laut ist in ihnen die Stimme ihrer Eltern, daß nur der Faulenzer Zeit habe, um Urlaub zu machen. Zum Menschsein gehöre es, immer zu arbeiten, sich immer zu beschäftigen. Ich höre diese Klagen von Hausfrauen, die sich nicht trauen, die Arbeit einmal liegen zu lassen, um ein Buch zu lesen. Da taucht sofort das schlechte Gewissen auf, daß man den Haushalt verschlampen lasse. Ich höre diese Klagen von Ordensfrauen. Eine Schwester erzählte mir, sie sei immer in der letzten Minute zum Gottesdienst gekommen, sonst könnte doch der Eindruck entstehen, daß sie nicht genügend arbeite. Und das war offensichtlich das Schlimmste, was sie sich ausdenken konnte. Der Antreiber, immer zu arbeiten, war in ihr so laut, daß sie sich selbst im Gebet nicht fallen lassen konnte.

Die Erwartungen, die wir an uns selbst haben, sind wohl die größten Antreiber, die uns nie zur Ruhe kommen lassen. Wir erwarten von uns, daß wir perfekt sind, daß wir die Probleme im Beruf oder in der Familie in Griff bekommen. Doch wenn sich gerade die Probleme mit den Kindern nicht einfach mit dem Willen lösen lassen, geraten wir in Panik. Wir fühlen uns als Versager. Wir haben Angst, vor andern zugeben zu müssen, daß unsere Kinder nicht so ideal sind, wie wir das gerne hätten. Unsere eigene Unruhe verbreiten wir dann auch in den Kindern. Anstatt ihnen zu helfen, machen wir sie erst recht nervös. Je mehr wir aus Angst vor unserem eigenen Versagen gute Leistungen von ihnen erwarten, desto weniger können sie sie erbringen. Es entsteht ein Teufelskreis von zu hohen Erwartungen und Enttäuschungen. Die Kinder spüren, daß wir in Panik geraten, wenn sie schlechte Noten heimbringen. Wir können sie nicht aufbauen und ihnen Mut machen. Alle Versuche, ihnen zu helfen, werden scheitern, weil sie unsere eigene Angst und Unruhe erkennen. Dann wissen sie überhaupt nicht mehr, was sie eigentlich tun sollten. Sie möchten bessere Leistungen erzielen, aber unsere Panik überträgt sich so auf sie, daß sie bei der nächsten Schulaufgabe ratlos davor sitzen und alles Erlernte vergessen.

Wir erwarten auch von uns, daß wir unsere Gefühle immer im Griff haben, daß wir immer funktionieren, daß wir unsere Probleme lösen können. Wenn uns die eigenen Emotionen daran hindern, so reibungslos zu funktionieren, werden wir unruhig und überlegen, wie wir uns wieder in Griff bekommen könnten. Statt unsere Gefühle anzuschauen und sie zu befragen, unterdrücken wir sie, damit wir ja nach außen hin als sicher erscheinen. Doch je mehr wir unterdrücken, desto unruhiger wird es in uns. Wir können unsere Probleme nicht zulassen, weil sie unser Selbstbild zerstören. So müssen wir sie unter Verschluß halten und erzeugen in uns einen beständigen Unruheherd. Er würde nur dann zur Ruhe kommen, wenn wir anschauen, was da unter dem Deckel brodelt, wenn wir nicht bewerten, was wir da sehen, sondern uns damit aussöhnen und es annehmen. Nur durch einen liebevollen Blick läßt sich Unruhe beruhigen. Wenn wir etwas mit Gewalt unter Kontrolle bringen wollen, nützt es nichts.

Die vielen psychischen Ursachen für die Ruhelosigkeit des Menschen zeigen, daß die Unruhe nicht allein durch äußere Veränderungen hergestellt werden kann. Nur wer sich in aller Ruhe seiner Unruhe stellt, die Ursachen anschaut und nach Wegen sucht, mit sich selbst in Einklang zu kommen, wird die Ruhe finden, nach der er sich sehnt. Die Unruhe des einzelnen überträgt sich auf die Familie, auf die Firma, auf die Gemeinde, auf die Gesellschaft. Es ist daher kein Luxus, sich der inneren Unruhe zu stellen. Es hat auch Auswirkungen auf die Gesellschaft. Nur wer in sich ruht, kann sich gegen Trends in der Gesellschaft stellen, die ihn in die Unruhe treiben möchten. Und nur wer in sich die Ruhe findet, kann um sich herum eine Atmosphäre der Ruhe schaffen, in der andere auch zur Ruhe kommen können. Ruhe kann genauso gut anstecken wie Unruhe. Wir sind verantwortlich für die Atmosphäre, die wir erzeugen, für Ruhe oder Ruhelosigkeit, für Lust am Leben oder für Hetze und Hektik.

II.

Wege zur Ruhe

Da das Thema der Ruhelosigkeit schon in der Bibel aktuell war, möchte ich im ersten Teil bewußt biblische Wege anschauen, die uns zur Ruhe führen könnten. Der rastlose Wanderer, der Frevler, der keine Ruhe findet, der ruhelos Umherirrende, das sind biblische Bilder für Menschen, die heute genauso zutreffen könnten wie damals. Und die biblische Verheißung, daß Gott selbst dem Menschen Ruhe verschaffen wird, ist nicht ein bloßes Wort. Auf dem Hintergrund der Analyse heutiger Ruhelosigkeit könnten gerade die biblischen Wege hochaktuell sein. Ich möchte mich dabei auf zwei biblische Impulse beschränken, auf Jesu Aufforderung, bei ihm Ruhe zu finden, und auf die Beschreibung der Sabbatruhe im Hebräerbrief. Und ich möchte mich auf die Anweisungen der Mönche stützen, wie die Ruhe in Gott gefunden werden kann. Den Mönchen, die seit dem 3. Jahrhundert die Wüste von Ägypten bevölkerten, war die damalige Welt der ausgehenden Antike zu laut und zu oberflächlich. Sie wollten einen Weg finden, wie sie ohne Zerstreuung beten könnten, wie sie an der Sabbatruhe Gottes teilhaben könnten. In Gott ganz präsent zu sein, mit Gott eins werden können, ohne von Gedanken und Gefühlen hin und her gerissen zu werden, das ist das Ziel des Mönchsweges, wie ihn vor allem Evagrius Ponticus beschrieben hat. Er gilt als der Psychologe unter den Mönchsschriftstellern. Seine Analyse der neun Logismoi und seine Beschreibung, wie wir zu einem Zustand des ungestörten Betens und Ruhens in Gott gelangen können, sind heute genauso aktuell wie damals. Cassian und Benedikt, seine gelehrigen Schüler, haben seine Lehre für die Mönche im Westen übersetzt. Die Bücher Cassians wurden im Mittelalter neben der Bibel am meisten gelesen. Und Benedikt wurde zum Lehrmeister des Abendlandes. Seine Regel hält auch für uns nach wie vor überraschende Einsichten bereit. Seine Zeit war von der Unruhe der Völkerwanderung geprägt und ähnelt in vielem der unsrigen. Daher glaube ich, daß er uns auch heute Wege zu einem gelingenden Leben weisen kann.

1.
Aufruf zur Sorglosigkeit

Nach Martin Heidegger ist der Mensch wesentlich einer, der sich sorgt. Das Dasein ist Sorge. In der Welt sein heißt: sich um sich und seine Existenz sorgen, besorgt sein um sich und für sich selbst sorgen. Die Sorge macht den Menschen unruhig und läßt ihn nirgends ausruhen. Heidegger zitiert die römische Fabel von der Sorge, der Cura:

„Als einst die ‚Sorge' (Cura) über einen Fluß ging, sah sie tonhaltiges Erdreich: sinnend nahm sie davon ein Stück und begann es zu formen. Während sie bei sich darüber nachdenkt, was sie geschaffen, tritt Jupiter hinzu. Ihn bittet die ‚Sorge', daß er dem geformten Stück Ton Geist verleihe. Das gewährt ihr Jupiter gern. Als sie aber ihrem Gebilde nun ihren Namen beilegen wollte, verbot das Jupiter und verlangte, daß ihm sein Name gegeben werden müßte. Während über den Namen die ‚Sorge' und Jupiter stritten, erhob sich auch die Erde (Tellus) und begehrte, daß dem Gebilde ihr Name beigelegt werde, da sie ja doch ihm ein Stück ihres Leibes dargeboten habe. Die Streitenden nahmen Saturn zum Richter. Und ihnen erteilte Saturn folgende anscheinend gerechte Entscheidung: ‚Du, Jupiter, weil du den Geist gegeben hast, sollst bei seinem Tode den Geist, du, Erde, weil du den Körper geschenkt hast, sollst den Körper empfangen. Weil aber die ›Sorge‹ dieses Wesen zuerst gebildet, so möge, solange es lebt, die ›Sorge‹ es besitzen. Weil aber über den Namen Streit besteht, so möge es ›homo‹ heißen, da es aus humus (Erde) gemacht ist.‘“

Der Mensch ist also wesentlich einer, der sich sorgt. Sein ganzes Dasein ist von der Sorge für sich selbst bestimmt. Solange er lebt, gehört er der Sorge. Erst im Tode hört die Sorge auf, über ihn zu herrschen. Dann wird er Jupiter bzw. der Erde gehören. Die Römer haben in dieser Fabel zum Ausdruck gebracht, daß alles, was wir tun, von der Sorge geprägt ist. Die Sorge treibt uns an, zu arbeiten, den Lebensunterhalt zu verdienen, die Zukunft abzusichern, den Besitz zu mehren, damit wir endlich einmal ruhig und sicher leben können.

Jesus versteht den Menschen anders. Der Mensch ist nicht zuerst einer, der sich sorgt, sondern einer, der vertraut, der sich im Vertrauen zum Vater, der für ihn sorgt, aufgehoben weiß. In der Bergpredigt fordert Jesus seine Jünger auf, sich nicht zu sorgen:

„Sorgt euch nicht um euer Leben und darum, daß ihr etwas zu essen habt, noch um euren Leib und darum, daß ihr etwas anzuziehen habt ... Wer von euch kann mit all seiner Sorge sein Leben auch nur um eine kleine Zeitspanne verlängern?“ (Mt 6,25.27).

Wohl kaum ein anderer Text hat soviel Kritik hervorgerufen wie das Lehrgedicht Jesu von der Sorge. Es sei unverantwortlich, nicht für das Morgen zu sorgen. Ernst Bloch meint, der Text zeige die ökonomische Naivität des Christentums. Die messalianischen Mönche haben diesen Text als Rechtfertigung für ihre Ablehnung der Arbeit genommen. Demgegenüber haben die Mönche in der Nachfolge des Antonios die Arbeit als wesentlichen Teil des geistlichen Lebens gesehen. Was will Jesus mit dieser Aufforderung, uns nicht zu sorgen, uns heute sagen? Rechtfertigt er den alternativen Lebensstil, der dem Bürgertum einen übertriebenen Arbeitsbegriff und eine falsche Rechtfertigung des Besitzes vorwirft? Wie Jesu Worte eine Antwort auf die unruhestiftende Sorge sein kann, die uns heute umtreibt, zeigt ein genauer Blick auf das, was dasteht.

Das griechische Wort für Sorge „merimna" meint das sorgende oder besorgende Sichkümmern um etwas, das Aussein auf etwas, die bange Erwartung von etwas, die Angst vor etwas. Oft hat es auch die Färbung von Bekümmernis, Leid über etwas. Die Griechen sprechen von den quälenden und plagenden Sorgen, denen der Mensch unterworfen ist. Seine Sorge hat immer mit der Angst zu tun. Sie ist Handeln aus Angst, „praktizierte Angst ums Dasein" (Ulrich Luz). Dieses ängstliche Sichsorgen hat Jesus in seinem Lehrgedicht im Sinn. Und er gibt mit zwei Bildern eine Antwort. Mit dem Bild der Vögel, die nicht säen und ernten, hat er die Arbeit des Mannes im Blick. Mit dem Bild der Feldblumen, die nicht spinnen, antwortet er auf die typische Arbeit der Frauen. Beide Arbeiten sind gut. Aber der Mensch kann sich in seine Arbeit hineinsteigern. Statt im Vertrauen auf Gottes Fürsorge zu arbeiten, meint der Mensch voller Angst, alles hänge von ihm ab. Es ist letztlich die Angst, zu kurz zu kommen, nicht genügend zu haben, die ihn umtreibt. Diese Angst verfälscht seine Arbeit. Sie hindert ihn daran, Freude an seiner Arbeit zu haben, voller Lust kreativ zu sein. Arbeit wird dann nur noch zum Ausdruck von Sorge und Angst. Sie treibt den Menschen um und hält ihn in dauernder Unruhe.

Es ist verständlich, daß der Mensch sich ängstlich um sein Leben und seine Zukunft sorgt. Denn sein Dasein in dieser Welt ist gefährdet. Aber die Ungesichertheit seiner Existenz soll ihn nicht in die ängstliche Sorge treiben, sondern in das Vertrauen darauf, daß Gott selbst für ihn sorgt. Jesus mag diese Worte an seine Jünger gerichtet haben, die die Arbeit aufgegeben haben und nun als Wanderprediger ihr Vertrauen auf Gott setzen sollen. Aber schon Matthäus übersetzt diese Worte in die Situation der Gemeinde. Es sind Worte, die uns heute genauso gelten wie damals. Auch für uns gilt der Grundsatz: „Euch aber muß es zuerst um sein Reich und um seine Gerechtigkeit gehen; dann wird euch alles andere dazugegeben" (Mt 6,33). Es geht nicht darum, meine irdische Existenz nicht sinnvoll und verantwortungsvoll zu planen und auch eine gewisse Vorsorge und Absicherung zu schaffen. Aber die Frage ist, worum es mir im Letzten geht. Wenn ich nur um mich und meine Angst kreise, wird mein ganzes Leben von der Sorge aufgefressen, und ich werde voller Unruhe nach immer neuen Wegen der Absicherung Ausschau halten. Der Blick auf das Reich Gottes relativiert meine Sorge. Ich kann mich noch so gegen Diebstahl versichern. Ich kann ihn damit doch nicht verhindern. Ich kann noch soviel in die Lebensversicherung einzahlen. Ich kann damit mein Leben nicht verlängern. Ich habe keine Garantie auf ein gesundes Leben und hohes Alter. Ich bin in Gottes Hand. Das Entscheidende ist, daß Gottes Reich kommt, daß Gott auch in mir herrscht. Wenn Gott in mir herrscht, dann werde ich frei von quälender Sorge, dann befreit mich Gott von den Götzen dieser Welt, an die ich mich ängstlich klammere und die nie Ruhe geben, bis ich ihnen ganz gehöre.

Ängstliches Sorgen verdunkelt den Geist. Ich werde zwar für meine Zukunft sorgen. Aber ich werde nicht vernünftig handeln. Die Angst wird mich zu unsinnigen Ausgaben und Absicherungen treiben. Jesus will uns von der ängstlichen Sorge befreien, damit wir vernünftig die Verantwortung für uns und unsere Familie wahrnehmen. Die Kunst besteht darin, für die Zukunft zu sorgen und zugleich die Sorge immer wieder loszulassen. Ich soll das tun, was in meiner Hand ist, und mich dann vertrauensvoll Gott überlassen. Als Cellerar weiß ich, daß ich eine solide Basis für die finanzielle Situation des Klosters und seiner vielen Arbeitnehmer schaffen muß. Aber wenn mich die Absicherung bis ins Gebet hinein verfolgt, dann stimmt meine Sorge nicht mehr, dann geht es mir nur mehr um mich und nicht mehr um Gott und sein Reich, dann geht es mir nur noch um meine Rechtfertigung vor den Menschen, daß ich gut vor ihnen dastehe, und nicht mehr um Gottes Gerechtigkeit, nicht mehr um das Vertrauen, daß Gott alles recht machen wird.

Man kann die beiden Begriffe „Reich Gottes und seine Gerechtigkeit" auch noch anders verstehen, und zwar als innere Bilder. Es geht dann darum, daß Gott in meinem Herzen herrscht, daß er mein Herz ausfüllt und es richtig macht. Matthäus bringt das Lehrgedicht über die Sorge im Rahmen der Bergpredigt. Wenn man die Bergpredigt bei Matthäus mit der Feldrede bei Lukas vergleicht, so sieht man, daß Matthäus zwischen die Sätze von der Vollkommenheit bzw. Barmherzigkeit, die uns Gott ähnlich macht, und der Aufforderung, nicht zu richten, das 6. Kapitel setzt. In ihm beschreibt er die drei Ausdrucksformen der jüdischen Frömmigkeit: das Almosengeben, das Beten und das Fasten. Jesus übernimmt diese drei Weisen der Frömmigkeit, aber er verinnerlicht sie. Es geht nicht darum, mit seinen Almosen, mit seinem Beten und mit dem Fasten vor den Menschen gut dazustehen. Das Ziel des Betens ist, die innere Kammer in sich zu entdecken und dort allein mit Gott zu sein. Das Fasten ist keine Bußleistung, sondern es soll in die innere Freude und in die Sorglosigkeit, in das Vertrauen auf Gottes Fürsorge führen. Matthäus entfaltet sein Verständnis des Fastens durch das Gedicht über die Sorge und Sorglosigkeit. Fasten und Beten bilden dabei eine innere Einheit. Das Fasten soll den Beter befreien von allen Sorgen, die ihm den Zutritt zur Kammer seines Herzens verwehren, in der er im Verborgenen zu seinem Vater beten soll. In uns ist ein Raum der Stille, in dem Gott wohnt, in dem Gott herrscht. Das ist das Reich Gottes, das in uns ist. Fasten will uns in diesen inneren Raum führen. Wenn wir in Berührung sind mit diesem Raum der Stille, dann wird unser Leben richtig, dann werden wir gerecht leben, unserem Wesen entsprechend, dann werden wir aufgerichtet, aufrecht. In diesem inneren Raum der Stille hören die Sorgen auf. Da haben sie keinen Zutritt. Wenn ich durch Fasten und Beten in den inneren Raum der Stille, in das „Reich Gottes in mir" gelangt bin, dann kann ich wirklich mit Teresa von Avila sagen: „Gott allein genügt." Dann mache ich die Erfahrung, daß ich mich um nichts mehr sorgen muß. Dann muß ich mich nicht mehr darum kümmern, ob ich die Erwartungen und Ansprüche der Menschen erfülle. Denn die Menschen mit ihren Erwartungen und Urteilen haben zu diesem Raum keinen Zutritt. In diese innere Kammer kann auch die Angst nicht eindringen. Da kann ich einen Augenblick lang die Erfahrung machen, daß ich alles habe, was ich zum Leben brauche. Da hört die Angst um meine wirtschaftliche Zukunft auf. Das heißt nicht, daß ich nicht verantwortungsvoll mit meinen Finanzen umgehe. Aber es gibt in mir einen Raum, der davon unberührt bleibt. Das gibt mir wahre Freiheit und Ruhe. In diesem inneren Raum quält mich keine Sorge. Ganz gleich, was mit mir geschehen wird, ich weiß: Gott ist in mir. Und wo Gott, das Geheimnis, in mir wohnt, da kann ich daheim sein, da bin ich mitten in der Ungeborgenheit und Ungesichertheit der Welt trotzdem getragen und geborgen. Gott ist die eigentliche Befreiung von der Sorge des Menschen.

Wenn ich befreit bin von meinen Sorgen, dann finde ich wahrhaft Ruhe. Denn die Sorge ist wohl der größte Feind der Ruhe. Wenn wir ruhelose Menschen beobachten, so kommen sie deshalb nicht zur Ruhe, weil sie ständig in Sorge sind. Und es sind genau die Sorgen, die Matthäus beschreibt, die Sorge um Essen und Trinken, um das vitale Leben, die Sorge, ob ihre Bedürfnisse auch erfüllt werden. Es ist die Angst, zu kurz zu kommen, nicht genügend Beachtung und Zuwendung zu erfahren, die Angst, nicht genügend bestätigt und anerkannt zu werden. Und es ist die Sorge um die Kleidung. Sie bezieht sich nicht nur auf die Kleider, die man kaufen kann, sondern auch auf das Aussehen, ob ich den Erwartungen heutiger Mode entspreche, ob mein Leib den Idealbildern gerecht wird, wie man heute auszusehen hat. Und es ist die Sorge um mein Prestige, um meinen Ruf, meinen Posten, meine Karriere. Es gibt Menschen, die nie zufrieden sind mit dem, was sie erreicht haben. Ständig schauen sie auf das, was andere geschafft haben. Sie vergleichen sich unablässig mit andern. Das Sichvergleichen läßt sie nie zur Ruhe kommen. Erst wenn wir diese Sorgen lassen und uns um das Reich Gottes sorgen, finden wir in uns den Raum, in dem Gott in uns herrscht. Und dort, wo Gott in uns herrscht, dort ist Friede, dort ist Sorglosigkeit, dort ist Heimat, Geborgenheit, Ruhe.

2.
Einladung zur Ruhe

In der Mitte des Matthäusevangeliums steht ein eigenartiger Text, über den sich die Ausleger seit jeher gestritten haben. Es ist der sog. Jubelruf Jesu (Mt 11,25–30). Nach dem positiven Urteil des Johannes über Jesus und nach dem Weheruf über die galiläischen Städte, die Jesus abgelehnt haben, preist Jesus Gott dafür, daß er den Unmündigen geoffenbart hat, wer er in Wirklichkeit ist, der Sohn des Vaters. Auf diesen Lobpreis folgt ein Einladungswort Jesu an alle, die sich plagen und unter der Last ihres Lebens stöhnen: „Kommt alle zu mir, die ihr euch plagt und schwere Lasten zu tragen habt. Ich werde euch Ruhe verschaffen. Nehmt mein Joch auf euch und lernt von mir; denn ich bin gütig und von Herzen demütig; so werdet ihr Ruhe finden für eure Seele. Denn mein Joch drückt nicht, und meine Last ist leicht" (Mt 11,28–30).

Nachdem Jesus im Jubelruf ausgesagt hat, wer er ist, spricht er hier über das Heil, das er denen schenkt, die zu ihm kommen. Dieses Heil beschreibt er im Bild der Ruhe. Jesus übernimmt die Einladung zur Ruhe von Jesus Sirach, der die Unwissenden in sein Lehrhaus einlädt, damit sie dort Ruhe finden (vgl. Sir 51,23–27). Wer sich unter das Joch der Weisheit stellt, der wird Ruhe finden. Und Jesus spricht mit den Worten Gottes, dem der Prophet Jeremia folgenden Ausspruch in den Mund legt: „So spricht der Herr: Stellt euch an die Wege, und haltet Ausschau, fragt nach den Pfaden der Vorzeit, fragt, wo der Weg zum Guten liegt; geht auf ihm, so werdet ihr Ruhe finden für eure Seele“ (Jer 6,16). In Jesus ist also die Weisheit Gottes verkörpert. Er weist uns einen Weg zum wahren Leben, zur Freude, zum Frieden und zur Ruhe. Jesus versteht sein Wirken als ein Ruhe-Schenken für die sich sorgenden und sich abmühenden Menschen. Die Ruhe erinnert wohl an die Sabbatruhe Gottes. Jesus gibt den Menschen Anteil an Gott, seinem Vater, und an dem, was Gott auszeichnet, an der ungestörten Ruhe, am Ausruhen aus Freude darüber, daß alles gut ist.

Jesus lädt alle ein. Keiner ist ausgeschlossen von der Ruhe, die er uns schenken möchte. Die Eingeladenen werden charakterisiert als Menschen, die sich in körperlicher oder geistiger Arbeit mühen und die Lasten zu tragen haben. Bei der Last denkt Matthäus vermutlich an das jüdische Gesetz, wie es die Pharisäer interpretiert haben. In der Auslegungsgeschichte dieses Textes wurde aber die Last vielfältig gesehen, als Hunger, Armut, Schande, als Last des ausgebeuteten Volkes. Wenn wir die beiden Worte „sich mühen“ und „Lasten tragen“ auf unsere Situation hin auslegen, so könnten da Menschen gemeint sein, die sich plagen, ohne daß etwas dabei herauskommt. Sie arbeiten und arbeiten, aber sie können die Arbeit nicht mehr genießen. Sie gehen auf in ihrer Arbeit. Sie stehen unter einem inneren und äußeren Druck, immer etwas tun zu müssen. Vielleicht ist es ihr schlechtes Gewissen, das sie so unter Druck setzt. Vielleicht ist es die Erziehung. Da haben sie die Worte der Eltern verinnerlicht, daß man sich sein Leben verdienen müsse, daß man immer arbeiten müsse. Vielleicht steckt die Angst dahinter, als faul und untüchtig abgestempelt zu werden. Wenn sie als Kinder einmal nur spielen wollten, so wurden sie als Taugenichtse tituliert. Das sitzt bei manchen so tief, daß sie sich immer etwas zu schaffen machen. Bei andern meint das Sichabmühen die ständige Überforderung. Sie fühlen sich den Anforderungen, die an sie gestellt werden, nicht gewachsen. Sie haben Angst, ausgemustert, ausgestellt zu werden. So mühen sie sich ab und plagen sich. Das Wort „Plage" kommt vom lateinischen Wort „plaga" = Schlag, Streich, Wunde, Strafe des Himmels. Die Plagerei oder Plackerei wird als ein Schlag erlebt. Der Himmel schlägt mich, daß ich mich so abmühen muß. Das Wort Plage hängt auch mit „Fluch" zusammen. Viele erleben die Plackerei ihres Lebens als Fluch, der über ihnen liegt. So hat es schon das Alte Testament gesehen, wenn Gott bei der Vertreibung aus dem Paradies zu Adam spricht: „So ist verflucht der Ackerboden deinetwegen. Unter Mühsal wirst du von ihm essen alle Tage deines Lebens" (Gen 3,17).

Die Last, die wir heute zu tragen haben, ist heute weniger die Last des jüdischen oder kirchlichen Gesetzes. Es ist die Last, die man selbst mitschleppt, die Last seiner Erziehung, die Last, die man sich selbst auferlegt. Manchmal ist es die Last der Selbstbestrafung, die man auf sich nimmt, um den quälenden Schuldgefühlen zu entgehen. Manchmal ist es die Last des eigenen Über-Ichs, das einen anhält, immer zu arbeiten. Dieses Über-Ich verbietet einem das Ausruhen, das Nichtstun. Es läßt einen nie in Ruhe. Es gibt ständig einen Kommentar zu allem, was man tut. Und es ist nie zufrieden mit dem, was ist. Es nörgelt an uns herum, so wie damals die unzufriedenen Eltern an uns herumkritisiert haben. Die Last drückt uns nieder. Sie bedrückt und erdrückt uns. Sie raubt uns den inneren Frieden.

All denen, die zur Ruhe unfähig geworden sind, bietet Jesus einen Weg an, Ruhe zu finden. Er gebraucht dabei das Wort „anapauso“: aufhören lassen, unterbrechen, Ruhe verschaffen, erquicken, und „anapausis“: Unterbrechung, Ruhe, Ruheplatz. Unser deutsches Wort Pause kommt davon. Bei den Griechen bedeutet „anapausis“ nicht nur Arbeitsruhe, sondern auch die notwendigen Ruhezeiten, die die inneren Organe des Menschen brauchen, die der Sportler braucht, und die Ruhe vom Kriegsdienst. Im religiösen Sinn kann „anapausis“ auch Erlösung von allen Übeln bedeuten. Die Ruhe ist für die Griechen etwas Heiliges und ein Heilsgut, um das man die Götter bittet. Das Alte Testament sieht es ähnlich. Da sehnt sich der Fromme nach der Sabbatruhe, die Gott ihm zugedacht hat. Die Ruhelosigkeit ist ein Fluch. So muß Kain ruhelos umherirren: „Rastlos und ruhelos wirst du auf der Erde sein“ (Gen 4, 12). Dieser Fluch, der auf Kain lastet, prägt auch heute das Verhalten vieler Menschen. Ruhelos irren sie herum. Sie mühen sich ab, ohne daß es sich wirklich lohnt. Denn ihre Arbeit trägt keine Frucht (vgl. Gen 4,12). Bei Kain ist der tiefste Grund der Ruhelosigkeit die Schuld, die er durch die Ermordung seines Bruders Abel auf sich geladen hat. Die Schuldgefühle quälen ihn und lassen ihn ruhelos umherirren. Dieses Bild des ruhelosen Wanderers ist in der Gestalt Ahaswers in die Überlieferung der Völker eingegangen. In vielen Märchen gibt es auch die ruhelosen Menschen, die durch die Wälder irren müssen, bis sie irgendwo Erlösung finden. Es scheint, daß unsere Zeit vom Fluch der Ruhelosigkeit geprägt ist. Und auch heute könnten die verdrängten Schuldgefühle der Grund sein, warum die Menschen immer wieder vor sich davonlaufen und es nirgendwo länger aushalten. Viele trauen sich nicht, auszuruhen, aus Angst, dann könnten all die beiseite geschobenen Schuldgefühle wieder aufbrechen, dann könnte ihnen aufgehen, daß sie ihren Bruder Abel verletzt, daß sie sein Schreien überhört haben, daß sie an seiner Not vorübergegangen sind.

Philo, der jüdische Philosoph, betrachtet die Ruhe als höchsten Wert. Dabei versteht er die Ruhe nicht als Untätigkeit, sondern als mühelose Tätigkeit. Gott ruht, ohne müde zu sein. Seine Ruhe ist schöpferisches Tun. Für Philo findet der fromme Mensch ähnlich wie Gott die schöpferische Ruhe, während der Unvernünftige ruhelos ist. Die griechischen Theologen, Clemens von Alexandrien und Origenes, haben die Gedanken des Philo in ihrer Interpretation der Bibel weiter entfaltet. Jesus führt in die wahre, in die vollkommene Ruhe (teleia anapausis). Denn wer durch die Reinigung seiner Seele zur Ruhe gefunden hat, der begehrt nichts mehr als Gott. Wer sich vom Lärm der Welt in die Ruhe des Schweigens zurückgezogen hat, der wird reinen Herzens erfahren, wie Gottes Geist auf ihm ruht und ihm die Ruhe schenkt, die ihm Kraft gibt, wirklich schöpferisch zu sein.

Auf dem Hintergrund des griechischen und jüdischen Ruheverständnisses werden die Worte Jesu auch für uns heute hoch aktuell. Wir gleichen den unvernünftigen Menschen, die ruhelos bleiben, weil sie nicht zu ihrem wahren Grund gefunden haben. Es lastet der Fluch Kains auf uns und läßt uns ruhelos umherirren. Wir laufen davon vor unserem schlechten Gewissen. Angst und Schuldgefühle lassen uns nicht zur Ruhe kommen. Die Frage ist, wie wir bei Jesus die wahre Ruhe finden können. Jesus lädt uns ein mit den Worten: „Nehmt mein Joch auf euch und lernt von mir; denn ich bin gütig und von Herzen demütig" (Mt 11,29). Zwei Wege wollen uns in die Ruhe einführen. Der erste Weg besteht darin, daß wir das Joch Jesu auf uns nehmen sollen. Es ist das Joch der Weisheit, das Joch des göttlichen Gesetzes, das frei ist von Menschensatzung, das dem Menschen guttut. Es ist ein leichtes Joch, das nicht drückt, sondern in die Freiheit führt. Wer sich unter das Wort Jesu stellt, wer sich von Jesu Lehre einführen läßt in das Geheimnis des barmherzigen Gottes und in das Geheimnis des Menschen, der findet wahrhaft Ruhe. Das Wort „Religion" kommt von Joch. Es meint ein Anjochen an Gott, ein Anbinden (religare) an Gott. Nur wer in seinem

Herzen an Gott gebunden ist, wird frei von den vielen Binden, die ihn sonst gefangenhalten. Er wird frei vom Joch der Sklaverei, das er auf sich nimmt, wenn er sich von Menschen und ihrer Anerkennung abhängig macht. Er wird frei vom Joch der Angst, er wird frei vom Joch der vielen Gesetze, die ihn am Leben hindern.

Der zweite Weg besteht im Lernen. Wir sollen lernen, daß Jesus gütig und demütig ist. Jesus ist gütig und milde, freundlich und gewaltlos. Und er ist demütig. Er ist hinabgestiegen in die Tiefen des Menschseins. Beide Haltungen, prays und tapeinos, sind offensichtlich Wege zu wahrer Ruhe. Prays meint Jesu geduldige Freundlichkeit, die er gerade den Sündern gegenüber zeigt. Jesus ist sanftmütig wie Mose (vgl. Num 12,3). Wer von Jesus diese Güte und Sanftmut, die Freundlichkeit und Milde sich selbst gegenüber und andern gegenüber lernt, der findet Ruhe. Wer gut ist zu sich selbst und zu andern, der kommt in seinem Herzen zur Ruhe. Wer dagegen aggressiv gegen sich und seine Leidenschaften und Bedürfnisse wütet, der weckt in ihnen eine Gegenkraft, die ihn einfach nicht in Ruhe läßt. Er muß dann ständig auf der Hut sein, daß ihn seine Leidenschaften nicht überrumpeln und bestimmen. Wer freundlich mit sich und mit andern umgeht, der muß nicht ständig in der Angst leben, von andern angefeindet oder ausgenutzt zu werden. Und wer milde geworden ist, wer seine Verhärtung und Erstarrung von den Mühlsteinen seines Lebens hat zermahlen lassen (milde kommt von mahlen), der ist fähig zu wirklicher Ruhe. Er ist weich geworden, er muß nichts mehr festhalten. Er ist nicht nur milde, sondern auch weise. Er hat geschmeckt (sapiens kommt von sapere = schmecken), was das Geheimnis des menschlichen Lebens ist. Er hat erfahren, daß er nichts festhalten kann, daß er nur in Gott Halt und Ruhe finden kann.

Auch die Demut ist Voraussetzung für die Ruhe. Schon im Alten Testament ist Sanftmut und Demut (prays und tapeinos) oft miteinander verbunden. Das griechische Wort bedeutet: niedrig. Das lateinische Wort „humilitas" interpretiert die Demut als Mut zur eigenen Erdhaftigkeit, als Mut, zu seiner irdischen Existenz zu stehen und sich nicht über seine Geschöpflichkeit zu erheben. Die Demut besteht letztlich im Mut, der eigenen Wahrheit ins Auge zu sehen, hinabzusteigen vom hohen Roß der eigenen Idealbilder, um sich auszusöhnen mit seiner Wirklichkeit als Mensch. Wer seiner Wahrheit nicht mehr davonläuft, wer seine Augen nicht mehr davor verschließt, der kann Ruhe finden. Solange ich meiner Wahrheit ausweiche, werde ich innerlich nie ruhig werden.

Jesus verheißt uns beides: „Ich werde euch Ruhe verschaffen" (Mt 11,28) und: „Ihr werdet Ruhe finden für eure Seele" (Mt 11,29). Als sich die Apostel von ihrem Verkündigungsauftrag wieder bei Jesus einfinden, lädt er sie ein: „Kommt mit an einen einsamen Ort, wo wir allein sind, und ruht ein wenig aus (anapausasthe)" (Mk 6,31). Er verschafft seinen Jüngern Ruhe, indem er sie von der Menge absondert, ihnen einen Raum des Ausruhens ermöglicht, eine Pause, um von sich zu erzählen und sich miteinander wieder zu regenerieren. Diese Einladung Jesu gilt für uns heute genauso. Jesus fordert uns immer wieder auf, uns bewußt zurückzuziehen von der Menge, um an einem einsamen Ort mit uns selbst eins zu werden und die Einheit mit Gott zu erfahren. Das Gebet ist so ein Rückzug an einen einsamen Ort. Das gilt nicht nur für die Zeit der Stille, in der wir uns von andern absondern, sondern auch als innere Wirklichkeit. Im Gebet gelangen wir in den inneren Raum, in dem wir allein sind mit Gott, in dem wir all-eins sind, eins mit Gott, eins mit uns selbst, eins mit der ganzen Schöpfung. Jesus verschafft uns Ruhe, und er verheißt uns, daß wir für unsere Seele Ruhe finden werden, wenn wir bei ihm in die Schule gehen. Die Ruhe beginnt bei der Seele. Zuerst muß das Innere in uns zur Ruhe kommen. Dann wird sich die Ruhe auch im Leib auswirken. Wenn das Herz ruhig geworden ist, dann werden wir auch unser Tun in aller Ruhe vollziehen, dann werden unsere Bewegungen aus der inneren Ruhe herausfließen, dann haben wir teil an der schöpferischen Ruhe Gottes.

3.
Eingehen in die Sabbatruhe

1. Der Hebräerbrief antwortet am Ende des ersten Jahrhunderts den offensichtlich müde gewordenen Christen mit einer neuen Theologie, um sie in ihrem Glauben zu stärken. Lange Zeit hat man den Hebräerbrief eher vom Alten Testament her verstanden. Heute sieht man, daß der Autor dieses in bestem Griechisch geschriebenen Briefes neben Johannes und Paulus der dritte große Theologe des Neuen Testamentes ist. Er denkt nicht in jüdischen, sondern in griechischen Kategorien. Er interpretiert immer wieder Texte des Alten Testaments, um den Christen zu zeigen, was Jesus Christus für sie heute bedeuten und wie er sie in ihrem matt gewordenen Glauben stärken kann. So deutet der Autor auch auf recht eigenwillige Weise Psalm 95, der im Stundengebet der Mönche häufig die Vigil, die nächtliche Gebetszeit, eröffnet. Dort heißt es: „Heute, wenn ihr seine Stimme hört, verhärtet euer Herz nicht wie beim Aufruhr, wie in der Wüste am Tag der Versuchung ... Immer geht ihr Herz in die Irre. Sie erkannten meine Wege nicht. Darum habe ich in meinem Zorn geschworen: Sie sollen nicht in das Land meiner Ruhe kommen" (Hebr 3,7.9f). Die Ruhe Gottes, in die das Volk Israel nicht eingegangen ist, ist nicht das Gelobte Land. Denn da ist das Volk ja ein-

gezogen. Es meint vielmehr die Sabbatruhe Gottes (Hebr 4,9). Die Sabbatruhe meint auch nicht die Ruhe, die uns im Tod erwartet. Der Hebräerbrief denkt nicht in zeitlichen, sondern in räumlichen Kategorien. Die Sabbatruhe Gottes ist ein jenseitiger Ort, den Gott für uns bereithält. Jesus ist bereits durch seinen Tod in diesen Ort der Ruhe eingezogen. Jetzt liegt er für uns bereit. Wenn wir glauben, übersteigen wir diese Welt und haben schon jetzt teil an diesem himmlischen Ort der Ruhe. Der Glaube enthebt uns also der Welt. Er befreit uns aus der Ruhelosigkeit dieses Lebens und führt uns in den jenseitigen Ruheort, den Christus als Vorläufer des Glaubens für uns schon in Besitz genommen hat. Der Hebräerbrief versteht diesen Ort der Ruhe nicht als zukünftigen Ort, den wir nach unserem Tod im Jenseits erreichen werden, sondern als himmlischen Ort, der jetzt schon für uns bereitet ist und an dem wir jetzt schon wohnen, wenn wir im Glauben feststehen in dem, was wir erhoffen und nicht sehen (vgl. Hebr 11,1). Jetzt schon, mitten in der Unruhe, mitten im Trubel von Verfolgung und Anfeindung, von Kränkungen und Verletzungen, ist unser Herz durch den Glauben schon am himmlischen Ort der Ruhe, in dem Christus wohnt. Dieser jenseitige Ort ist zugleich ein innerer Ort. Es ist der Raum der Stille in uns, das Allerheiligste, in das Christus eingetreten ist, der Raum, zu dem die Unruhe dieser Welt keinen Zutritt hat, in dem uns Christus Anteil schenkt an der göttlichen Ruhe.

Der Hebräerbrief zählt die Haltungen auf, die es uns unmöglich machen, diesen jenseitigen und zugleich inneren Ort der Ruhe zu erreichen. Da ist einmal die Verhärtung. Das griechische Wort „skleros" meint trocken, dürr, rauh, hart, starr, unangenehm, unbarmherzig, mürrisch. Wer hart geworden ist in seinem Herzen, wer unbarmherzig ist, wer ständig murrt und sich gegen das Leben auflehnt, das Gott ihm zugedacht hat, der findet den Weg nach innen nicht. Er ist abgeschnitten von seinem Herzen. Er lebt an der Oberfläche, und er lebt im Unfrieden mit sich selbst. Er kommt nie zur Ruhe. Die zweite Haltung ist die Verbitterung. Das griechische Wort „parapikrasmos" heißt Aufruhr, Rebellion, Erbitterung und Verbitterung. Wer verbittert ist, der ist in ständiger Auflehnung gegen sich selbst und gegen Gott. Die Bitterkeit gärt in ihm und läßt das Herz nie zur Ruhe kommen. Manchen Menschen sieht man die Bitterkeit schon am Gesicht an. Da hat man das Gefühl, daß die alten Verletzungen noch genauso präsent sind wie damals vor vielen Jahren und das Herz nicht in Ruhe lassen. Sie zersetzen die Seele und kommen bei jeder Gelegenheit wieder ans Licht, wenn sie sich in bitteren Bemerkungen äußern.

Die dritte Haltung ist das Irregehen. Ihr Herz geht in die Irre. Es geht falsche Wege. Es schweift herum und verirrt sich. Hier ist nicht nur das äußere Herumvagabundieren gemeint, sondern ein inneres Umherwandern. Das Herz bleibt nicht bei sich, es ist in sich selbst zerrissen und geht mit seinen Gedanken bald hierhin und bald dorthin. Es ist das unruhige Herz, das sich nicht auf Gott und nicht auf das, was Gott ihm anbietet, einlassen kann. Und die vierte Haltung, die die Ruhe verhindert, ist das böse und ungläubige Herz, das von Gott abfällt (Hebr 3,12). Das Herz ist böse, weil es nicht glaubt, weil es sich Gott gegenüber hart macht und verschließt, weil es Gott auf die Probe stellt, anstatt sich von Gott in Frage stellen zu lassen. Der Autor spricht hier von der Verführung der Sünde, vom Betrug der Sünde, die das menschliche Herz verhärtet. Wer sündigt, betrügt sich selbst. Und solcher Selbstbetrug macht das Herz hart und gefühllos. Ruhelose Menschen sind oft gefühllos. Sie können sich nicht auf ein Gefühl einlassen. Sie fliehen letztlich vor intensiven Gefühlen. Sie haben Angst, in ihre Gefühle hineinzugehen, und so sind sie immer auf der Flucht vor sich selbst. Sie schließen sich selbst vom Leben aus. Denn es gibt kein intensives Leben ohne Gefühle und ohne die Fähigkeit, ganz im Augenblick zu sein, die Ruhe und Stille zu genießen.

Wer glaubt, so meint der Hebräerbrief, der kommt in das Land seiner Ruhe, und zwar heute. Jeder Tag ist dieses Heute, da wir eintreten können in das Land seiner Ruhe, in seine Sabbatruhe. Gott hat sich am siebten Tag von seinen Werken ausgeruht. Und uns hat er einen Tag der Ruhe geschaffen, indem wir teilhaben dürfen an seiner ewigen Ruhe. Das Alte Testament kennt den ewigen Sabbat am Ende der Zeit, an dem wir für immer ausruhen können von unseren Werken. Der Hebräerbrief aber spricht von der Sabbatruhe, die „heute“ möglich ist, wenn wir durch den Glauben eintreten in das „Land seiner Ruhe“. Jeden Augenblick können wir durch den Glauben eintreten in diesen inneren

Ort der Ruhe, in dem Gott selbst in uns ruht. Es ist ein Ort, den Gott uns seit der Erschaffung der Welt zugedacht hat. Zu diesem Ort haben wir Zutritt durch Jesus Christus, der uns als Vorläufer (prodromos) vorausgegangen ist.

Der Hebräerbrief kann diesen inneren Ort der Ruhe auch mit dem Bild des „Allerheiligsten" bezeichnen, in das Christus durch den Vorhang seines Todes eingetreten ist. Es ist der innere Raum in uns, an dem wir ganz heilig und heil sind, an dem alles in uns gut ist, an dem wir ganz wir selbst sind, unberührt von der Sünde, unberührt von der Bosheit des menschlichen Herzens. Dort sind wir im Einklang mit Gott. Dort können wir wahrhaft daheim sein, weil das Geheimnis, Gott selbst, in uns wohnt. Zum Allerheiligsten hat nur der Hohepriester Zutritt. Die Heiden, die Männer und Frauen, die Kinder, die Händler mit ihren Rindern und Tauben, sie alle haben keinen Zutritt. Die Gedanken und Gefühle, die Leidenschaften und Bedürfnisse, die Sorgen und Probleme, der innere oder äußere Lärm, all das ist ausgeschlossen vom Allerheiligsten. Dort sind wir allein mit dem Heiligen. Dort sind wir eins mit Gott und eins mit uns selbst. Dort sind wir wahrhaft all-ein, all-eins, mit allem eins, weil wir mit Gott eins geworden sind.

Der Hebräerbrief versteht die Erlösung durch Jesus Christus als den Weg, den Jesus uns vorausgegangen ist, den Weg in das Heiligtum, in die ewige Sabbatruhe Gottes, in das Land der Ruhe. Im Glauben an Jesus Christus, den Urheber und Vollender unseres Glaubens, sind wir schon eingetreten in den Ort der Ruhe. Im Glauben und in der

Hoffnung auf Jesus Christus „haben wir einen sicheren und festen Anker der Seele, der hineinreicht in das Innere hinter dem Vorhang; dorthin ist Jesus für uns als unser Vorläufer hineingegangen“ (Hebr 6,19f). Hier hat der Autor das Bild vor Augen, daß wir Menschen im unsicheren Weltmeer dahinfahren. Wir werden hin und her geschaukelt durch die Wogen und Wellen unseres Lebens. Aber mitten in der unruhigen Fahrt unseres Lebens haben wir einen sicheren Anker der Seele. Es ist unser Verankertsein in dem inneren Raum der Ruhe, in dem Allerheiligsten, in dem Gott selbst in uns wohnt, in dem Christus, unser Vorläufer und Anführer im Heilwerden und Heilsein, bei uns ist und uns den Zugang in die ewige Sabbatruhe Gottes ermöglicht.

4.
Der Weg zur Herzensruhe

Den sicheren Anker der Seele im inneren Raum der Stille suchen die frühen Mönche in einer Zeit, in der das Christentum lau wird, in der sich Staat und Kirche verbinden und die Quellen der Spiritualität einzutrocknen beginnen. Ähnlich wie der Hebräerbrief lau gewordenen Christen eine neue Theologie verkündet, um sie zu stärken, wollen die Mönche in der Wüste auf neue Weise aus den Quellen der Heiligen Schrift trinken und durch ihre Spiritualität die oberflächlich werdende Kirche beleben. Die Mönche möchten das biblische Gebot „Betet ohne Unterlaß" (1 Thess 5, 17) erfüllen. Sie entwickeln Methoden des inneren Gebetes, um unablässig beten zu können. Das innere Gebet besteht darin, daß sie den Anker ihrer Seele im innersten Raum der Seele, im Allerheiligsten des Hebräerbriefes, festmachen. Sie sind überzeugt, daß in uns ein Raum der Stille ist, zu dem allein Christus Zutritt hat, in dem allein Gott wohnt. Dort in diesem inneren Raum des Schweigens, in dieser Kammer unseres Herzens, erklingt unaufhörlich das Gebet, zu dem uns Jesus aufruft (vgl. Mt 6, 6). Die Voraussetzung für dieses unablässige Gebet ist die Herzensruhe. Daher zielen alle spirituellen Methoden der Mönche darauf ab, die Herzensruhe zu erlangen, mit dem inneren Ort der

Stille in Berührung zu kommen, um dort ohne Unterlaß mit Gott verbunden zu sein.

Bilder für die Herzensruhe

Die Mönche übernehmen auf ihrem Weg zur Herzensruhe Methoden und Einsichten, wie sie schon in den griechischen Philosophenschulen grundgelegt waren und praktiziert wurden. Für die Griechen war es die wichtigste Frage im menschlichen Leben, wie wir zum wahren Glück gelangen. Und die Philosophie sieht das Glück nicht in äußeren Gütern, sondern „in einem Zustand gleichmäßiger, unerschütterlicher Ruhe" (RAC I 844). Der Weg zu dieser inneren Ruhe, zum Seelenfrieden, geht über den rechten Umgang mit den Affekten, die die Seele aufwühlen. Der Mensch soll zu einem Zustand gelangen, in dem er von den Affekten nicht mehr hin und her geworfen wird, in dem er sie vielmehr in seine Sehnsucht nach Gott integriert. Die Kirchenväter haben das Streben vor allem der stoischen Philosophie nach Apatheia (Leidenschaftslosigkeit) und Ataraxia (unerschütterliche Ruhe) aufgegriffen und in ihre Lehre von der christlichen Gnosis eingebaut. So ist für Clemens von Alexandrien das Ideal des Seelenfriedens nur erreichbar durch die mystische Vereinigung mit Gott. Sie kann der Christ aber nicht aus eigener Kraft erlangen, sondern nur mit Gottes Hilfe. Evagrius Ponticus steht in der Tradition der beiden großen griechischen Theologen Clemens und

Origenes, die die christliche Theologie und Spiritualität mit der Weisheit der griechischen Philosophie verbunden haben. Für Evagrius ist das Ziel des Mönches die Kontemplation, das Ruhen in Gott. Die Voraussetzung für die Kontemplation aber ist die Apatheia. Alle Methoden der monastischen Askese zielen auf die Erlangung der Apatheia. Die Apatheia ist für Evagrius kein Ausrotten der Leidenschaften (pathe), sondern ein Zustand inneren Friedens, den die Affekte nicht mehr stören. In der Apatheia ist der Mönch frei geworden vom pathologischen Verhaftetsein an die Leidenschaften (an die Logismoi). Die Leidenschaften wühlen ihn nicht mehr auf, sondern sie dienen seinem Streben nach Gott. Der Mönch kann die Kraft, die in den Leidenschaften steckt, für seine Sehnsucht nach Gott nützen. Nur so kann eine lebendige Spiritualität entstehen, in der der Mensch mit all seinen Kräften, auch mit seinen Affekten und Leidenschaften, sich in Gott verankern kann und so zum unablässigen Gebet und zur Herzensruhe findet.

Johannes Cassian, der die Mönchsväter in der Wüste besucht hat und in seinen „24 Unterredungen (Collationes)“ die Lehren des östlichen Mönchtums für den Westen neu gefaßt hat, spricht nicht von apatheia, sondern von der puritas cordis, von der Reinheit des Herzens. Es ist ein Zustand, in dem der Mönch seine spirituelle Sehnsucht nicht mehr mit seinen Projektionen verunreinigt, in dem er für Gott durchlässig wird und frei von Gottesbildern, mit denen er das Bild des wahren Gottes verfälscht. Reinheit des Herzens ist ein Zustand, in dem der Mönch ganz und gar durchlässig geworden ist für Gott, in dem er von Gottes Geist bestimmt wird. Reinheit des Herzens ist für Cassian letztlich identisch mit Liebe, mit einer reinen und unverfälschten Liebe. In der Reinheit des Herzens kommt der Mönch zur wahren Ruhe in Gott. Cassian spricht hier von der tranquillitas animi, von der Seelenruhe, oder von der imperturbatio (frei sein von Aufregung und innerem Chaos).

Wenn Evagrius und Cassian den Mönchsweg als Weg zur inneren Ruhe aufzeigen, antworten sie damit auf ein Urbedürfnis des Menschen, nicht nur der ersten christlichen Jahrhunderte, sondern auch der heutigen Zeit. Es war die Grundfrage, die die griechische Philosophie seit Plato bewegt hat und die sie für das Abendland wegweisend diskutiert und beantwortet hat. Die Sehnsucht nach der Herzensruhe bewegt nicht nur die Mönche in der ägyptischen Wüste, sondern gerade auch uns in unserer hektischen und streßgeplagten Zeit. Wie können wir mitten im Trubel unserer Zeit die innere Ruhe finden? Für die Mönche ist die Frage nach der Herzensruhe identisch mit der Frage, wie man wahrhaft Mönch sein kann. Wir könnten auch sagen: Es ist die Grundfrage, wie menschliches Leben gelingen kann. In einem Väterspruch heißt es:

Der Altvater Poimen bat den Altvater Joseph: „Sage mir, wie ich Mönch werde. Er antwortete: Wenn du Ruhe finden willst, hier und dort, dann sprich bei jeder Handlung: Ich – wer bin ich? und richte niemand!“ (Apophthegmata 385).

Mönchsein wird hier identisch gesehen mit „Ruhe finden“. Es werden zwei eigenartige Wege zu dieser inneren Ruhe gewiesen. Der erste Weg geht über die immer neue Frage nach der eigenen Identität. Wer sich bei allem fragt „Ich – wer bin ich?“, von dem fallen alle falschen Selbstbilder ab. Er hört auf, sich selbst in den Mittelpunkt zu stellen. Das Ego wird hier als Quelle aller Unruhe gesehen. Das Ego redet ununterbrochen. Es fragt sich, ob es auch gut ankommt, ob die Menschen es auch beachten, ob es alles richtig macht usw. Ich kenne viele Menschen, die nie zur Ruhe kommen, weil sie immer um ihr Ego kreisen, weil sie sich immer fragen, ob sie in ihrem Ego auch nicht zu kurz kommen. Die Frage, wer ich bin, führt mich mehr und mehr zu meinem eigentlichen Selbst, zu dem Punkt, an dem ich wirklich „Ich“ sagen kann. Dieses Ich ist letztlich ein Geheimnis. Ich rühre da an das unverfälschte Bild, das Gott sich von mir gemacht hat. Die Frage nach dem wahren Selbst führt mich in den inneren Bereich meines Herzens, zu dem die Menschen keinen Zutritt haben. Dort kann ich wahre Ruhe finden. Der zweite Weg, den Poimen hier weist, ist der Verzicht auf das Urteilen über andere. Wir erleben uns ja häufig als Menschen, die ständig über andere urteilen. Auch wenn wir nicht laut sprechen, so redet unser Herz unaufhörlich über andere. Dieses Urteilen hält uns davon ab, bei uns zu bleiben. Wir sind immer bei den andern. Wir sind immer darauf aus, bei ihnen Fehler zu entdecken, um unserer eigenen Wahrheit auszuweichen. Aber so kommen wir nie zu uns und nie zur inneren Ruhe. Der

Mönch, der sich bei allem nach seinem wahren Selbst fragt, der aus seiner Personmitte heraus lebt und der auf das Urteilen über andere verzichtet, kommt zur Herzensruhe, die für Poimen das Wesen des Mönchseins ausmacht.

Eine Unterredung über die Herzensruhe

Viele Vätersprüche beschäftigen sich mit dem Thema, wie der Mönch zur Ruhe seines Herzens findet. Ich möchte mich beschränken auf einige Anweisungen Cassians, der als Schüler die wichtigsten Lehren des Evagrius Ponticus, des wohl größten und bedeutendsten Mönchstheologen, in den Westen gebracht hat. In den „24 Unterredungen" schildert er seine Gespräche mit berühmten Mönchsvätern in der ägyptischen Wüste. Sie waren im Mittelalter neben der Heiligen Schrift das am meisten gelesene Buch. In der 18. Collation geht es um die Frage, wie der Mensch die Herzensruhe erlangen kann. Germanus, der wohl ein Anonym für Cassian selbst ist und der jeweils die Mönche nach ihren Erfahrungen und Lehren fragt, stellt dem Abbas Piamun folgende Frage: „Wir würden gerne erfahren, wie man solche Herzensruhe gewinnen und bewahren kann. Herzensruhe bedeutet ja mehr, als daß wir uns selbst Stillschweigen befehlen, die Lippen fest geschlossen halten und uns kein einziges Wort entschlüpfen lassen – das wäre nicht schwer. Herzensruhe heißt ja, daß man im eigenen Innern diese Ruhe nicht verliert." Germanus meint, daß man solche

Herzensruhe nur in der Einsamkeit der Zelle erlangen könne. Doch Piamun antwortet: „Solche innere Ruhe erlangt man nur durch ganz tiefe Demut des Herzens, und anders als durch Herzensdemut kann man sie auch nicht bewahren." Die Demut ist das Wissen um die eigene Wahrheit, um die eigene Erbärmlichkeit, um die Leidenschaften, die einen anfechten, um die eigenen Schattenseiten. Nur wer bereit ist, sich seiner eigenen Wahrheit zu stellen, kann nach der Überzeugung Cassians zur Seelenruhe gelangen. Nicht äußere Wege wie Techniken und Methoden bringen den Menschen zur Ruhe, sondern nur die humilitas, der Mut, in die eigene Tiefe hinabzusteigen, die eigene Erdhaftigkeit (humus) und Menschlichkeit anzunehmen.

Ob einer innerlich ruhig geworden ist, das zeigt sich gerade in Situationen, die, von außen gesehen, das Gegenteil beschreiben, etwa wenn er beschimpft und durch schwierige Mitmenschen herausgefordert wird. Piamun möchte seinen beiden Gästen verdeutlichen, daß jeder die Herzensruhe erlangen kann, auch Menschen, die mitten in der Welt leben. Für sie sind die Herausforderungen des Alltags ein Weg, nach innen zu gehen und dort die Herzensruhe zu finden. So erzählt er von einer reichen Frau aus vornehmer Familie. Sie wollte mitten in der Welt Christus dienen. So erbat sie vom Bischof eine Witwe, der sie dienen wollte. Zunächst teilte ihr der Bischof eine sanftmütige Witwe zu. Doch als die Frau nochmals zum Bischof ging und sich beschwerte, daß es allzu leicht sei, dieser Witwe zu dienen, ließ er eine streitsüchtige Witwe aussuchen. Die beschimpfte bei jeder Gelegenheit die reiche Frau. Doch sie dankt dem Bischof: „Er habe ihr die beste Lehrmeisterin der Geduld vermittelt. Die Beschimpfungen hätten auf sie wie das Öl gewirkt, durch das in der Athletenschule die Ringkämpfer täglich für den Kampf gerüstet werden: gerade dadurch sei sie schließlich zur Ruhe des Herzens gelangt."

Für uns mag es etwas fremd erscheinen, daß man gerade durch schwierige Mitmenschen die Ruhe des Herzens finden soll. Oft höre ich die Klage, daß man ja gerne in die Ruhe des Gebetes eintauchen möchte, aber die Menschen um einen herum würden einen stören. Die Konflikte halten einen ab vom Gebet. Sobald man sich zur Meditation hinsetzt, tauchen die Konflikte auf und hindern einen an der Meditation. Die Konflikte lassen einen nicht zur Ruhe kommen. Cassian sieht das anders. Der Weg zur Herzensruhe ist für ihn ein Kampf. Er vergleicht ihn mit dem täglichen Training des Ringkämpfers. Gerade schwierige Mitmenschen nehmen einem die Illusion, als ob die Herzensruhe nur ein „Sich-wohl-Fühlen" wäre, nur eine angenehme Ruhe in einer ruhigen Atmosphäre. Herzensruhe ist vielmehr ein innerer Zustand. Wenn mich die Verletzungen nicht mehr erreichen, dann habe ich wirklich in Gott meine Ruhe gefunden. Und gerade die täglichen Kränkungen zwingen mich, nach innen zu gehen und mich dort auszuruhen, wo mich niemand mehr verletzen kann, im inneren Ort des Schweigens, in dem allein Gott wohnt, zu dem die Menschen keinen Zutritt haben.

Wahre Ruhe des Herzens erlangen wir nach Cassian nur, wenn wir die inneren Feinde, unsere „eigenen Hausgenossen“ (Mt 10,36), zum Schweigen gebracht haben. „Wo nämlich unsere eigenen Hausgenossen nicht mehr gegen uns kämpfen, dort ist Gottes Reich in der Ruhe des Herzens verwirklicht.“ Das Reich Gottes ist in uns, wenn wir nicht mehr von unseren Leidenschaften und Emotionen, von unseren Bedürfnissen und Wünschen hin und her gerissen werden. Ein Test für diese innere Ruhe besteht darin, daß uns die Beleidigungen und Beschimpfungen von außen nicht mehr erregen. Cassian bezieht sich in der Begründung dieses inneren Ruhezustandes auf die stoische These, daß niemand uns verletzen kann außer wir selbst: „Betrachtet man nämlich die Sache genau, so kann ich von einem anderen Menschen, und sei er noch so böse, nicht verwundet werden, solange ich nicht mit mir im Kriegszustand bin; werde ich aber doch getroffen, so liegt das nicht am Angriff des andern, sondern an meiner Ungeduld. Es steht damit ähnlich wie mit einer kräftigen, soliden Kost: dem Gesunden bekommt sie, einem Kranken schadet sie. Sie hat in sich nichts Schädliches, wenn sie nicht durch den schlechten Zustand des Kranken schädlich wird.“

Hier wird eine andere Sprache gesprochen, als sie heute üblich ist. Heute ist es modern, darüber zu jammern, wie sehr die andern Menschen einem die innere Ruhe rauben. Da gibt es die vielen Feinde von außen, Menschen, die einen beschimpfen, die Rufmord betreiben, die mich durch Mobbing aus der Firma vertreiben möchten, die mich einfach nicht in Ruhe lassen. Heute fühlen wir uns als Opfer einer in sich kranken Gesellschaft. Cassian meint nun, all das Äußere hätte keine beunruhigende Wirkung, wenn wir in uns selbst Ruhe gefunden hätten. Wenn wir mit uns im Einklang sind, wenn wir uns ausgesöhnt haben mit unseren Schattenseiten, dann können uns die Beschimpfungen nicht aus der Ruhe locken. Wir erkennen sofort, daß sie Ausdruck der Zerrissenheit und Unzufriedenheit dessen sind, der uns so beschimpft. Die wahre Ruhe – so sagen die Mönche – ist die Ruhe mitten im Sturm, die Ruhe mitten in der Unruhe dieser Welt. Wenn wir in Gott verankert sind, dann können uns die Stürme äußerer Feinde nicht aus der Ruhe bringen.

Der Kampf mit dem Zorn

Für Evagrius wie für Cassian gelingt es dem Mönch nur dann, die innere Ruhe zu erlangen, wenn er den Kampf mit den neun Logismoi, mit den neun Leidenschaften aufnimmt und in diesem Kampf als Sieger hervorgeht. Kampf heißt dabei nicht, daß er die Leidenschaften tötet, sondern daß er sie so bezwingt, daß sie ihm nun dienen. Die Leidenschaften werden zu Kräften, die mein geistliches Leben kraftvoll und lebendig werden lassen. Ohne die Leidenschaften wird auch die Spiritualität langweilig und kraftlos. Wenn der Mönch die Leidenschaften in seinen spirituellen Weg integriert, werden sie zu einer wichtigen Quelle von Lebensenergie. Besonders lange dauert für Cassian der Kampf mit dem Zorn und mit der Unkeuschheit. Aggression und Sexualität sind die beiden wichtigsten Lebensenergien. Der gute Umgang mit diesen Energiequellen entscheidet darüber, ob unser Leben gelingt und ob wir zu wahrer Ruhe gelangen können. Solange diese beiden Kräfte nicht integriert sind in das Gesamtkonzept eines Menschen, werden sie uns immer daran hindern, innerlich ruhig zu werden. Der Zorn kann uns dann zerreißen, und die sexuellen Phantasien werden uns nie zur Ruhe kommen lassen.

Da ist eine Frau, die abends nicht einschlafen kann. Und wenn sie dann einmal eingeschlafen ist, wacht sie schon bald wieder auf. Über Wochen lang schläft sie nur vier Stunden in der Nacht und ist völlig zermürbt. Sie klagt darüber, daß sie einfach nicht zur Ruhe kommt. Abends macht sie sich viele Gedanken, was sie noch hätte tun sollen. Sie hat den Eindruck, daß sie noch so vieles hätte tun müssen, den Freund anrufen, der Freundin zum Geburtstag gratulieren, und ihren Kindern wäre sie auch nicht gerecht geworden. Die Gedanken zermartern sie. Aber sie kommt nicht los davon. Da hat es keinen Zweck, eine Entspannungstechnik zu empfehlen. Der Widerstand, der sie von der inneren Ruhe abhält, muß erst angeschaut werden. Im Gespräch wird deutlich, daß sie noch eine ziemliche Wut auf ihren Vater hat. Ihm konnte sie nichts recht machen. Zunächst war sie seine Lieblingstochter. Doch als sie anfing, selber über sich zu entscheiden, da machte er sie klein, übte Macht über sie aus, indem er ihr Schuldgefühle vermittelte.

Sie konnte ihm nichts mehr recht machen. Als er krank war, wurde sie für ihn zum Sündenbock, auf den er seine eigene Unzufriedenheit mit sich abladen konnte. Die Ruhelosigkeit ist also bedingt durch unerledigte Sachen. Sie muß erst die Verletzungen der Kindheit anschauen und die Beziehung zu ihrem verstorbenen Vater klären. Sonst würde sie nie zur Ruhe kommen. Die Ruhelosigkeit zeigt also, daß sie mit ihrer Energie der Aggression in positiver Weise in Berührung kommen muß. Sie braucht die Wut, um sich vom Vater distanzieren zu können, um sich von seiner Macht zu befreien. Solange das nicht gelingt, wird der Vater mit seinen verinnerlichten Botschaften immer noch in ihr herumspuken, und sie wird das Gefühl haben, daß sie den Ansprüchen des Lebens nie genügen wird. Auch vor Gott wird sie nie zur Ruhe kommen. Denn sie hat durch die negative Vatererfahrung auch ein überforderndes Gottesbild verinnerlicht. Gott ist auch der, der immer etwas von ihr will, vor dem sie nie genug tut und dem sie nie gerecht wird. Vor diesem Gott ist sie immer Sünderin. Ein solches Gottesbild wird sie nie zur Ruhe kommen lassen. Sie wird nie in die Ruhe Gottes eingehen, sondern Gott als den ewigen Ruhestörer erfahren, der sie mit Schuldgefühlen martert und beunruhigt. Die Wut wäre die Kraft, dieses negative Vater- und Gottesbild aus sich herauszuwerfen. Dann schafft die Wut einen Freiraum, in dem die Frau zur Ruhe kommen könnte.

In der Zelle bleiben

Ein wichtiger Weg zur Ruhe ist im Mönchtum das Ausharren im eigenen Kellion. Die Einsiedler, die in ihrem Kellion wohnten und arbeiteten, verspürten häufig die Versuchung, vor ihrer Einsamkeit davonzulaufen und sich in der Welt nützlich zu machen. Dort könnten sie Kranke besuchen, den Armen helfen. Damit würden sie das Gebot Christi erfüllen. Doch in der Wüste verläuft ihr Leben, ohne daß andere davon Notiz nehmen. Das ist doch sinnlos. Die Mönche kennen solche Gedanken, die sie aus dem Kellion treiben möchten. Doch ihr Rat lautet immer wieder: „Geh in dein Kellion und setze dich nieder, und das Kellion wird dich alles lehren" (Apophthegmata 500). Ich muß in meinem Kellion gar nicht fromm sein. Ich muß weder beten noch fasten. Aber ich darf meinen Leib nicht aus den Mauern des Kellions hinauswerfen, wie es in einem Väterspruch heißt. Wenn ich äußerlich in meinem Kellion aushalte, dann kommen auch meine Gedanken in Ordnung. Ich werde meiner eigenen Wahrheit begegnen. Die wird anfangs nicht sehr angenehm sein. Aber wenn ich nicht gleich weglaufe, sondern bleibe und die Gedanken vor Gott anschaue, verlieren sie ihre Macht über mich und werden sich bald verflüchtigen und beruhigen. Die äußere stabilitas, das äußere Bleiben, erzeugt allmählich eine innere Stabilität, eine innere Festigkeit und Ruhe.

Heute gibt es unzählige Fluchtmöglichkeiten. Wir brauchen uns nur ins Auto zu setzen und woanders hinzufahren. Oder wir setzen uns vor den Fernseher und werden sogar in unseren eigenen vier Wänden in die Fremde geführt, die uns zerstreut, die uns von uns selbst wegführt. Schon Pascal hat darüber geklagt, daß heute keiner mehr allein in seinem Zimmer bleiben kann. Darin sieht er die größte Not seiner Zeit. Was würde Pascal wohl heute sagen, wo es noch weit mehr Fluchtmöglichkeiten gibt als im 17. Jahrhundert? Sich selbst auszuhalten, ohne sich abzulenken, selbst ohne ein Buch zu lesen, das ist gar nicht so einfach. Wir meinen dann vielleicht, wir könnten die Zeit nützen und etwas studieren. Oder wir könnten etwas erledigen, was wir schon lange liegen gelassen haben. Aber im Kellion bleiben meint, daß ich einmal bewußt gar nichts tue, daß ich nur dasitze und mich vor Gott wahrnehme. Was taucht in mir auf? Was beschäftigt mich eigentlich? Was bewegt mich innerlich? Vielleicht spüre ich Ärger oder Angst oder Unzufriedenheit. Die Mönche vergleichen dann ihr Tun mit dem des Fischers. Der sitzt ruhig vor dem Wasser und wartet, bis ein Fisch auftaucht. Dann fängt er ihn und wirft ihn ans Land. So soll der Mönch wachsam am Meer seines Herzens sitzen und warten, bis die Fische seiner Gedanken und Emotionen auftauchen. Dann kann er sie fangen und sie hinauswerfen. Aber wer in der Ruhe das Wasser seines Herzens betrachtet, fängt nicht nur die Fische, die auftauchen. Er kann auch sich selbst wie in einem Spiegel sehen. Das hat ein Einsiedler seinen Besuchern vorgeführt, die ihn provozieren wollten, daß sein Bleiben in der Einsamkeit doch nutzlos sei. Er führt sie an seinen Brunnen. Dann wirft er einen Stein hinein und fordert seine Besucher auf, hineinzusehen. Sie sehen nur Wellen. Dann läßt er sie warten, bis alles ruhig ist. Nun sehen sie sich wie in einem Spiegel. Nur wer den Mut hat, in seinem Kellion zu bleiben und im Schweigen in den Spiegel seiner Seele zu schauen und seine Wahrheit vor Gott auszuhalten, findet den Weg zu wahrer Ruhe.

Der achtsame Türhüter

Ein anderes Bild, das die Mönche gerne benutzen, um ihren Weg der Ruhe zu beschreiben, ist das des Türhüters. Evagrius fordert in einem Brief einen befreundeten Mönch auf, er solle ein aufmerksamer Türhüter sein: „Sei ein Türhüter deines Herzens, und laß keinen Gedanken ohne Befragung herein. Befrage einen jeden Gedanken (einzeln), und sprich zu ihm: Bist du einer der unseren oder einer unserer Gegner? Und wenn er zum Hause gehört, wird er dich mit Frieden erfüllen. Wenn er aber des Feindes ist, wird er dich durch Zorn verwirren oder durch eine Begierde erregen." Er soll also jeden Gedanken befragen, der in das Haus des Geistes eintreten möchte, ob er zu ihm gehöre oder nicht, ob er ihm guttue oder nicht. Auf diese Weise kann er sein Haus vor Hausbesetzern schützen, vor negativen Gefühlen, die sich im Haus breitmachen und uns in Unruhe versetzen. In das Haus des Geistes dürfen nur Gedanken eintreten, die Gott entsprechen und die dem Menschen nicht schaden. Auf diese Weise kann der Mönch den inneren Frieden bewahren. Er bleibt Herr in seinem Haus und erhält das Haus offen für Gott, damit er darin wohne und es mit seinem Frieden erfülle.

Die Mönche nennen diese Haltung, die im Bild des Türhüters ausgedrückt wird, auch „nepsis“: Wachsamkeit, Achtsamkeit, genaue Beobachtung der Gedanken und Gefühle. Nepsis ist ein wesentlicher Weg zur Herzensruhe. Wenn ich achtsam in allem bin, was ich tue, dann kann mich ein Konflikt nicht so leicht aus der Ruhe bringen. Ich bin bei mir, und so haben andere nicht die Macht, mich von mir wegzubringen. Bei mir sein, in mir ruhen, achtsam im Augenblick sein, wach sein bei allem, was auf mich einströmt, das sind für die Mönche bewährte Wege zur inneren Ruhe. Ein anderer Weg, um zur Herzensruhe zu gelangen, beginnt bei den Sorgen, die der Mönch zuerst überwinden muß. So rät Abba Poimen einem Mönch, der überall nach der Ruhe gesucht, sie aber nicht gefunden hat: „Geh, such dir eine zahlreiche Menge, bleibe unter ihr, und lebe wie einer, der nicht existiert, und sage: Ich bin ohne Sorge. So wirst du die höchste Ruhe haben“ (Eth Coll 14,66). Die Mönche nennen nicht umsonst die Ruhe auch amerimnia (= Sorglosigkeit, Freiheit von Sorgen). Aber es ist schon ein eigenartiger Weg, auf dem Poimen hier die Sorglosigkeit sucht. Mitten unter den Menschen möchte er wie einer sein, der nicht existiert. Mitten unter den Menschen fühlt er sich wie einer, der nicht dazugehört, wie einer, der fremd ist, weil er nicht nur ein Mensch dieser Erde, sondern auch ein Mensch des Himmels ist. Wenn ich mir bewußt werde, daß in mir ein Bereich ist, der über diese Welt hinausreicht, dann kann ich mitten im Trubel Ruhe bewahren. Denn diesen innersten Bereich geht die äußere Geschäftigkeit nichts an. Das mag uns fremd erscheinen. Aber wenn ich mich mitten in den Aktivitäten des Geschäftsalltags nicht von Erfolg und Mißerfolg, nicht von Anerkennung und Ablehnung definiere, sondern von Gott, dann kann ich mitten in der Verantwortung meiner Arbeit doch innerlich ruhig bleiben.

Das Ziel der Herzensruhe ist das Andenken an Gott (prosoche) oder das beständige Denken an Gott (mneme tou theou). Im Herzensgebet wird das zum ständigen Denken an Jesus Christus, wenn man mit jedem Atemzug das Jesusgebet spricht. Die Ruhe, die der Mönch sucht, ist nicht Selbstzweck. Sie dient dazu, daß der Mönch immer und überall beten kann und ganz und gar auf Gott ausgerichtet ist, daß er eins wird mit Gott. Das ist vor allem das große Thema bei Evagrius Ponticus. Für ihn heißt Kontemplation, daß der Mönch erst einmal alle leidenschaftlichen Gedanken und Sorgen losläßt, dann aber auch alle Bilder und Gedanken von Gott. Erst im reinen Schweigen kann er eins werden mit Gott. Dann erst kann er das Gebet als das größte Geschenk erfahren, das Gott dem Menschen gemacht hat. „Gibt es denn etwas, das besser ist als ein inniger Umgang mit Gott und höher, als ganz in seiner Gegenwart zu leben? Ein Gebet, das durch nichts mehr abgelenkt wird, ist das Höchste, das der Mensch zuwege bringt." Herzensruhe, Gebet und Kontemplation, das ist für Evagrius Ponticus eine Einheit. Der Mönch geht seinen Mönchsweg, um in der Ruhe des Herzens ungestört und ohne Zerstreuungen beten zu können und so mit Gott eins zu werden.

Die Lehre des Griechen Evagrius wurde von Cassian in die lateinische Kirche hineingetragen. Cassian ist einer der Hauptzeugen für Benedikt, der als Vater des abendländischen Mönchtums gilt. Er lebte etwa von 480 bis 547 und hat eine klösterliche Gemeinschaft in Montecassino gegründet und für sie eine Regel geschrieben. Im letzten Kapitel seiner Regel empfiehlt Benedikt ausdrücklich die „Unterredungen" und „Einrichtungen", die beiden Werke Cassians, und nennt sie „Anleitungen zur Tugend für Mönche" (Benediktregel 73). Benedikt setzt in seiner Regel den Weg zum inneren Beten voraus. Im letzten Jahrhundert wurde Benedikt einseitig von der Liturgie hier interpretiert, als ob er der große Liturge gewesen sei. Doch er ist in erster Linie Mönch, der die Lehren des östlichen Mönchtums in die Situation einer Gemeinschaft im Westen hinein übersetzt. Er zeichnet sich dabei aus durch eine große psychologische Weisheit und durch das rechte Maß, das keinen überfordert. Das war wohl der Grund, daß sich diese Regel unter vielen anderen im Westen durchgesetzt und das Mittelalter im Abendland geprägt hat. Ich möchte mich nur auf das Thema der Ruhe und Unruhe bei Benedikt beschränken.

5.
Ruhe und Unruhe

Im Prolog zu seiner Regel läßt Benedikt mit dem Propheten fragen: „Herr, wer darf in deinem Zelte wohnen, oder wer wird ausruhen auf deinem heiligen Berg?“ Im Lateinischen steht hier „requiescit“. Requies heißt Ruhe, Rast, Erholung. Benedikt versteht den Weg des Mönches also als einen Weg zur Ruhe auf dem Berg Gottes, als einen Weg zur Erholung in Gott. Der Weg dorthin besteht allerdings durchaus im Kampf, im Kriegsdienst, im Befolgen der Worte der Schrift. Der Anfang dieses Kampfes erscheint dem Mönch oft genug hart. Er muß durch das enge Tor des göttlichen Gebotes eintreten. Aber dann „weitet sich das Herz, und mit der unsagbaren Freude der Liebe eilt er voran auf dem Weg der Gebote Gottes“. Die Ruhe, die Benedikt versteht, ist nicht eine untätige Ruhe, nicht ein faules Sich-Ausruhen, sondern die Ruhe des weiten Herzens, des offenen Herzens. Der Mönch, der den Weg der Gebote gegangen ist, der mit sich und seinen Leidenschaften gekämpft hat, kommt in seinem Herzen zur Ruhe. Das Herz wird weit, weil nun Gott selbst darin wohnt. Die Ruhe, die Benedikt meint, ist keine sich selbst genügende Ruhe, in der der Mönch sich von der Welt abschließt, sondern eine einladende Ruhe, in der auch die Ruhe finden können, die sich auf den Weg zum heiligen

Berg machen. Es ist eine schöpferische Ruhe, von der alle die leben, die im Umkreis des Klosters leben. Sie wird zu einer Quelle des Segens für alle, die die Gastfreundschaft des Klosters in Anspruch nehmen.

Im Mittelalter haben die Mönche ihr Leben vor allem mit dem Begriff „otium“ und „quies“ beschrieben. Ihr Leben in der Klausur verstehen sie als otium, als innere Ruhe. Sie ist die Bedingung, um Weisheit zu erlangen. Sie verstehen ihre Ruhe als Vorwegnahme der himmlischen Ruhe, die uns erwartet. Der Mönch ist wesentlich ein otiosus, einer, der unbeschäftigt ist, der frei ist für Gott (vacans deo), im Gegensatz zum Menschen in der Welt, der negotiosus ist, der beschäftigt ist mit tausend Dingen. Frei sein für Gott, die Ruhe bei Gott genießen, unbeschäftigt sein, Muße haben für Gott, darin sehen die Mönche des Mittelalters das Wesen ihres Lebens. Aber es ist keine Ruhe, die nur um sich selbst kreist. Sie verwirklicht sich vielmehr gerade im Tun. Daher verlangt Benedikt die innere Ruhe vor allem vom Abt und vom Cellerar, von den beiden wichtigsten Führungsgestalten im Kloster.

Vom Cellerar, der für die wirtschaftlichen Belange des Klosters verantwortlich ist, fordert Benedikt, daß er nicht aufgeregt (turbulentus) sei, daß er weise und nüchtern sei und die Brüder nicht betrüben soll. Er soll bei seiner Aufgabe auch für sich selbst sorgen und sich nicht überfordern, damit er immer mit Gleichmut (aequo animo) sein Amt verrichten kann. Die Erwartungen, die Benedikt an den Cellerar stellt, könnten heute durchaus auch für Manager gelten.

Allzuoft geschieht es in den Firmen, daß Manager, die innerlich zerrissen sind, auch um sich nur Unruhe und Hektik verbreiten. Weil sie mit ihren Emotionen nicht zurechtkommen, stiften sie auch bei ihren Mitarbeitern Verwirrung. Benedikt stellt deswegen so hohe Ansprüche an den Cellerar, daß er fähig werde, die Gemeinschaft so zu leiten, daß „im Hause Gottes niemand verwirrt (perturbetur) oder traurig wird". Er soll durch seine ruhige Art selbst Ruhe ausstrahlen und so den Menschen dienen. Viele Menschen leiden heute unter ihren Abteilungsleitern, weil sie mit ihrer inneren Unruhe die Mitarbeiter anstecken. Der Aufgeregte hat seine Mitte verloren. Er läßt sich ständig von außen bestimmen. Er läßt sich von jedem Konflikt in Beschlag nehmen, ohne ihn aus gesunder Distanz in aller Ruhe anschauen und lösen zu können. Statt aufgeregt soll der Cellerar die Ausgeglichenheit der Seele besitzen und mit Gleichmut (aequo animo) arbeiten. Der Gleichmut ist ein Ideal der stoischen Philosophie. Der Mensch soll gelassen sein, frei von Affekten, ohne daß er sich von Emotionen hinreißen läßt. Er soll innere Ruhe ausstrahlen. Nur aus dieser inneren Ruhe und Gelassenheit heraus wird der Cellerar mit den Brüdern so umgehen können, daß sich jeder geachtet fühlt, selbst wenn er unvernünftige Wünsche hat. Nicht der wirtschaftliche Erfolg zählt bei Benedikt, sondern die Achtung des einzelnen und das Klima der Ruhe und des Friedens, das in der Gemeinschaft herrscht, und die Seelenruhe des einzelnen. Traurigkeit schafft Unruhe. Wenn der Cellerar die Brüder von oben herab behandelt, würde er sie verärgern. Die

Unruhe, die er dadurch erzeugt, würde auch sein wirtschaftliches Handeln beeinträchtigen. Effektiv kann der Cellerar nur wirtschaften, wenn er unter seinen Brüdern ein Klima der Achtsamkeit und Ehrfurcht erzeugt. So könnten die Erfahrungen der Regel in Führungsseminare für Manager eingehen und ihnen bei ihrer Leitungsaufgabe neue Wege weisen.

Der eigentliche Führer des Klosters ist der Abt. Auch vom Abt verlangt Benedikt, daß er mit innerer Ruhe und Sicherheit sein Amt ausübe. Und er zählt Haltungen auf, die diese Ruhe verhindern. Da heißt es vom Abt: „Er sei nicht aufgeregt oder ängstlich, nicht maßlos oder engstirnig, nicht eifersüchtig oder argwöhnisch, weil er sonst nie zur Ruhe kommt“ (Benediktregel 64,16). Da ist einmal die Angst. Wer Angst hat, kommt nie zur Ruhe. Das kann die Angst vor der Meinung der andern sein. Dann kann ich nie stehen lassen, was ich gesagt habe. Nach jedem Gespräch werde ich die Worte innerlich wiederholen und mir Vorwürfe machen, wenn ich die Worte nicht gut genug gewählt habe. Ich werde überlegen, was der andere wohl von mir denken könnte, ob er wohl enttäuscht sei, ob er wohl meine Unsicherheit und meine Unklarheit bemerkt habe. Angst treibt mich immer um. Sie verhindert wirkliches Ausruhen. Die zweite Eigenschaft, die die Ruhe verhindert, ist das Aufgeregtsein: turbulentus. Es bedeutet: unruhig, stürmisch, voller Verwirrung, Unruhe erregend. Da ist ein Mensch, der nicht klar durchblickt, der keinen Blick hat für seine Leidenschaften, der vielmehr von ihnen hin und her geworfen wird. Er ist nicht bei sich, er wird vom Sturm vieler Gedanken verwirrt und beunruhigt. Und er wird von den verschiedensten Emotionen, die ihm von seinen Mitmenschen entgegenkommen, bestimmt. Gerade der Abt wird mit vielen negativen Emotionen seiner Mitbrüder konfrontiert. Wenn er sich da in die unklaren Gefühle hineinziehen läßt, kann er nicht mehr führen, dann entsteht um ihn herum ein Gefühlsbrei, ein Sumpf von unklaren Emotionen, der alle immer tiefer in sich hineinzieht und jede klare Führung verhindert.

Ein anderer Grund zur Unruhe ist die Maßlosigkeit. Maßlosigkeit kennzeichnet den heutigen Menschen. Er findet kein Maß für das, was er braucht, was er möchte, was er leisten kann. Immer möchte er noch mehr. Nie ist er zufrieden mit dem, was er erreicht hat. Er kann das Gegenwärtige nicht genießen. Er möchte immer noch mehr. Er kann sich nicht auf den Augenblick einlassen, sondern ist immer schon weiter. Er denkt sich immer neue Strategien aus, wie er mehr Geld verdienen könnte, wie er seinen Besitz vermehren, wie er seine berufliche Karriere in neue Bahnen lenken könnte. Er kann sich nicht über sein neues Haus freuen. Denn schon sieht er bei einem Freund, wie der sein Haus ganz anders gebaut hat. Er kann seinen Urlaub nicht genießen, weil er sich schon ausdenkt, wohin er nächstes Jahr wohl fliegen könnte.

Die vierte Haltung, die innere Ruhe verhindert, ist die Engstirnigkeit. Obstinatus heißt es im Lateinischen. Es kann bedeuten: fest entschlossen, hartnäckig, unveränderlich. Da beißt sich jemand fest an einem Entschluß, den er einmal gefaßt hat. Er ist unbeweglich. Er kann nicht ab- und zugeben. Diese Engstirnigkeit, oder wie der Hebräerbrief es nennt, die Verhärtung, hindert uns daran, zur Ruhe zu kommen. Wenn ich engstirnig bin, ärgere ich mich über alles, was über diese Enge hinausgeht. Man könnte meinen, die Verneinung jeder Bewegung und Veränderung könnte doch gerade der Ruhe förderlich sein. Aber das Gegenteil trifft zu: wer sich so fest an etwas klammert, der findet keine wirkliche Ruhe. Er möchte die Ruhe durch einen klaren äußeren Entschluß festmachen. Aber bei aller äußeren Unveränderlichkeit wird seine Seele aufgewühlt werden. Die verschiedenen Gedanken werden in seinem Herzen gegeneinander streiten und ihm die innere Ruhe rauben.

Die Eifersucht ist ein weiteres Hindernis für die Erfahrung echter Ruhe. Goethe hat die Eifersucht als eine Leidenschaft definiert, die mit Eifer sucht, was Leiden schafft. Wer von Eifersucht heimgesucht wird, der weiß, wie sie ihn umtreiben kann. Er kann sich noch so sehr einreden, daß seine Frau ihm treu ist. Aber wenn er sich konkret vorstellt, daß sie gerade mit diesem Mann spricht, dann nützen alle rationalen Überlegungen nichts. Er kommt einfach nicht zur Ruhe. Er quält sich den ganzen Abend, bis seine Frau nach Hause kommt. Umgekehrt geht es der Frau genauso, die weiß, daß ihr Mann eine hübsche Sekretärin hat, mit der er sich gut versteht. Sie kann sich noch so darum bemühen, ihm zu vertrauen, immer wird sie die Eifersucht quälen. Sie wird sich tausend Gedanken machen, wie die beiden miteinander umgehen. Und sie kommt nie zur Ruhe. Sie kann die eifersüchtigen Gedanken und Gefühle einfach nicht abstellen.

Die sechste Haltung, die die Erfahrung der Ruhe verhindert, ist der Argwohn. Suspiciosus heißt es im Lateinischen. Es kommt von sub specie spicere, unter dem Anschein sehen, auf etwas insgeheim sehen, im Verdacht haben, Argwohn haben gegen jemanden. Das deutsche Wort „arg", das in Argwohn steckt, meint schlimm, böse, schlecht. Argwohn ist eine schlimme Vermutung. Die zweite Silbe „wohn" kommt von wan = Meinung, Hoffnung, Verdacht. Der Argwöhnische hat eine schlechte Meinung vom andern. Er setzt keine Hoffnung auf ihn, sondern hegt schlimme Befürchtungen. Er ist mißtrauisch. Er hat kein Vertrauen zum andern, er traut ihm nichts zu. Er glaubt ihm nicht, und er erhofft sich nichts von ihm. Er schreibt ihn ab. Solcher Argwohn, solches Mißtrauen macht unruhig. Denn ständig muß ich auf der Lauer liegen, daß der andere mir nicht schadet. Ich traue ihm ja alle Schlechtigkeit dieser Welt zu. So muß ich mich stets in acht nehmen.

Der Abt soll sich vor diesen sechs negativen Haltungen hüten. Sonst kommt er nie zur Ruhe. Der Abt soll also Ruhe ausstrahlen, um eine Mönchsgemeinschaft führen zu können. Die Frage ist, wie er zu dieser Ruhe finden soll. Das gibt Benedikt selbst in seiner Regel nicht an. Aber wir können den Weg aus der monastischen Tradition erkennen, der Benedikt folgt. Es ist der Weg der Auseinandersetzung mit den neun Logismoi, mit allen Gedanken und Gefühlen.

Wenn ich mich selbst mit all meinen Leidenschaften wahrgenommen und angenommen habe, dann höre ich auf, meine unterdrückten Bedürfnisse auf die anderen zu projizieren, meine Befürchtungen und Ängste mir selbst gegenüber in die andern hinein zu verlagern. Wenn ich mich mit meinen Leidenschaften ausgesöhnt habe, dann werden mich auch die andern nicht aus meiner inneren Ruhe herauslocken. Ich bin bei mir zu Hause. Ich bin im Einklang mit mir und mit meinen Leidenschaften. Nichts Menschliches ist mir fremd. So lasse ich mich nicht so leicht aus der Fassung bringen, wenn mir aggressive oder feindliche Gefühle von andern entgegenkommen. Ich traue selbst dem, der mir übel mitspielt, noch zu, daß er einen guten Kern hat. Dieses Vertrauen ermöglicht mir die Ruhe inmitten einer großen Gemeinschaft. Wenn ich alle kontrollieren möchte, weil ich Angst habe, daß die andern unreif sind und die Regel sicher übertreten, dann bin ich in ständiger Unruhe. Ich muß auf der Lauer liegen, damit ja nichts Negatives in der Gemeinschaft, in der Firma, geschieht. Aber gerade mit meiner mißtrauischen Kontrolle werde ich Mechanismen in Gang setzen, die diese Kontrolle umgehen. Ich werde also nie ans Ziel kommen, nie ruhig schlafen können.

So zeigt Benedikt, daß die Ruhe nicht etwas ist, in der der Mönch nur um sich kreist oder nur offen ist für Gott. Sie ist vielmehr die Voraussetzung für ein effektives Handeln, für eine Führung, die Frucht trägt. Ob einer innerlich wirklich ruhig geworden ist, das erweist sich gerade im Tun. Ruhe im Tun, Ruhe in der Verantwortung, Ruhe mitten in den

Konflikten des Alltags, das ist nach Benedikt die eigentliche Ruhe, um die es ihm geht. Mit diesen Gedanken hat Benedikt nicht nur den östlichen Mönchsweg in die Situation des Westens übersetzt. Er könnte damit auch unserer Zeit einen Weg weisen, wie Menschen, die mitten in der Welt stehen, den Weg der Herzensruhe gehen können. Viele, die heute in Wirtschaft, Kirche und Gesellschaft Verantwortung tragen, sehnen sich danach, mitten in den Turbulenzen, in denen sie stehen, die innere Ruhe zu bewahren, ihre Arbeit aus der inneren Ruhe heraus zu bewältigen. Die Ruhe mitten im Tun zu bewahren, das ist letztlich das Programm, das das benediktinische „Ora et labora“ für heute verkünden möchte. Ich merke bei mir sehr deutlich den Unterschied, ob ich mich von den Problemen in der Verwaltung bestimmen lasse oder ob ich aus dem inneren Ort der Ruhe heraus auf die Konflikte reagiere, mit denen ich konfrontiert werde. Wenn ich mich in die Konflikte hineinziehen lasse, lähmen sie mich und rauben mir meinen Schwung. Ich gehe dann im Problematisieren auf, ohne eine Lösung zu finden. Wenn ich aber alles aus der Gelassenheit innerer Ruhe heraus betrachte, dann kommen viel leichter Ideen in mir hoch, die mir einen Weg aus der Sackgasse weisen.

Für mich ist das benediktinische Programm heute eine Chance, mitten in der Hektik unserer Zeit Wege zu finden, die Ruhe zu bewahren und dadurch effektiver in diese Welt hineinwirken zu können. Wenn ich im Fernsehen Diskussionen zwischen Politikern oder Wirtschaftlern ansehe, erkenne ich sehr selten diese innere Ruhe. Da reagieren die

Diskussionspartner aggressiv auf Kritik, da will sich jeder auf Kosten des anderen profilieren. Da begegne ich selten Menschen, die ohne den inneren Druck, als Sieger hervorgehen zu müssen, gelassen und ruhig reden. Da sehe ich selten Menschen, denen man die innere Freiheit ansieht. Viel öfter schauen mir da genervte, gestreßte und ruhelose Gesichter entgegen. So aber kann kein Gespräch entstehen, das weiterführt.

6.
Das unruhige Herz

Neben Cassian schöpft Benedikt in seiner Regel auch immer wieder aus den Werken des hl. Augustinus. Augustinus ist einen sehr unruhigen Weg gegangen. Überall hat er nach der Wahrheit gesucht, und immer wieder wurde er enttäuscht. Seine ruhelose Suche nach der Wahrheit hörte erst auf, als er Gott begegnet ist, wie ihn die Bibel beschreibt. So schreibt er in seinem autobiographischen Buch „Confessiones = Bekenntnisse“: „Unruhig ist unser Herz, bis es ruht in dir, mein Gott.“ Augustinus weiß aus der eigenen Lebensgeschichte, daß Gott uns zu sich hin geschaffen hat und daß wir nur in Gott zur Ruhe finden können. Gott allein kann unsere tiefste Sehnsucht erfüllen. Für Augustinus ist der Mensch wesentlich einer, der sich sehnt. Er sehnt sich nach Erfolg, nach Besitz, nach einem Freund, nach einem Menschen, der ihn liebt. Aber in all diesen Sehnsüchten sehnt er sich letztlich nach Gott, nach wahrer Heimat, nach absoluter Liebe, nach absoluter Geborgenheit. Augustinus ist selbst ein Mensch mit einer tiefen Sehnsucht nach Ruhe und Heimat. In den „Confessiones“ fragt er: „Wer gibt mir, daß ich Ruhe finde in dir? Wer gibt mir, daß du kommest in mein Herz und es trunken machest, daß ich vergesse meine Sünden und dich umfange, du mein einzig Gut?“ Und er gibt selbst die Antwort: „Ruhelos ist unser Herz, bis es Ruhe findet in dir."

Die „Confessiones" sind das erste Buch eines Theologen, der persönlich von sich spricht. Gerade wegen seiner Subjektivität ist es daher ein modernes Buch. Augustinus beobachtet genau seine Seelenregungen, seine Ruhelosigkeit, seine tiefe Sehnsucht nach Gott, die ihn in aller Unruhe erfüllt. Für mich ist Augustinus bei aller Zeitbedingtheit nach wie vor ein moderner Theologe. Denn er glaubt, daß sich jeder Mensch, auch der, der nach außen hin gar nicht religiös erscheint, sich im Grund nach Gott sehnt. Die tiefste Triebfeder dafür, daß der Mensch so ruhelos danach sucht, was ihn glücklich und zufrieden macht, ist letztlich die Sehnsucht nach Gott. Auch der, der sich leidenschaftlich für seinen Verein einsetzt, der mit ganzer Kraft seinen Besitz vermehrt, der sich immer neu in eine Frau verliebt, der für bessere Lebensverhältnisse kämpft, wird letztlich von der Sehnsucht nach Gott bestimmt. Wenn ich zu Ende denke, was mich im Tiefsten umtreibt, wenn ich mich nach Besitz, nach sexuellem Einssein, nach einem erfüllten Urlaub sehne, dann werde ich bald merken, daß kein noch so großer Besitz meine Sehnsucht stillen kann, keine noch so schöne Frau und kein noch so großartiger Urlaub. Letztlich ist es Gott, nach dem wir uns sehnen. Und erst wenn wir Gott als Ziel unserer Sehnsucht erkennen, kommen wir in unserer ruhelosen Suche nach Glück zur Ruhe. Augustinus kann diese Sehnsucht nach Gott in verschiedenen Bildern ausdrücken. Es ist die Sehnsucht nach dem seligen

Leben, nach Glück. Es ist die Sehnsucht nach wahrer Freude, nach Heimat.

Der Mensch, der seine Sehnsucht verdrängt, ersetzt sie durch die Sucht. Die Sucht ist immer Ausdruck einer unterdrückten und nicht eingestandenen Sehnsucht. Die Sucht treibt den Menschen zu immer neuer Bedürfnisbefriedigung. Er muß ständig Alkohol trinken oder eine Droge nehmen. Der Arbeitssüchtige hat nie genug. Immer muß er noch mehr arbeiten. Er wird von seiner Sucht getrieben. Die Unruhe, die heute viele erfaßt hat, ist oft Ausdruck der Sucht, die sie bestimmt. Die Sucht macht den Menschen unersättlich. Letztlich ist die Sucht ein Festhalten an der nährenden Mutter. Man möchte ständig die Mutter bei sich haben, die einem alles gibt, was man braucht. Aber die Ruhe, die das Kind bei der Mutter gefunden hat, findet der Süchtige bei seinem Muttererersatz nicht. Im Gegenteil, er wird nur noch hin und her getrieben. Er ärgert sich, daß er noch abhängig ist von seiner Mutter, und kommt doch nicht los. Er verurteilt sich, daß er trinkt, und trinkt doch immer wieder. So wird die Sucht zu einem Teufelskreis, der den Menschen sich immer schneller drehen läßt, bis er am Ende ist und am Boden liegen bleibt. Die Frage ist, wie wir aus diesem Teufelskreis ausbrechen können.

Für Augustinus besteht der Weg zur Ruhe darin, daß wir wieder mit unserer Sehnsucht in Berührung kommen, daß wir unsere Süchte wieder in Sehnsucht verwandeln. In der Sehnsucht erfahren wir, daß in uns ein weltjenseitiger Kern liegt, etwas, das diese Welt übersteigt. Wenn wir mit unserer Sehnsucht in Kontakt sind, dann können wir auf einmal einverstanden sein mit unserem Leben, so wie es ist. Dann können wir uns verabschieden von den Illusionen, die wir uns vom Leben gemacht haben und die uns in die Unzufriedenheit getrieben haben. Unser Leben muß gar nicht perfekt sein. Es muß nicht alle unsere Wünsche erfüllen. Es bleibt ja noch ein Rest, den allein Gott erfüllen wird. Wenn ich die Sehnsucht nach Gott in mir spüre als den eigentlichen Stachel, der mich lebendig hält, dann relativiert sich hier alles. Ob ich jetzt Erfolg habe oder nicht, spielt nicht mehr die entscheidende Rolle. Ob ich mit meinem Beruf zufrieden bin oder nicht, ist nicht mehr so wichtig. Ich kann auf alles gelassen herabsehen. Denn in der Sehnsucht habe ich einen Punkt in mir, der das Alltägliche übersteigt. Und dieser Punkt ist der Ruhepunkt in allen Turbulenzen meines Lebens. Er befreit mich von der Unruhe, die mich hier schon die Erfüllung meiner Wünsche suchen läßt. Wenn ich weiß, daß allein Gott meine tiefste Sehnsucht erfüllt, dann kann ich ruhig und gelassen ja sagen zu dem Leben, wie es halt ist, mit allen Höhen und Tiefen, mit seinen Begrenzungen und Behinderungen.

7.
Wege zur Ruhe heute

Die spirituelle Tradition hat viele Methoden entwickelt, wie wir zur Ruhe kommen können. Das Ziel der geistlichen Methoden war allerdings nicht in erster Linie die Ruhe, sondern das Gebet. Die Grundfrage der geistlichen Lehrer war, wie wir so beten können, daß wir mit Gott eins werden. Für Evagrius war es das höchste Ziel, ohne Zerstreuung zu beten. Das gelingt nur, wenn uns die Gedanken und Gefühle, die Leidenschaften und Bedürfnisse nicht mehr stören. Die Gedanken können aber nicht mit einem einfachen Willensentschluß beiseite geschoben werden. Es ist ein langer Prozeß geistlichen Ringens, bis wir in einen Zustand der Ruhe gelangen, in dem wir ungestört und ohne abgelenkt zu werden, beten können. Schon für die frühen Mönche ist es dabei wichtig, richtige Methoden zu entwickeln. Evagrius meint, wer ohne Methode kämpfe, würde vergebens kämpfen. Daher haben die geistlichen Väter soviel Wert auf die richtige Methode gelegt. Sie muß die Psyche des Menschen berücksichtigen. Sie darf sich nicht gegen die psychische Struktur des Menschen richten, sondern muß um die psychologischen Gesetze der Seele wissen. Es gab in der Tradition immer wieder auch unerleuchtete Wege, die den Menschen seelisch vergewaltigt haben. Doch die eigentliche geistliche Tradition hat sich immer an Wege gehalten, die den Menschen wirklich zum Leben führen, zur Freiheit und zur inneren Ruhe.

Auch wenn es viele bewährte Wege aus der Tradition gibt, so hat es wenig Sinn, all diese Wege auf einmal zu gehen. Jeder muß für sich selbst herausfinden, welcher Weg für ihn in seiner momentanen psychischen Verfassung geeignet ist. Dabei darf er nicht nur etwas an einer Methode nippen und dann zur nächsten übergehen. Solche Wege müssen konsequent gegangen werden, damit wir darauf ans Ziel gelangen. Aber wir dürfen uns die Methoden auch nicht einfach überstülpen, nur weil sie bewährt sind. Wir müssen ein feines Gespür entwickeln, was für uns jetzt stimmt. Und wir sollten in unserer persönlichen Tradition, in unserer Lebensgeschichte nachschauen, was wir selbst schon als Weg entdeckt haben, der uns zur Ruhe und zu Gott führt. In der geistlichen Begleitung frage ich immer wieder, wann und wo sich jemand als Kind am wohlsten gefühlt hat, wo er sich ganz vergessen konnte, wo er ganz im Augenblick war. Wenn jemand das genauer anschaut und reflektiert, wird er für sich den Weg finden, der ihm heute hilft, zu sich zu kommen, innerlich ruhig zu werden und offen für Gott. Beide Spuren sollten miteinander ins Gespräch kommen: die Spur der überlieferten Methoden und die Spur meiner spontan selbst gefundenen Wege. Dann werde ich den Weg finden, der mich heute zur Ruhe führt, zum Einklang mit mir selbst und zum Einswerden mit Gott.

Meditation

Der klassische Weg zur Ruhe ist der der Meditation. Die christliche Meditation, die seit dem 3. Jahrhundert geübt wird, verbindet den Atemrhythmus mit einem Wort. Schon das Achten auf den Atem lenkt das Bewußtsein nach innen und erzeugt Ruhe. Solange wir im Kopf bleiben, sind wir immer unruhig. Denn der Kopf läßt sich nicht so leicht beruhigen. Da schwirren die Gedanken immer hin und her. Im Ausatmen können wir uns vorstellen, wie wir all die Gedanken, die immer wieder hochkommen, einfach abfließen lassen. Wenn wir das eine Zeitlang tun, werden wir innerlich ruhig. Dann können wir den Atem mit einem Wort verbinden. Wir können z.B. beim Einatmen still sagen: „Siehe" und beim Ausatmen „Ich bin bei dir". Es ist ein Wort, das Gott uns beim Propheten Jesaja zusagt. Ich muß mich bei dieser Meditation gar nicht konzentrieren. Ich spreche das Wort in all die Gedanken und Gefühle hinein, die auftauchen. Es darf alles hochkommen. Aber ich grüble nicht nach über die Gedanken, sondern ich halte in sie den Atem und das Wort hinein. Dann wandeln sich die Gedanken und Gefühle. Sie sind nicht mehr so bedrängend. Auch wenn sie immer wieder hochkommen, fühle ich mich mitten in der Gedankenflut ruhig. Ich habe einen Anker – das Wort mit dem Atem verbunden –, der das Schiff meines Herzens inmitten der tosenden Gedankenwellen festhält.

Der andere Weg besteht darin, daß ich die Gedanken gar nicht beachte, sondern daß ich meinen Geist durch das

Wort binde und sammle. Und ich lasse meinen Geist an der Leiter des Wortes hinabsinken in den inneren Raum der Stille. Ich lege in das Wort und in den Ausatem meine ganze Sehnsucht nach der „Sabbatruhe Gottes“, nach dem inneren Ort der Ruhe. Dann kann es sein, daß mich Wort und Atem für einen Augenblick dorthin tragen, wo es in mir ganz still ist, wo aller Lärm verstummt und das unruhige Herumdenken zur Ruhe kommt. Die Mystiker sind davon überzeugt, daß in uns ein Raum des Schweigens ist, in dem Gott wohnt. Dorthin haben die Gedanken und Gefühle, die Pläne und Überlegungen, die Leidenschaften und die Verletzungen keinen Zutritt. Dort haben auch die Menschen mit ihren Erwartungen und Ansprüchen keinen Zutritt. Es ist ein Raum der Stille. Ich muß ihn gar nicht schaffen. Er ist schon in mir. Aber ich bin oft genug davon abgeschnitten. Die Meditation will mich wieder in Berührung bringen mit diesem inneren Ort. Der Kopf ist vielleicht noch weiter unruhig. Da jagen sich die Gedanken weiter hin und her. Aber tief unten ist es still. Da kann ich mich fallen lassen. Ken Wilber vergleicht die Meditation mit dem Eintauchen in das Meer. Oben ist das Meer unruhig. Da gehen die Wellen und Wogen hin und her. Aber je tiefer wir nach unten tauchen, desto ruhiger wird es. Meditation ist das Eintauchen in die innere Ruhe, die auf dem Grund unseres Herzens in uns verborgen ist. Die Redewendung „zur Ruhe kommen“ meint ja, daß die Ruhe schon da ist, daß wir sie nicht erst herstellen müssen. Sie ist in uns als ein Raum, zu dem wir hinkommen dürfen.

Die Meditation ist der Weg, auf dem wir zum inneren Ort der Ruhe kommen.

Meditation heißt nicht, daß wir immer ganz still sein müssen. Wir dürfen uns da nicht unter Leistungsdruck setzen. Meditation hat nichts mit Konzentration zu tun. Die Gedanken werden weiter auftauchen. Wir können sie nicht abstellen. Aber wenn wir sie nicht beachten, wenn wir durch Wort und Atem immer tiefer in den eigenen Seelengrund gelangen, dann kann es sein, daß es für einen Augenblick ganz still ist in uns. Ich spüre dann: jetzt berühre ich das Eigentliche. Jetzt bin ich ganz da, ganz bei mir, ganz bei Gott. Jetzt ist in mir der Raum der Stille, den niemand von außen betreten kann, in dem mich niemand erreichen, niemand beunruhigen kann. Dort finde ich wirklich zur Ruhe. Aber ich darf mich nicht ärgern, wenn ich im nächsten Augenblick schon wieder abschweife und irgendwelche Probleme auftauchen. Ich weiß, daß da tief in mir ein Raum ist, wo das alles nicht hindringen kann, in dem ich einfach bin. Es ist der Raum, in dem Gott selbst in mir wohnt. Gott befreit mich von der inneren und äußeren Unruhe. Er befreit mich von den Meinungen, die andere über mich haben, von ihren Erwartungen und Urteilen, von ihrer Eifersucht, von ihren Verletzungen. Allein die paar Augenblicke, in denen ich diesen inneren Raum in mir spüre, genügen, um mir auch für den Rest des Tages das Gefühl zu vermitteln, daß da trotz aller äußeren Hektik etwas Unberührbares in mir ist, ein Raum der Ruhe, der von den äußeren Anforderungen und Konflikten nicht angetastet wird.

Wege über den Leib

Die frühen Mönche wissen, daß es uns manchmal gar nicht helfen kann, uns zur Meditation hinzusetzen. Dem, der von seinen Leidenschaften hin und her gezerrt wird, raten sie, erst ein paarmal um sein Kellion zu gehen. Wenn wir zu aufgewühlt sind, dann ist es besser, erst einmal die Unruhe durch einen längeren Spaziergang oder einen Waldlauf zu vertreiben. Im Gehen kann ich mich freigehen von der inneren Unruhe, von Problemen, die mich umtreiben. Der dänische Religionsphilosoph Sören Kierkegaard hat die Erfahrung gemacht, daß es keinen Kummer gibt, den er sich nicht weggehen kann. Auch im ruhigen Laufen kann ich mich freilaufen von dem, was mich beschäftigt. Allerdings wird das nicht gelingen, wenn mein Joggen von einem inneren Leistungsdruck geprägt ist, wenn ich immer nur die Kilometer zähle, die ich mir als Pensum vorgenommen habe. Ich muß mich ganz der Bewegung überlassen. In der Bewegung übernehme ich das innere Bewegtsein und bringe es zur Ruhe. Wenn ich mich nach einem Spaziergang im Zimmer zur Meditation hinsetze, dann bin ich viel ruhiger als vorher. All die innere Unruhe ist verflogen. Gerade in unserer hektischen Welt brauchen wir leibhafte Weisen, um die Unruhe zu vertreiben. Das kann neben dem Spazierengehen oder Laufen auch eine Gartenarbeit sein. Wenn ich mit dem Leib meinen inneren Dampf ablasse, kann ich nachher viel ruhiger sein.

Ein anderer Weg, über den Leib zur Ruhe zu kommen, sind autogenes Training oder Eutonie. Bei beiden Methoden versuche ich, das Bewußtsein in den Leib zu verlagern. Das autogene Training arbeitet mit der Methode der Autosuggestion. Ich stelle mir z. B. vor, wie mein rechter Arm warm und schwer wird. Indem ich den Leib zur Ruhe bringe, kommen auch die inneren Turbulenzen zur Ruhe. Für viele ist das autogene Training ein guter Weg geworden, von der Arbeit abzuschalten und zur Ruhe zu kommen. In der Eutonie nehme ich die Spannungen wahr, die sich in meinem Leib festgesetzt haben. Indem ich den Atem an die verspannten Stellen meines Leibes hinfließen lasse, können sich die Spannungen auflösen. Die Spannungen im Leib sind immer Ausdruck von psychischen Verspannungen, von dem Druck, den ich mir setze, vom Sich-Festhalten und Sich-Festklammern. Durch die richtige Spannung im Leib (Eutonia = Wohlspannung) bekommt auch die Seele die richtige Spannkraft. Die Unruhe verfliegt, und es entsteht eine schöpferische Ruhe.

Für mich bedeutet der Weg des Leibes auch, in Gebärden vor Gott auszudrücken, was mich bewegt. Manchmal bin ich beim Sitzen zu unruhig. Auch wenn ich mich auf den Atem konzentriere und mich vom Atem in die Ruhe führen lassen möchte, weicht die Unruhe nicht. Dann hilft es mir, die Hände zu einer Schale zu formen und mit meinem ganzen Bewußtsein in den Händen zu sein. Die Gebärde bringt mich zur Ruhe. Denn sie führt mich weg vom Kopf. Wenn ich ganz in einer Gebärde bin, dann hört der innere

Lärm auf. Ich muß dann nichts denken, auch keine frommen Worte sprechen. Ich bin nur in der Gebärde. Das kann die Gebärde der offenen Hände sein, in der ich mich selbst Gott hinhalte. In den Händen ist ja mein ganzes Sein versammelt. Da bin ich mit allem, was mich ausmacht. Wer in den Händen lesen kann, kann das Wesen eines Menschen darin erkennen. So kann ich in meinen offenen Händen alles, was in mir ist, Gott hinhalten. Dann habe ich das Gefühl, daß es bei Gott aufgehoben ist, daß ich selbst von Gott getragen bin.

Manchmal ist mir nach einer anderen Gebärde zumute. Da ist die Gebärde des Kreuzes. Wenn ich im Sommer um 5.45 Uhr morgens nach der Vigil unsere Bachallee entlang gehe, dann stelle ich mich manchmal in dieser Kreuzgebärde in die Sonne und in die frische Luft des Morgens. Dann fühle ich mich ganz eins, eins mit der Schöpfung, eins mit Gott, eins mit mir selbst, eins mit allen Menschen. Da ist dann keine Spaltung mehr in mir zwischen Himmel und Erde, zwischen Geist und Trieb, zwischen Spiritualität und Sexualität. Da ist alles eins. Das ist für mich eine tiefe Erfahrung. Ich kann die Erfahrung nicht einfach herbeizaubern, auch durch die Gebärde nicht. Aber indem ich die Arme weit ausbreite, erahne ich manchmal, wie das ist, mit allem eins zu sein, all-eins zu sein.

Mit der Unruhe sprechen

Viele beklagen sich darüber, daß sie nicht still werden, wenn sie sich einmal Zeit nehmen für sich. Sie möchten ruhig werden, aber es tauchen ständig Gedanken auf. Sie möchten beten oder meditieren, aber sie werden von einer Flut von Gedanken überschwemmt. Die Mönche raten dann, diese Gedanken genauer anzuschauen. Ich muß mich erst den Gedanken zuwenden. Sie zeigen mir meine Probleme. Wenn ich die anschaue und sie vor Gott halte, komme ich langsam zur Ruhe. Dann erst kann ich wirklich beten. Vielleicht taucht da der Ärger über einen Mitarbeiter auf. Ich kann versuchen, den Ärger zu klären. Aber wenn er trotz aller Meditationsversuche immer noch in mir ist, ist er vielleicht ein Ansporn, wirklich in der Realität etwas zu verändern. Ich kann auf diesen Menschen zugehen und mit ihm klären, was mich an ihm stört. Oder ich kann auf mehr Distanz gehen, damit der andere mich mit seinen Problemen nicht mehr infiziert. Vielleicht kommt in mir Traurigkeit hoch über all das, was ich nicht gelebt habe. Dann muß ich mich erst der Traurigkeit stellen, um durch sie hindurch zur Ruhe zu finden. Das kann sehr schmerzlich sein. Aber nur wenn ich durch den Schmerz hindurchgehe, werde ich zu wahrer Ruhe finden. Wenn ich meine Traurigkeit übergehe, wird sie mich immer wieder einholen oder sich in einer diffusen Unzufriedenheit und Unruhe ausdrücken.

Manche meinen, es seien völlig unwichtige Gedanken, die da in ihnen auftauchen und sie vom Beten oder von der Stille abhalten. Und sie haben den Eindruck, beim Beten komme nichts dabei heraus, es sei nutzlos. Aber dann wäre es eben wichtig, trotzdem diese oberflächlichen Gedanken wahrzunehmen. Das ist ja auch ein Teil von mir. Ich bin eben auch oberflächlich und banal. Ich hänge gerade an äußeren Dingen und könnte mich fragen, warum mir das alles so wichtig ist. Oder ich könnte mich fragen, wem ich mit meiner Oberflächlichkeit ausweiche. Vielleicht entdecke ich dann unterhalb der Oberfläche einiges, das mir nicht so angenehm ist. Vielleicht stoße ich auf mein eigentliches Problem. Alles, was in der Stille in uns auftaucht, hat einen Sinn. Wir sollen es anschauen, ohne zu bewerten. Aber wir sollen damit ins Gespräch kommen, damit es uns sagen kann, wofür es steht. Manchmal ist die Unruhe ein Indiz dafür, daß diese Art von Meditation, die ich gerade übe, für mich gar nicht stimmt, daß ich sie mir nur übergestülpt habe. Dann zeigt mir die Unruhe, daß ich noch nicht am Ziel bin, daß ich noch anderswo weiter suchen muß, bis ich meine Form des Betens gefunden habe. Oder aber die Unruhe zeigt mir, daß da noch viele unerledigte Sachen in mir sind, die ich erst anschauen muß. Die völlig unwichtigen Gedanken, die immer wieder auftauchen, verdecken nur, was darunter an eigentlichen Problemen verborgen liegt. Vielleicht sind die oberflächlichen Gedanken nur der Deckel, den ich über meinen inneren Vulkan halte, weil ich Angst habe, diesen Vulkan anzuschauen.

Eine Frau beklagte sich immer wieder, daß ihr Beten nur Zeitverschwendung sei, weil sie an tausend nichtige Sachen denke. Sie wollte nach einem Trick suchen, um endlich konzentriert beten zu können, so beten zu können, daß es vor dem Urteil des eigenen Über-Ichs standhielt. Es dauerte lange, bis sie hinter den oberflächlichen Gedanken ihre wahren Bedürfnisse und ihr ungelebtes Leben anschauen konnte. Das hat sie am Beten gehindert. Und es war gut, daß sie es gehindert hat. Denn erst als sie die eigene Wahrheit anschaute, wurde ihr Beten echter und ihr Leben authentischer. Jetzt hat sie sich endlich von dem Korsett befreit, das sie sich auf ihrem spirituellen Weg übergestülpt hat. Sie wollte ihre Unruhe loswerden. Aber sie mußte sich erst mit ihr aussöhnen, damit sie auf einer tieferen Ebene die wahre Ruhe finden konnte. Die unruhigen Gedanken in sich gaben nicht viel her, um ihre eigentliche Problematik zu erkennen. Aber bei genauerem Hinschauen waren sie eben nur ein Schutz davor, daß die Trauer über ihr ungelebtes Leben nicht hochkommen konnte. Manchmal sind diese banalen Gedanken, die uns immer und überall begleiten, nur Ausdruck einer tief verborgenen Verzweiflung über die Sinnlosigkeit unseres Lebens. Aber dieser Verzweiflung wollen wir uns nicht stellen. So weichen wir aus in die Oberflächlichkeit. Die Unruhe, die daraus entsteht, läßt uns aber nicht in Ruhe. Ein Mann erzählte mir, er sei fünfzehn Jahre gut ohne Gott ausgekommen. Er hätte ihn nicht vermißt. Aber was ihn verunsichert hätte, das wäre eine dauernde Unruhe gewesen. Eine Frau habe ihm gesagt: „Du landest noch in der Psychiatrie mit deiner ständigen Unruhe." Erst als er bei einem längeren Klosteraufenthalt in dieser Unruhe seine Sehnsucht nach Gott erkannt hatte, kam er zur Ruhe.

Der größte Feind der Ruhe ist der Druck, den wir uns selbst setzen. Viele möchten frontal gegen ihre Unruhe kämpfen. Aber dann werden sie sie nie los. Sie möchten meditieren und die innere Ruhe genießen. Aber wenn sie dann spüren, was da alles in ihnen auftaucht, ärgern sie sich. Sie können sich selbst nicht aushalten. Oft genug geben sie dann den Versuch wieder auf, innerlich still zu werden. Sie wollen die Unruhe loswerden. Aber es geht nicht darum, sie loszuwerden, sondern sie loszulassen. Es werden immer wieder Gedanken auftauchen. Ich schaue sie an, ich lasse sie sein. Sie dürfen sein. Es darf alles sein, was in mir ist. Indem ich es sein lasse, kann ich zurücktreten, kann ich es dort lassen, wo es ist, in meinem Kopf. Aber mein Selbst ist dann nicht davon berührt. Ich schaue es an, lasse es zu, aber dann relativiere ich es, indem ich mir sage: Jetzt kümmere ich mich nicht mehr darum. Der Gedanke darf immer wieder auftauchen. Ich nehme ihn wahr und lasse ihn sein. Dann beunruhigt er mich nicht mehr. Das ist die Ruhe, die uns vergönnt ist. Die absolute Ruhe, die viele auf Anhieb durch eine Meditationsmethode erreichen wollen, ist eine Stufe zu hoch für uns. Sie ist uns erst im Tod verheißen. Während wir leben, sind wir immer angefochten von vielen Gedanken und Emotionen. Indem wir sie dahinziehen lassen, bleiben wir trotzdem ruhig. Unterhalb des

Bewußtseins, in unserem Herzen, im eigentlichen Selbst, da hat die Unruhe keinen Zutritt. Sie ist nur im Kopf und in unseren Emotionen.

Ordnende Rituale

Viele beginnen den Tag schon hektisch, weil sie in der letzten Minute aufstehen und noch schnell das Frühstück hinunterschlingen. Dann ist ein hektischer Tag schon vorprogrammiert. Und sie schaffen sich unnötig Probleme. Da kommen dann die Frau und die Kinder mit der gleichen mürrischen Haltung zum Frühstückstisch. Keiner will sich stören lassen. Es bedarf nur einer kleinen Bemerkung, und schon herrscht eine gereizte Stimmung. Da bringt man sich mit solch unbewußten und krank machenden Ritualen selbst in unnötige Spannungen und Konflikte. Wenn ich dagegen mit einem guten Ritual den Tag beginne, wenn ich mich mit einem kurzen Gebet unter den Segen Gottes stelle, wenn ich mir Zeit lasse zum Frühstück und es bewußt genieße, dann werde ich anders in den Tag gehen, ruhiger, zufriedener, dankbarer, bewußter. Ich werde im Büro nicht sofort zu diesem und schon im nächsten Augenblick zu etwas anderem greifen. Ich werde eines nach dem andern erledigen. Und so wird der Berg auf dem Schreibtisch geringer. Auch während der Arbeit können gute Rituale Ordnung schaffen und mir mitten in der Hektik wieder Ruhe verschaffen. Da geht ein Bankdirektor während der Mittagspause bewußt in eine Kirche und setzt sich still hin. Er genießt es, einmal nichts tun zu müssen, von niemandem angesprochen zu werden, einfach nur da zu sein. Das gibt ihm wieder Kraft und Ruhe für den Rest des Tages. Für mich ist nach dem Mittagsgebet und dem Mittagessen ein wichtiges Ritual ein kurzer Mittagsschlaf, in dem ich alles loslassen kann, was mich am Vormittag beschäftigt hat. Da ich tagsüber ständig Entscheidungen treffen und agieren muß, tut es mir gut, mich im Mittagsschlaf einfach in Gottes Arme fallen zu lassen. Dann kann ich nach einer halben Stunde wieder regeneriert aufstehen, um mich neuen Aufgaben zu stellen.

Entscheidend sind die Rituale am Ende der Arbeit. Viele kommen aus der Hektik der Arbeit gehetzt nach Hause. Und schon ist der nächste Streit vorprogrammiert. Die Frau freut sich, daß der Mann endlich zu Hause ist. Aber er ist noch gar nicht da. Er ist noch voll von den Problemen, die ihn bei der Arbeit beschäftigt haben. Er möchte am liebsten seine Ruhe haben. Aber die Familie fordert auch ihr Recht. Die Kinder warten auf ihn. Die Frau möchte ihm einiges erzählen, was los war. Er reagiert nur mürrisch und kurz angebunden. Da wäre es gut, nach der Arbeit ein kleines Ritual zu haben, durch das man abschalten und die ganze Unruhe des Tages loslassen kann. Vielleicht genügt es schon, sich ein paar Minuten bequem hinzusetzen und im Ausatmen alles loszulassen, bevor man sein Büro verläßt. Ein anderer setzt sich in sein Auto und fährt nicht sofort los, sondern stellt sich bewußt auf sein Zuhause ein. Ein anderer kann beim Busfahren oder in der S-Bahn vom Arbeitstag abschalten, so daß er dann wirklich da ist, wenn er daheim ankommt. Wir können nicht sofort von der Unruhe zur Ruhe umschalten. Es braucht Übergangsrituale, Rituale, die uns helfen, das Vergangene abzulegen, um uns auf das Neue einlassen zu können.

Rituale zeigen uns, daß wir nicht immer ruhig sein können, daß die Spannung zwischen Ruhe und Unruhe wesentlich zu uns gehört. Rituale sind ordnende Faktoren, die die Unruhe wieder zur Ruhe bringen. Das gilt von der Unruhe, die uns morgens erfaßt, wenn wir an all das denken, was heute auf uns zu kommt. Das gilt von der Unruhe des Arbeitsalltags, von der Hektik, die uns während der Arbeit überkam oder in die wir einfach hineingetrieben wurden. Sie will abends abgelegt werden durch ein Übergangsritual von der Arbeit zum Feierabend, zur „Sabbatruhe". Rituale sind aber auch Übergangsrituale für die Phasen von Unruhe und Ruhe, die es im menschlichen Leben gibt. Da gibt es Umbrüche im Menschen, die immer von innerer und äußerer Unruhe begleitet sind, etwa der Umbruch in der Pubertät oder in der Krise der Lebensmitte. Da wäre es fatal, wenn wir die Ruhe als das höchste Gut mit Gewalt festhalten möchten. Da hat auch die Unruhe ihre Berechtigung. Sie bringt in uns etwas in Bewegung. Sonst würde unsere Ruhe Gefahr laufen, zur Unbeweglichkeit zu erstarren. Aber nach Phasen der Unruhe bräuchte es auch wieder Übergangsrituale zur Phase einer größeren Beständigkeit und Kontinuität. Man könnte solche Übergangsrituale bei ganz bestimmten Geburtstagen feiern, etwa beim 18. oder 40. oder 50. Geburtstag. So ein Tag könnte dann Gelegenheit sein, die Unruhe nochmals ins Wort zu fassen, die einen umgetrieben hat, die Altes durcheinandergewirbelt und Neues ans Licht gebracht hat. Und dann könnte man dem Geburtstagskind etwas schenken, das auf eine neue Phase von Ruhe und Beständigkeit hinweist. Es könnte etwa einer der fünfzig Engel sein, die ich beschrieben habe (vgl. „50 Engel für das Jahr“). Oder es könnte ein schöner Stein sein, den man gefunden hat und der manches ausdrückt von dem, was man am andern erlebt oder ihm wünscht. Oder es könnte ein Buch sein, das zur Ruhe einlädt, oder ein Meditationskurs, den man einem schenkt, damit er sich auf den inneren Weg macht.

Durch solche Rituale könnte zum Ausdruck kommen, daß die Unruhe ja oft notwendig ist, daß Neues wachsen kann. Wir brauchen dann kein schlechtes Gewissen zu haben, wenn wir einige Jahre lang nicht wissen, was wir eigentlich wollen, daß uns da ständig neue Ideen umtreiben. Auch die Unruhe gehört zu unserem Leben. Sie treibt uns an, weiter zu wachsen, nicht zu früh uns zur Ruhe zu legen, sondern wirklich zu leben. Aber dann braucht es auch wieder Phasen der Ruhe, in denen sich etwas setzen kann. Sonst verselbständigt sich die Unruhe. Und wir finden nie, was wir eigentlich suchen. Manchmal braucht die innere Unruhe gerade Zeiten der äußeren Ruhe, damit sie sich überhaupt zu Wort melden kann. Da bedarf es dann eines längeren Rückzugs, um die inneren Impulse zu hören, die einen beunruhigen und einem zeigen, daß das, was man gerade lebt, so nicht mehr stimmt.

Die Ursache der Unruhe erkennen

Viele klagen nur, daß sie nie zur Ruhe kommen. Aber sie fragen nicht nach den Ursachen. Sie möchten die Unruhe in Griff bekommen und kämpfen frontal gegen sie. Aber dann werden sie sie nie überwinden. Denn wenn ich etwas im Griff habe, bin ich ja nicht ruhig, sondern angespannt. Man kann es ja einmal ausprobieren, wie man sich fühlt, wenn man die ganze Zeit die Faust ballt, als Bild dafür, daß ich etwas im Griff haben möchte. Dann verkrampfe ich mich. Es kann nichts mehr fließen. Ich komme nicht zur Ruhe. Ich muß krampfhaft etwas festhalten, weil es mir sonst wieder entwischt. Das ist dann keine Ruhe, sondern ein Erstarren, das zugleich ein ängstliches Starren wird auf das, was jederzeit wieder losbrechen und mich beunruhigen kann.

Wenn ich wirklich zur Ruhe kommen will, muß ich mit meiner Unruhe reden und sie befragen, was sie mir sagen möchte. Die Unruhe ist nie einfach durch die äußeren Lebensbedingungen verursacht. Es ist immer auch ein Grund in mir. Wenn jemand abends nicht abschalten kann, dann nimmt er sich vermutlich zu wichtig. Vielleicht ist er Perfektionist, der sich immer wieder überlegt, ob auch alles richtig war, was er getan hat. Vielleicht ist er ängstlich und zermartert sich den Kopf, ob irgend jemand nicht zufrieden sein könnte mit ihm. Vielleicht richtet sich die Angst auch gegen Gott, vor dem er nicht zu bestehen glaubt. Um die Angst nicht spüren zu müssen, weicht er in die Unruhe aus. Vielleicht braucht er auch die Unruhe, um sich den wahren Problemen nicht stellen zu müssen. Da ist ein Ehemann immer in Hektik, weil er Angst hat, mit seiner Frau seine Beziehung näher anzuschauen. Er weicht den Eheproblemen aus, indem er sich hinter seiner Hektik versteckt. Und er begründet sie auch noch damit, daß er sich ja für die Familie aufopfern würde. In Wirklichkeit ist ihm die Unruhe eine willkommene Flucht, um sich unangenehmen Fragen zu entziehen. So muß ich meine Unruhe aufmerksam anschauen, um ihren Sinn zu erkennen. Denn nur dann werde ich auch einen Weg zu wahrer Ruhe entdecken.

Viele leiden heute unter Schlaflosigkeit. Sie können nur schlecht einschlafen. Und wenn sie eingeschlafen sind, wachen sie nach einigen Stunden schon wieder auf. Manche fühlen sich dann nach einigen Monaten genervt und mit ihren Kräften am Ende. Viele versuchen, die Schlaflosigkeit mit Tabletten zu beheben. Doch das ist immer nur eine Notlösung. Schlaflosigkeit hat mit der Unfähigkeit, loszulassen, zu tun. Viele können die Arbeit und die Probleme nicht loslassen. Sie können sie nicht Gott überlassen. Sie können sich nicht in Gottes Hände fallen lassen. Sie haben Angst, sich loszulassen. Denn da könnten sie ja die Kontrolle über sich verlieren. Aber sie möchten sich und ihr Leben in der Hand haben. Doch wer alles kontrollieren will, dem gerät das Leben sicher außer Kontrolle. Denn wer sich durch sein Kontrollierenwollen um den Schlaf bringt, dem geraten langsam die Nerven außer Kontrolle. Weil er sich nicht in den Schlaf fallen läßt, fällt er irgendwann völlig zusammen.

Die Frage ist, wie wir auf Schlafprobleme reagieren sollen. Da Schlafprobleme immer mit Loslassen zu tun haben, wäre es verkehrt, sie frontal zu bekämpfen, indem man sich zwingt, einzuschlafen. Das gelingt nicht. Dann wälzen wir uns die ganze Nacht im Bett. Beim Einschlafen kann es helfen, sich durch autogenes Training oder Eutonie zu entspannen. Aber wer mit autogenem Training das Einschlafen erzwingen möchte, der wird dabei scheitern. Ich muß mir dann vorsagen: Es ist nicht so wichtig, ob ich schlafe oder nicht. Ich liege entspannt da. Das genügt. Wenn ich so den Druck, schlafen zu müssen, loslasse, kann es sein, daß ich auf einmal einschlafe. Mir hilft das Rosenkranzbeten, um einzuschlafen. Es ist ein ganz einfaches Gebet, über dem man daher leicht in den Schlaf fallen kann.

Andere schlafen zwar gut ein, aber sie wachen schon um zwei Uhr nachts wieder auf und liegen dann die ganze Nacht wach da, wälzen sich von einer Seite zur andern. Das beunruhigt sie. Dann wäre es gut, sich zu fragen, was Gott einem mit dem Aufwachen sagen möchte. Vielleicht hat man gerade einen wichtigen Traum gehabt, den man genauer anschauen sollte. Oder aber Gott schenkt mir die Zeit, über mein Leben nachzudenken, weil ich mir tagsüber zu wenig Zeit genommen habe. Statt gegen das Wachsein zu rebellieren, sollte man es als Chance sehen. Es hat sicher seinen Sinn. Statt sich gegen das Wachliegen aufzulehnen, könnte es helfen, aufzustehen, etwas zu lesen, bis man müde ist. Dann kann man wieder schlafen. Andere fangen an, zu beten oder darüber nachzudenken, was Gott ihnen sagen möchte. Andere beten dann für ihre Verwandten und Freunde. Dann bekommt ihr Wachsein einen Sinn. Und ohne daß sie es merken, schlafen sie darüber wieder ein.

Loslassen hat mit Vertrauen zu tun. Ich kann meine Arbeit loslassen, weil ich darauf vertraue, daß Gott alles zum Besten führt. Wenn ich mir abends den Kopf zerbreche, ob ich bei der Geldanlage richtig entschieden habe, ob der Dollar und die Aktien sich doch vielleicht anders entwickeln könnten, als ich es eingeschätzt habe, dann hilft mir das keinen Schritt weiter. Im Gegenteil. Ich werde nicht einschlafen können. Vielleicht liege ich die ganze Nacht wach, ohne etwas ändern zu können. Ich sage mir dann immer vor: die Tatsache, daß ich jetzt über den Dollar nachdenke, ändert seinen Kurs auch nicht. Deshalb kann ich das Nachdenken auch sein lassen. Jeder, der Verantwortung für andere trägt, muß Entscheidungen treffen, die viele Menschen berühren. Manche grübeln dann noch lange nach, ob diese Entscheidungen richtig waren. Sie meinen es durchaus gut. Sie sorgen sich um die Menschen. Aber vor lauter Sorge um die andern vernachlässigen sie die Sorge um sich und ihren inneren Frieden. Ich muß meine Entscheidungen richtig überlegen und sie behutsam treffen. Aber wenn sie getroffen sind, muß ich es Gott überlassen, was er damit macht. Gott kann sogar aus Entscheidungen, die vielleicht nicht so optimal waren, noch etwas Gutes schaffen. Wenn ich meine Arbeit und meine Entscheidungen Gott übergeben kann, dann kann ich ruhig schlafen.

Manchmal liegt die Ursache für die Unruhe und für die Schlaflosigkeit noch tiefer. Meine Unruhe zwingt mich, alte unerledigte Sachen anzuschauen. Vielleicht melden sich verdrängte Bedürfnisse zu Wort. Oder es tauchen alte Verletzungen auf, die einmal angeschaut werden möchten. Ich habe vieles in meinem Leben übersprungen, was mich jetzt einholt. Viele, die über ihre ständige Unruhe klagen, wissen nicht, was sie anschauen sollen. Und oft genug wird es auch für den Begleiter noch nicht sichtbar, was da bearbeitet werden möchte. Dann ist es gut, mit der eigenen Unruhe ins Gespräch zu kommen: Was willst du mir sagen? Wohin treibst du mich? Auf was möchtest du mich hinweisen? Was bewegt sich da in mir? Manchmal kommen dann auf einmal Bilder hoch, Erinnerungen aus der Kindheit, die einen mit Wut oder Traurigkeit erfüllen. Da hat eine Frau noch nie länger darüber nachgedacht, daß ihr Vater sie für sich und seine Bedürfnisse benutzt hat. Da hat ein Mann sich noch nie der Tatsache gestellt, daß er sich immer nur angepaßt hat und immer nur der brave Junge sein wollte. Jetzt rebelliert etwas in ihm gegen diese altgewohnte Rolle. Er kann es noch nicht richtig formulieren. Aber in seiner Unruhe spürt er, daß etwas anders werden möchte. Dann soll er dankbar sein für die Unruhe. Sie lädt ihn ein, sein Leben genauer unter die Lupe zu nehmen und unerledigte Sachen zu bearbeiten.

Manchmal zeigt die Unruhe auch, daß die Situation, in der man gerade lebt, geändert werden müßte. Man weiß nicht, was einen da eigentlich so umtreibt. Aber bei näherem Hinschauen entdeckt man, daß der Beruf auf Dauer nicht der richtige ist, daß man aus der Firma aussteigen oder zumindest auf eine Veränderung drängen müßte. Oder die Situation in der Familie kann so nicht weitergehen. Die Weichen müssen anders gestellt werden. Man müßte die Probleme in der Ehe oder die Schwierigkeiten mit den Kindern endlich einmal ansprechen. Man möchte den Problemen am liebsten aus dem Weg gehen und hat das vielleicht jahrelang getan. Aber die quälende Unruhe läßt das nicht mehr zu. Sie zwingt uns, der Wahrheit ins Auge zu sehen. Ein anderer entdeckt als Grund für seine Unruhe, daß er schon als Kind immer mit seinen Brüdern rivalisierte. Jetzt ist er rastlos, weil er immer unter dem Druck steht, weiter voranzukommen als seine Brüder, besser zu werden als sie. Erst wenn er die Ursache für seine Unruhe anschaut und seinen Wunsch zuläßt, seine Brüder zu übertreffen, kann er diesen Wunsch relativieren und die Unruhe lassen.

In der Unruhe liegt eine Energie. Es geht also gar nicht darum, die Unruhe sofort wieder in Griff zu bekommen. Wir müssen erst einmal erkennen, wohin uns die Unruhe treiben möchte. Sie zeigt uns, daß unser Leben noch nicht stimmt, daß wir noch nicht im Einklang sind mit dem einmaligen Bild, das Gott sich von uns gemacht hat. Wir haben uns immer noch in ein Korsett gezwängt, das zu eng für uns ist. Die Unruhe ermutigt uns, das Korsett zu zerbrechen und uns den Weg in die Freiheit zu bahnen. Statt gegen die Unruhe anzugehen, sollten wir die Energie nutzen, die in ihr steckt. Dann wird sie von alleine vergehen. Sie hat ihre Aufgabe erfüllt, uns auf neue Wege zu schicken. Nun brauchen wir sie nicht mehr. Wir müssen unsere Unruhe genau anschauen, ob sie eine heilsame Unruhe ist, die uns nicht stehenbleiben läßt auf unserem Weg, die uns vorantreibt in unserem Prozeß der Menschwerdung und auf unserem Verwandlungsweg, oder aber ob es unheilvolle Unruhe ist, die uns unfähig macht, im Augenblick zu sein, die uns die Augen vor dem verschließt, was gerade nötig wäre. Solche heillose Unruhe zerreißt uns nur. Sie führt zu nichts.

Manchmal ist die Unruhe Ausdruck, daß wir mit nichts zufrieden sind. Es ist eine Lustlosigkeit (die Mönche nennen sie Akedia), die völlig ungerichtet ist. Wir wissen gar nicht, wohin uns die Unruhe treiben möchte. Sie verweist vielmehr auf eine allgemeine Unzufriedenheit und innere Zerrissenheit hin. Im Grunde rebellieren wir gegen unser Leben, gegen unsere Geschichte, gegen unsere Veranlagung. Und wir rebellieren gegen Gott. Wir hängen immer noch an unseren Illusionen, die wir uns vom Leben gemacht haben. Und oft genug sind es infantile Größenphantasien, von denen wir nicht loskommen. Dann zwingt uns die Unruhe, uns von diesen Illusionen zu verabschieden und endlich ja zu sagen zu uns und unserer Lebensgeschichte, ja zu sagen zu dem Leben, wie es nun einmal ist, [illegible]gen zu dieser Welt, die natürlich unvollkommen ist, [illegible]tlich ja zu sagen zu Gott, der sich nicht nach unseren Vorstellungen richtet, sondern der der ganz andere und oft genug Unbegreifliche ist.

Viele erfahren die Unruhe gerade dann, wenn sie sich zur Meditation hinsetzen oder wenn sie zu beten anfangen. Dann sind sie enttäuscht und geben die Meditation bald wieder auf. Oder aber sie versuchen, mit Gewalt still zu werden. Aber dann bekommen sie Kopfweh, und die Unruhe wird nur noch größer. Auch da kann die Unruhe uns zeigen, daß wir vor Gott erst noch etwas anschauen müßten, was uns gar nicht so angenehm ist. Anstatt gleich fromm zu werden, müßten wir erst die weniger frommen Seiten in uns wahrnehmen, unsere Rebellion gegen Gott, unsere Enttäuschung über Gott, unsere gottlosen Seiten, die auch in uns sind. Vielleicht zeigt die Unruhe auch, daß wir noch nicht die spirituelle Spur gefunden haben, die für uns stimmt. Vielleicht haben wir die Meditation nur übernommen, weil sie uns von andern angepriesen worden ist oder weil wir in ihr ein Allheilmittel sehen. Vielleicht sollten wir erst in der eigenen Lebensgeschichte nachsehen, was denn in der Kindheit unsere spirituelle Spur war, was wir spontan getan haben, um uns als Kinder wohl zu fühlen, ganz eins zu sein. Solche Augenblicke, in denen wir uns als Kinder eins gefühlt haben, sind ja letztlich auch spirituelle Erfahrungen. Denn ganz eins sind wir nur mit uns, wenn wir letztlich mit Gott eins sind. Ich erlebe in der geistlichen Begleitung immer wieder, wie sich Menschen oft spirituelle Methoden aneignen, die sie von andern übernommen haben. Sie müssen dann ständig gegen die eigenen Widerstände kämpfen und wollen diese Methoden konsequent befolgen. Ich rate ihnen dann, daß sie ihrer eigenen spirituellen Spur folgen sollen. Solange sie bei der Meditation so unruhig sind, so lange haben sie ihre eigene Spur noch nicht gefunden. Wir sollen unsere Widerstände ernst nehmen. Natürlich kann der Widerstand auch ein Zeichen sein, daß ich konsequenter sein müßte, daß ich nicht meinen Launen folgen sollte, sondern meiner innersten Stimme. Aber der Widerstand kann auch darauf hinweisen, daß ich gegen mein innerstes Wesen angehe. Ich sollte meine spirituelle Spur entdecken, die mich zum Leben bringt, die mich in Gott hinein führt.

Achtsamkeit

Ein Weg, von der Unruhe zur Ruhe zu kommen, besteht darin, alles, was ist, bewußt wahrzunehmen und in jedem Augenblick achtsam zu leben. Ich kämpfe dann nicht gegen meine Unruhe, sondern ich nehme sie bewußt wahr, ich achte darauf, was sich in der Unruhe in mir abspielt. Dieses behutsame Achtgeben verwandelt schon meine Unruhe. Ich lasse die Unruhe sein, anstatt gegen sie anzukämpfen. Dann ist sie noch da, aber sie hat mich nicht mehr im Griff. Ich schaue sie an. Sie darf sein. Aber sie bestimmt mich nicht mehr. Der Punkt in mir, der die Unruhe anschaut, ist selbst nicht mehr von ihr infiziert. Ich freunde mich mit meiner Unruhe an. Das beruhigt sie mehr, als wenn ich sie mit Gewalt bekämpfe. Ich achte darauf, wie sich die Unruhe äußert, in meinen Gedanken, in meinem Leib. Ich beobachte, wie sie aufsteigt, wie sie stärker wird und wie sie wieder verebbt. Ich nehme meine Unruhe bewußt wahr, ohne von ihr bestimmt zu werden. Mitten in der Unruhe bin ich auf diese Weise doch ruhig.

Achtsamkeit kommt von achten, aufmerken, überlegen, nachdenken. Ich handle überlegt, aufmerksam, bewußt. Ich bin ganz bei dem, was ich tue. Ich weiß um das, was ich tue. In meinem Tun bin ich mit all meinen Sinnen dabei. Da sind der Leib und der Geist in gleicher Weise tätig. Achtsam sein heißt auch, daß ich in jedem Augenblick ganz gegenwärtig bin. Ich spüre das Geheimnis des Augenblicks, das Geheimnis der Zeit, das Geheimnis meines Lebens. Und ich bin mit vollem Wissen und klarer Überlegung bei dem, was ich tue, was ich berühre, womit ich arbeite. Ich nehme bewußt und achtsam mein Handwerkszeug in die Hand, meinen Kugelschreiber, meinen Autoschlüssel. Ich gehe behutsam mit meinem Computer um. Ich bin in meinen Sinnen, in meinem Leib. Ich nehme wahr, was sich in mir regt, aber ohne ängstlich zu grübeln, ob diese oder jene Regung in meinem Leib auf eine Krankheit hinweist. Ich gehe achtsam. Ich bin in meiner Bewegung, in jedem Schritt. Ich spüre meinen Leib, meine Muskeln, meine Haut. Natürlich kann ich nicht jeden Augenblick bewußt leben. Das wäre wieder eine Überforderung. Aber es ist eine gute Übung, täglich einige Zeit bewußt in dieser Achtsamkeit zu leben. Die Achtsamkeit könnte dann auch zu einem kleinen Ritual werden. Ich verlasse achtsam mein Haus, gehe bewußt durch die Straßen, bin in meinen Sinnen und spüre die kalte Luft, den Wind, der mich durchbläst, oder die Sonne, die mich bescheint. Ich genieße jeden Schritt. Ich spüre: ich gehe jetzt, ich bin ganz in meinem Gehen. Ich bin ganz da.

Diese Achtsamkeit darf allerdings nicht zu einer neuen Leistung werden. In der Achtsamkeit werde ich auch sensibel dafür, wie unachtsam ich in vielem bin. Das nehme ich dann auch wahr, ohne es zu bewerten. Wahrnehmen, ohne zu bewerten, das führt zur Ruhe. Die Ursache unserer Unruhe liegt oft darin, daß wir alles, was wir tun, bewerten. Und meistens entspricht es nicht der Meßlatte unserer Wertmaßstäbe. So sind wir unzufrieden mit uns und dieser Welt, und es entsteht in uns eine diffuse Unruhe. Wenn ich bewußt wahrnehme, was ist, ohne es zu bewerten, dann kann ich es so lassen, ohne es ändern zu müssen. Und wenn ich es lassen kann, dann verwandelt es sich von alleine. Wenn ich meine Unachtsamkeit lassen kann, ohne dagegen zu kämpfen, dann verwandelt sie sich in Achtsamkeit, ohne daß ich es mit vielen komplizierten Methoden und Techniken selber machen muß. Ich nehme in aller Ruhe meine Unruhe wahr. Ich spüre, daß sich in mir vieles bewegt. Aber dieses Ich, das spürt, ist selbst nicht in der Unruhe. Es ist der unbeobachtete Beobachter, das spirituelle Selbst, von dem die transpersonale Psychologie spricht. Es bleibt in der Ruhe, auch wenn die Seele noch so sehr in Aufruhr ist, auch wenn die äußere Situation noch so bewegt ist.

Ein anderes Wort für Achtsamkeit ist Sammlung. Wer gesammelt ist, der bringt in sich das Verschiedene und Zerstreute zusammen. Er ist mit sich selbst vereinigt. Er ist eins mit sich, eins mit dem, was er tut. Er läßt sich nicht von den verschiedensten Dingen und Tätigkeiten ablenken. Er bringt alles zusammen. Das Wort Sammlung klingt in allen Worten an, die mit dem Suffix „sam“ enden. Der Acht-„same“ bringt die Achtung, die Überlegung mit seinem Tun, mit dem Gegenstand, den er berührt, mit dem Augenblick zusammen. Der Behut-„same“ verbindet die Hut, den Schutz, mit dem, was er tut. Er breitet über alles, was er tut, seine Fürsorge, seine Obhut, seine Bewachung. Er ist wach bei dem, was er tut. Und das Wort „Sammlung“ ist eingegangen in das Wort „sanft“. Sanft ist der, der friedlich zusammen ist mit den Menschen und mit den Dingen, mit denen er umgeht. So führt die Sammlung heraus aus der Zerstreuung, aus der Ablenkung, aus der Unruhe, und hinein in ein gesammeltes, achtsames, sanftes Tun. Wer zusammen ist mit dem, was er berührt, der geht sanft damit um. Wer zusammen ist mit sich selbst, mit seinen verschiedensten Bedürfnissen und Wünschen, mit seinen Leidenschaften und Emotionen, der ist sanft mit sich selbst, der lebt im Frieden zusammen mit den Gegensätzen, die in ihm sind. Und wer beim andern ist, dem er begegnet, der kann nicht grob und hart sein. Wer mit dem andern zusammen ist, wird ihm sanft gegenübertreten.

Fasten und Schweigen

Ein konkreter Weg, wie wir innerlich wie auch äußerlich zur Ruhe kommen können, ist das Fasten, das sich heute wieder großer Beliebtheit erfreut. Wenn ich etwa eine Woche lang faste, dann erlebe ich, daß meine Bewegungen von alleine ruhiger werden. Ich gehe langsamer. Ich spüre, daß ich keine Hektik vertrage. Ich kann gut und viel arbeiten, aber sobald ich hektisch werde, merke ich, wie mir schwindlig wird, wie ich mit diesem gehetzten Tun mich selbst beschwindle. Das Fasten konfrontiert mich allerdings am Anfang mit vielen Gedanken und Gefühlen, die ich verdrängt habe, vor allem mit Ärger und Enttäuschung. Ich spüre, wie ich sonst diese Gefühle oft sofort unterdrücke, indem ich etwas esse. Man kann mit Essen negative Gefühle zustopfen, um sich selbst nicht spüren zu müssen. Wenn ich dem Hunger nicht nachgebe, sondern ihn aushalte, dann wird der alte Mechanismus durchbrochen. Das Fasten lädt mich ein, nach anderen Wegen zu suchen, meinen eigentlichen Hunger zu stillen. Wenn ich einen Fastenkurs halte, dann verbinde ich ihn immer mit Schweigen. Denn für mich hat Fasten eine religiöse Bedeutung. Es will mich in der Stille für Gott öffnen, für die innere Welt meiner Seele.

Das deutsche Wort „den Hunger stillen“ zeigt unsern altvertrauten Mechanismus. Normalerweise stillen wir den Hunger, indem wir essen. Die Mutter „stillt“ das Kind, indem sie ihm die Brust reicht. Indem sie das Kind „stillt“, wird es allmählich ruhig. Das Fasten „stillt“ auf andere Weise unseren Hunger. Es bringt uns zur Ruhe, indem wir auf den Grund unseres Hungers gelangen, indem wir den Hunger als Sehnsucht nach Liebe und Geliebtwerden, nach Erfüllung und Zufriedenheit erfahren. Wenn die Mutter das Kind stillt, dann ist es nicht nur die Nahrung, die den Hunger stillt, sondern auch die liebende Zuwendung, die das Kind zur Ruhe bringt. Im Fasten verzichten wir auf Sättigung und Zustopfen. Wir wenden uns in Liebe unserer eigentlichen Sehnsucht zu. Und die führt uns über diese Welt hinaus. Sie richtet sich im Tiefsten nach Gott, der allein unseren Hunger zu stillen vermag.

In der Mittwochskomplet singen wir Mönche immer Psalm 62, der mit dem Vers beginnt: „Nur zu Gott hin wird meine Seele still, von ihm allein kommt mir Hilfe" (Ps 62,2). Wirklich zur Ruhe kommen wir erst dann, wenn wir unser Herz ganz und gar auf Gott hin richten, wenn Gott selbst unsern Hunger nach Liebe und Nähe, nach Frieden und Sattsein stillt. Was wir im Essen immer wieder versuchen, gelingt uns doch nicht: wir können uns nicht so satt essen, daß wir für immer gesättigt sind. Im Psalm 131 betet ein Frommer: „Ich ließ meine Seele ruhig werden und still; wie ein kleines Kind bei der Mutter ist meine Seele still in mir" (Ps 131,2). Der Beter hat offensichtlich die Erfahrung gemacht, daß Gott ihn in gleicher Weise zu stillen, zu beruhigen vermag wie eine Mutter ihr kleines Kind, indem sie es an ihrer Brust stillt. Gottes Liebe kann meinen tiefsten Hunger stillen und mich daher zur wahren Stille führen. Wenn ich meinen Hunger zu Ende denke, wenn ich aufhöre, ihn immer nur kurzfristig zu stillen, mich mit Essen zuzustopfen, um ihn nicht mehr zu spüren, dann werde ich in mir einen Ort der Ruhe entdecken, an dem es ganz still ist, weil Gott selbst meine tiefste Sehnsucht stillt. Ein guter Weg dorthin ist die beständige Frage: „Was ist meine tiefste Sehnsucht?" Ich lasse im Fasten meine Bedürfnisse und Wünsche hochkommen. Ich frage mich, wonach ich mich sehne. Und dann teste ich jede Sehnsucht mit der prüfenden Frage: „Ist das meine tiefste Sehnsucht? Oder wonach sehne ich mich auf dem Grund meines Herzens?" Dann komme ich irgendwann wohl zu der Sehnsucht, die nur Gott allein zu stillen vermag. Und wenn ich mein Herz in meiner tiefsten Sehnsucht auf Gott richte, dann komme ich wirklich zur Ruhe, dann finde ich die Stille, in der mein Hunger wahrhaft gestillt wird.

Das Leben vereinfachen

Unsere Unruhe rührt häufig daher, daß wir zuviel auf einmal tun wollen und daß wir zuviel in unseren Häusern haben. Ursula Nuber hat in der Zeitschrift „Psychologie heute" vor einiger Zeit einige konkrete Tips dazu gegeben, wie wir unser Leben entrümpeln und entmüllen können. Sie meint, vieles, was wir im Haushalt haben, was wir in unserem Wohnzimmer, in unserem Büro, in unserem Keller aufbewahrt haben, verwenden wir kaum einmal. Es ist einfach nur ein Ballast, den wir mit uns herumschleppen. Aus

Angst, wir könnten das oder jenes Haushaltsgerät doch einmal brauchen, kaufen wir es, um dann nach einiger Zeit festzustellen, daß wir es höchstens dreimal gebraucht haben. Seit Jahren steht es nutzlos herum. Aber all das Viele, was wir angesammelt haben, macht uns nicht gesammelt, sondern es belastet uns nur noch. Ein Weg, zur inneren und äußeren Ruhe zu kommen, wäre daher, all das, was wir nicht wirklich brauchen, zu entrümpeln, damit wir wieder genügend Raum bekommen, um zu leben, um die Ruhe in unserem Haus genießen zu können. Wenn alles voll steht, ist es nirgends mehr einladend, können wir nirgends mehr ausruhen. Überall erinnern uns Gegenstände, was wir noch eigentlich gebrauchen könnten, was wir damit anfangen müßten, damit es nicht umsonst herumsteht. So setzt uns das Gekaufte oft genug unter Zugzwang. Damit es nicht umsonst gekauft ist, müssen wir damit etwas tun. Wir müssen uns beschäftigen, anstatt einfach zu genießen, daß wir freie Zeit haben, daß uns die Zeit geschenkt ist.

Unter dem Stichwort „Das Leben vereinfachen" erscheinen heute viele Bücher. Es ist letztlich das Thema, das früher mit dem Wort „Askese" bezeichnet wurde. Askese hat immer auch mit Selbstbeschränkung und Verzicht zu tun. Verzichten setzt ein starkes Ich voraus. Wer ein schwaches Selbstwertgefühl hat, der braucht vieles, um seine innere Leere zu verdecken. Er ist ständig auf der Suche nach mehr. Er meint, er käme zur Ruhe, wenn er all das hat, was er zum Leben braucht. Aber ein Bedürfnis weckt das andere. Selbstbeschränkung ist aber nicht nur ein Kennzeichen für ein starkes Selbst, sondern auch ein konkreter Weg, das Selbst zu stärken. Indem ich verzichte auf all das, was die Menschen um mich herum haben, finde ich mehr und mehr meine eigene Identität. Ich werde stolz darauf, daß ich vieles nicht brauche. Das steigert mein Selbstwertgefühl. Und es führt dazu, daß ich mehr bei mir selbst bin anstatt bei den vielen Dingen, die meine Bedürfnisse befriedigen sollten. Je mehr ich aber bei mir selber bin, desto ruhiger werde ich.

Die Ruhe in Gott finden

Wenn die Bibel uns verheißt, daß Jesus Christus uns Ruhe verschaffen wird oder daß Gott uns in die Sabbatruhe einführt, wenn die Mönchstradition davon spricht, daß Gott allein unsere Unruhe in Ruhe verwandeln kann, dann entspricht das auch den Erfahrungen, die heute viele Menschen machen. Wer sich auf den spirituellen Weg macht, der erfährt, daß er sich vom Verhaftetsein in die äußere Hektik löst. Er sieht die Hektik um sich herum wie von einem andern Stern aus. Er definiert sich nicht davon. Er schaut sie an, aber sie berührt ihn nicht. Wer in Gott seine Mitte findet, der erfährt, daß die Welt über ihn keine Macht mehr hat. Er spürt die befreiende Botschaft des Johannesevangeliums, daß wir zwar in der Welt sind, aber nicht von der Welt, daß Christus uns ewiges Leben schenkt, ein Leben, über das diese Welt keine Macht hat. Ich kann meine Unruhe nicht in Griff bekommen. Aber wenn ich daran glaube, daß ich meinen Grund in Gott habe und nicht in der Welt, dann entziehe ich mich der Unruhe, die mich umgibt. Ich beobachte sie von einem Ort jenseits der Welt, ich beobachte sie von Gott her, mit dem ich im Glauben eins werde.

Diese Erfahrung der Ruhe mitten in der Unruhe spiegelt das Johannesevangelium wider. Im ersten Teil setzt sich Jesus immer wieder mit seinen Gegnern auseinander. Da prallt die ganze Unruhe und Unzufriedenheit der Welt auf ihn ein. Aber im 13. Kapitel ändert sich der Charaker des Johannesevangeliums. Da ist Jesus mit seinen Jüngern allein. Er wäscht ihnen die Füße und spricht zu ihnen. Die Abschiedsreden Jesu sind erfüllt von einer tiefen Ruhe, von einer jenseitigen Ruhe. Weil Jesus alles von seinem Vater aus sieht, zu dem er im Tod heimkehren wird, darum hat selbst das unruhige Geschehen der Passion und der Kreuzigung den bedrängenden Charakter verloren. Jesus geht ruhig und souverän durch seine Passion. Der Trubel der Menge berührt ihn nicht. Es geht ihm um etwas ganz anderes, um die Offenbarung Gottes mitten in unserer zerrissenen Welt.

Jesus ist mitten in der Passion eins mit seinem Vater. Die Erfahrung dieses Einsseins enthebt ihn aller äußeren Unruhe. Um diese Einheit bittet Jesus im Hohepriesterlichen Gebet kurz vor seinem Leiden für seine Jünger. Die an ihn glauben, sollen genauso eins sein, wie er mit dem Vater eins ist. Ja, sie sollen vollendet sein im Einssein (vgl. Joh 17,23). Sie sollen vollständig eins sein. Das griechische Wort für vollendet sein (teteleiomenoi) kommt von „telos“ (Ziel,

Ganzheit, Vollendung). Es wird auch in der Mysteriensprache verwendet und meint dann die Einweihung in das Geheimnis Gottes. Jesus bittet also, daß seine Jünger in das Geheimnis des Einsseins eingeweiht werden und darin in das Geheimnis Gottes. Gott ist der Eine, der in sich ganz eins ist. Gott ist eins mit seinem Sohn, der hinabgestiegen ist auf diese Erde. Er verbindet in sich Himmel und Erde, Gott und Mensch, Licht und Dunkel. So sollen auch wir eins sein, indem wir in uns Himmel und Erde, den göttlichen Kern und unser Menschsein, Geist und Materie, die Höhe und die Tiefe miteinander verbinden.

Für die Griechen war die Zerrissenheit die eigentliche Not des Menschen. Der Grieche fühlte sich zerrissen zwischen Himmel und Erde, zwischen Gott und Mensch, zwischen Geist und Trieb, zwischen Mann und Frau. Und er sehnte sich nach dem Einssein. Die Zerstückelung sollte endlich aufhören. Der Mensch sollte die ursprüngliche Einheit, die er von Gott her besaß, wieder erlangen. Jesus antwortet auf diese Sehnsucht nach dem Einssein. Wenn der Mensch eins geworden ist, wie der Vater mit dem Sohn eins ist, dann spiegelt er Gottes Herrlichkeit in dieser Welt wider. Die Einheit ist also Ausdruck der Gotteserfahrung. Sie ist Spiegel für die Herrlichkeit Gottes, die in Jesus Christus aufgeleuchtet ist. Sie ist die doxa, die Gestalt, die Form, wie Gott sich in dieser Welt ausdrückt. Das Einssein ist auch die Bedingung für die wahre Ruhe. Wenn die Gegensätze in mir sich nicht mehr bekämpfen, wenn alles in mir eins ist, wenn Gott und Mensch, Geist und Trieb, Licht und Dunkelheit, Stärke und

Schwäche, animus und anima miteinander eins werden, dann bin ich tief in meiner Seele ruhig geworden.

In der Passion zeigt uns Jesus einen Weg, wie wir diese Ruhe auch in den Turbulenzen unseres Lebens durchhalten können, gerade dort, wo wir wie er angefeindet werden, uns nicht verstanden fühlen, Kränkungen erfahren. Wenn wir eins sind, wie Jesus mit dem Vater eins ist, wenn also das Menschliche und Göttliche in uns eins sind, dann kann uns auch die Passion unseres Lebens nicht mehr aus dieser Einheit herauswerfen. Dann können uns Menschen verletzen, geißeln, verspotten, anklagen, verleumden, dann können sie uns Angst machen, uns einschüchtern mit Drohungen. Das alles kann uns nicht aus dem Einssein mit Gott reißen. Das alles berührt den innersten Raum in uns nicht, in dem Gott in uns wohnt. Der Satz, den Jesus vor Pilatus spricht, gilt auch für uns: „Mein Königtum ist nicht von dieser Welt" (Joh 18,36). In uns ist der Ort, in dem Gott in uns wohnt und über uns herrscht. Dort kann kein Mensch über uns bestimmen. Dort sind wir souverän. Dort kann uns niemand aus der Ruhe, die aus der Einheit mit Gott kommt, vertreiben.

Jesus zeigt uns im Hohepriesterlichen Gebet einen Weg, wie wir zur wahren Einheit gelangen: „Vater, ich will, daß alle, die du mir gegeben hast, dort bei mir sind, wo ich bin" (Joh 17,24). Der Ort, an dem wir bei Christus sind, ist das Gebet. Für die Ostkirche ist es das Jesusgebet, das sie mehr und mehr mit dem Geist Jesu Christi erfüllt. Die Ostkirche versteht das Jesusgebet als Zusammenfassung des ganzen Evangeliums. Für sie ist es der Weg, den Geist an Christus zu binden und durch Christus eins zu werden mit dem Vater. Für mich persönlich ist das Jesusgebet seit etwa dreißig Jahren mein Meditationsweg geworden. Ich übe es nicht nur bei der morgendlichen Meditation, sondern es begleitet mich auch tagsüber immer wieder, wenn ich durch Gänge gehe, wenn ich irgendwo warte, wenn eine kleine Pause entsteht. Das Jesusgebet bringt mich immer und überall mit mir selbst in Berührung und läßt mich die Einheit mit Gott mitten in der Unruhe des Alltags erfahren. Wenn ich mit dem Einatmen die Worte spreche „Herr Jesus Christus" und beim Ausatmen „Sohn Gottes, erbarme dich meiner", dann bin ich dort, wo Christus ist. Dann erlebe ich, daß Christus hinabsteigt in alle Abgründe meiner Seele, auch in die Kammern, die ich am liebsten vor ihm verschließen möchte. Dann bewohnt Christus alle Räume meines Leibes und meiner Seele. Dann bin ich dort, wo Er ist. Und an diesem Ort erfahre ich einen tiefen Frieden, ein Einverstandensein mit allem, was ist, Einheit zwischen Christus und mir, zwischen den Menschen und mir, zwischen den Gegensätzen in mir. Dann kommt das Hinundhergezerrtwerden zur Ruhe. Dann bin ich ganz da, ganz im Augenblick, ganz in Gott.

Wenn ich mit Gott eins bin, wenn ich in Gott meinen Grund habe, dann berührt mich die Unruhe nicht mehr, die mich umgibt. Ich spüre sie zwar noch. Aber sie reicht nicht bis in den innersten Raum, in dem Gott in mir wohnt. Je mehr Gott mein Herz erfüllt, desto weniger kann die Unruhe sich darin breitmachen. Die Gotteserfahrung ist immer auch geprägt von einer tiefen inneren Ruhe. In Gott kommen die Turbulenzen meiner Seele zur Ruhe. In Gott fallen die Gegensätze zusammen, die mich oft genug zerreißen. In Gott ist die wahre Ruhe, die Sabbatruhe, die er auch uns verheißen hat. Bruder Klaus von der Flüe hat das erfahren, wenn er schreibt: „Friede ist allweg in Gott, denn Gott ist der Friede, und Friede mag nicht zerstört werden, Unfriede aber wird zerstört."

Jeder Weg, der mich tiefer in die Gemeinschaft mit Gott führt, führt mich auch in die Ruhe. Für den einen ist es die Meditation, für einen anderen die Eucharistiefeier, für einen dritten ein Spaziergang. Es gibt viele Wege, die mich der Einheit mit Gott näher bringen. All diese Wege sind aber nicht einfach ein Trick, meine Unruhe zu überwinden und wieder ruhig zu werden. Es gibt keinen Weg zur Ruhe, der nur äußerlich bleibt. Jeder Weg, der wirklich zur Ruhe führen will, geht über die Erfahrung meiner eigenen Wahrheit und über die Erfahrung Gottes. Es ist letztlich der Weg des Gebetes und der Meditation, der mich über die eigene Wahrheit in Gott hinein führt und mir in Gott Anteil schenkt an seiner göttlichen Ruhe.

Ruhe als erfüllte Zeit

Ein Ort, an dem die Gegensätze zwischen Gott und Mensch, zwischen Himmel und Erde zusammenfallen, ist der Augenblick, in dem Zeit und Ewigkeit miteinander eins werden. Das ist dann die Erfahrung der Sabbatruhe Gottes. Wahre Ruhe hat immer teil an der Erfahrung der Ewigkeit. So sieht es schon Augustinus, wenn er über die Ruhe des achten Tages, des Auferstehungstages, nachdenkt. Für ihn ist der achte Tag der Tag, an dem wir teilhaben an der ewigen Sabbatruhe Gottes: „Denn jene ewige Ruhe setzt sich am achten Tag fort und endet nicht an ihm, weil sie ja sonst nicht ewig wäre. Deshalb wird der achte Tag sein, was der erste war, und so das ursprüngliche Leben sich nicht als vergangen, sondern als mit dem Stempel der Ewigkeit bekleidet erweisen." Acht ist die Zahl der Ewigkeit. Der achte Tag ist der Tag, der keinen Abend kennt. Achteckig waren die Taufbecken, weil man in der Taufe eingetaucht wird in das ewige Leben Gottes. Der achte Tag ist für Augustinus zugleich der Tag, an dem Zeit und Ewigkeit zusammenfallen. Das ist für ihn das Ziel seiner Sehnsucht, daß er mitten in der Zeit schon teilhabe an der Ewigkeit. Erst dann kommt seine Seele wahrhaft zur Ruhe: „In dieser Welt aber rollen die Tage dahin, die einen gehen, die anderen kommen, keiner bleibt. Auch die Augenblicke, da wir reden, verdrängen einander, und es bleibt die erste Silbe nicht stehen, damit die zweite erklingen kann. Seitdem wir reden, sind wir etwas älter geworden, und ohne Zweifel bin ich jetzt älter als heute morgen. So steht nichts still, nichts bleibt fest in der Zeit. Darum müssen wir den lieben, durch den die Zeiten geworden sind, um von der Zeit befreit und in der Ewigkeit befestigt zu werden, wo es keine Veränderlichkeit der Zeit mehr gibt." Mitten in der Unruhe seiner

Zeit sehnt sich Augustinus nach der Ruhe, in der mitten in der Zeit die Ewigkeit Gottes schon anwesend ist, in der Zeit und Ewigkeit zusammenfallen.

Zeit und Ewigkeit fallen im Augenblick zusammen. Wenn wir ganz im Augenblick sind, dann steht die Zeit still. Jeder hat vermutlich schon die Erfahrung gemacht, daß er fasziniert einen Sonnenuntergang betrachtet hat. Und er hat dabei gar nicht gemerkt, wie die Zeit vergangen ist. Wenn wir uns ganz intensiv auf etwas einlassen, vergessen wir die Zeit, da hört die Zeit auf, da sind wir nur noch reiner Augenblick, reine Gegenwart. Das ist dann die Ahnung der ewigen Sabbatruhe, an der wir jetzt schon teilhaben. Die Mystiker haben immer wieder von dieser reinen Gegenwart gesprochen, in der sie Gott erfahren. Für Meister Eckhart überschreitet der Mensch im Einswerden mit Gott die Zeit und hat schon teil an der Ewigkeit: „Das ist das Ziel, wo der Geist in Ruhe verharrt, der lieben Ewigkeit vereint." Er spricht hier von der Fülle der Zeit. In der Auslegung von Gal 4,4: „Als aber die Zeit erfüllt war", schreibt er: „Wann ist ‚Fülle der Zeit'? – Wenn es keine Zeit mehr gibt. Wenn man in der Zeit sein Herz in die Ewigkeit gesetzt hat und alle zeitlichen Dinge in einem tot sind, so ist das ‚Fülle der Zeit'."

Solche Erfahrungen absoluter Ruhe, in denen Zeit und Ewigkeit zusammenfallen, können wir machen, wenn wir in der Betrachtung einer Blume, einer Landschaft, eines Gemäldes aufgehen. Wenn wir ganz im Schauen sind, dann gibt es keinen Unterschied mehr zwischen Schauer und

Beschauten, dann fallen beide in eins zusammen. Und dann hört auch die Zeit auf. Oder wir können solche Ruhe erahnen, wenn wir einen langsamen Satz von Bach oder Mozart hören, wenn wir ganz Ohr sind, uns von nichts ablenken lassen, ganz im Hören aufgehen. Dann berühren wir mitten in der Zeit die Ewigkeit, dann hört im Hören die Zeit auf. Manchmal geht es uns auch im Lesen so. Wir lesen ein Buch. Auf einmal berührt uns etwas. Wir können nicht weiter lesen. Wir bleiben stehen, ohne darüber nachzudenken. Wir sind einfach da. Das Paradox ist, daß so ein Zusammenfallen von Zeit und Ewigkeit immer an eine sinnliche Erfahrung gebunden ist. Gerade in der Materie wird der Geist erfahren, im Raum das Raumlose, in der Zeit das Zeitlose. Wenn ich ganz in meinen Sinnen bin, dann bin ich auch ganz präsent, dann erfahre ich absolute Ruhe. Ich kann mich von der Sonne bestrahlen lassen und die Wärme der Sonne in meiner Haut spüren. Wenn ich ganz in meiner Haut bin, dann kommt der unruhige Geist zur Ruhe, dann ist der Geist ganz in meiner Haut. Er ist nicht mehr im Kopf, in dem er immer nur Unruhe erzeugt. Er läßt sich ein in die Sinne und kommt in ihnen zur Ruhe. Dann ist wieder diese Erfahrung der Einheit. Geist und Sinne werden eins, Zeit und Ewigkeit.

Eine wichtige Erfahrung ist für mich das Hören. In den siebziger Jahren war ich öfter in Rütte bei Graf Dürckheim. Wenn ich seinen Vorträgen lauschte, so wurde es in mir ganz ruhig. Nach einigen Vorträgen kannte ich mehr oder weniger den Inhalt. Ich konnte mir denken, was er da in etwa sagen werde. Aber das war nicht so wichtig. Von seinem Sprechen ging etwas aus, das in mir Ruhe erzeugte. Die vielen Gedanken kamen zur Ruhe. Ich grübelte nicht nach, urteilte nicht über das, was er sagte, sondern war ganz im Hören. So geht es mir manchmal, wenn ich eine Bibelstelle höre. Wenn sie gut vorgetragen wird, wenn der Leser ganz im Wort ist, das er vorliest, dann kann ich mich auch völlig auf das Hören einlassen. Ich weiß nachher gar nicht mehr, was ich gehört habe. Aber die Worte haben mich beruhigt, mich zur Ruhe gebracht. Die Worte haben mich in Berührung gebracht mit dem Grund meines Herzens, auf dem es ganz ruhig ist, auf dem Gott selbst wohnt. Die Worte führen mich in den Raum des wortlosen Geheimnisses Gottes. Sie schließen die Türe auf zu dem Raum, in dem Gott, der jenseits aller Worte und Bilder ist, in seiner ewigen Sabbatruhe wohnt.

Ruhe als Unterbrechung

Johann Baptist Metz hat Unterbrechung einmal die kürzeste Definition von Religion genannt. Die Sabbatruhe Gottes unterbricht die Arbeit des Menschen. Das Gebet ist heilsame Unterbrechung der alltäglichen Hektik. Keiner von uns kann die innere Ruhe immer und überall bewahren. Immer wieder fallen wir aus ihr heraus. Wir lassen uns von einem Konflikt in Beschlag nehmen. Wir werden verletzt, und schon kommen in uns die Mechanismen der Selbstverletzung in Gang. Wir grübeln nach über die kränkenden Worte. Wir zerfleischen uns selbst, indem wir uns vorwerfen, warum wir da nicht besser reagiert haben. Alle Vorsätze, innerlich die Ruhe zu bewahren, helfen da nicht weiter. Aber wenn wir uns im Gebet vor Gott bringen, unterbrechen wir den Teufelskreis von Verletzung und Selbstverletzung, von Kränkung und Sich-selbst-Kränken. Im Gebet treten wir einen Augenblick zurück von all dem, was uns beschäftigt und uns in Beschlag nimmt. Wir schauen es von Gott her an. Und da sieht es sich ganz anders an. Von dieser gesunden Distanz her können wir uns befreien aus dem Sog der Grübeleien und Sorgen. Gebet als heilsame Unterbrechung führt uns mitten in der Hektik wieder zur Ruhe. Das tägliche Gebet gibt uns die Gewißheit, daß wir uns nie länger als acht Stunden in die Hetze treiben lassen, daß wir jeden Tag Ruhepunkte haben, an denen wir einen Schritt zurücktreten, um unser Leben wieder in Gott zu verankern und in Gott zur Ruhe zu bringen.

Die heilsame Unterbrechung der Religion zeigt sich aber nicht nur im Gebet, sondern vor allem im Fest. Im Fest bricht Gottes Ewigkeit in unsere Zeit. Fest ist Unterbrechung der Arbeit, des Nutzbringenden, des Kalkulierbaren. Fest ist zeitlos, und Fest ist zweckfrei. Im Fest werden wir herausgenommen aus dem bloßen Funktionieren, aus der hektischen Tretmühle des Alltags. Das Fest ist gezeichnet von „Mühelosigkeit und Leichtigkeit“. Pieper meint, die Menschen unserer Zeit seien häufig unfähig, ein wirkliches Fest zu feiern. Der Grund liegt darin, daß sie die Beziehung des Festes zum Kult und zur Muße nicht mehr sehen." Ein Fest feiern heißt, die Zustimmung zur Welt im Ganzen auf unalltägliche Weise zum Ausdruck zu bringen." Nur wenn ich ja sage zu dieser Welt und wenn ich sie als die Schöpfung Gottes sehe und Gott dafür lobe, kann ich ein Fest feiern, das den Alltag unterbricht und mir Anteil schenkt am Eigentlichen. Plato meint, die Götter hätten sich der Menschen erbarmt und ihnen in ihrer Mühe „als Atempause die wiederkehrenden kultischen Feiertage gegeben und als Festgenossen die Musen und ihre Anführer Apollon und Dionysos". Wenn diese Zustimmung zur Welt, das Einverstandensein mit dem Leben, wie es Gott mir zumutet, nicht gegeben ist, dann wird die Gestaltung der künstlichen Feiertage, die man sich schafft, der „Pseudofeste", wie Pieper sie nennt, „nur eine noch atemlosere Form der Arbeit".

Fest kommt vom lateinischen Wort „festus". Festus und festivus bedeuten festlich, feierlich, aber auch angenehm, lieb, schön. Ein Festtag (dies festus) ist etwas anderes als „feriae", freie Tage, an denen keine Geschäfte üblich sind. Der Festtag ist geprägt von einer klaren Gestaltung der Zeit, von kultischen Feiern, von feierlichem Mahl, von Spiel und Musik. Feste bedeuten Unterbrechung des Alltags, Erhebung über den Alltag, Steigerung des Lebens, weil Gott selbst einbricht in unser Leben. Das Fest verbindet uns mit dem Ursprung unseres Lebens und ist zugleich Vorwegnahme der Zukunft. Wir feiern Gottes Möglichkeiten mit uns. Wir feiern die ewige Sabbatruhe Gottes. Aber diese Sabbatruhe ist nicht Nichtstun, sondern Genießen der Welt, Feiern der Welt, Feiern unseres Lebens, weil unser Leben lebenswert ist, weil es von Gott berührt, geheilt, erhoben, von Gott durchdrungen und verwandelt ist. Gerade weil wir im Fest Anteil haben an Gottes Wirklichkeit, finden wir darin mehr Erholung und Rekreation als in der oft allzu betriebsamen Freizeit. Clemens von Alexandrien meint allerdings, da unser Leben ein dauerndes Fest sei, bräuchten wir keine extra Festtage. Wenn unser Leben ein dauerndes Fest ist, das wir mit Gott feiern, wenn wir uns täglich bewußt werden, daß wir in Gottes heilender und liebender Nähe leben und daß wir aus seiner Gnade heraus wirksam werden, dann sind wir bei allem, was wir tun, geborgen bei Gott, dann feiern wir auch unsere Arbeit als Fest der Schöpfung. Dann ist die Arbeit keine Last, sondern Lust an dem Fest, das wir immer mit Gott feiern. Dann ist unser Alltag nicht geprägt von Hektik und Hetze, sondern von der Ruhe, die aus dem Wirken Gottes kommt.

Das Fest, das uns in die Ruhe führt, feiert immer Gottes Tun an uns. Das wahre Fest besteht daher im Lobpreis Gottes. Im Lob Gottes kommt das menschliche Herz zur Ruhe. Wir sind sowohl spirituell wie psychologisch ständig auf der Suche, unsere Probleme zu lösen. Wir möchten unsere Angst in Griff bekommen, wir möchten unsere depressiven Verstimmungen überwinden. Aber immer wenn wir etwas in Griff bekommen möchten, kommen wir nie zur Ruhe. Immer muß ich Angst haben, daß das, was ich da im Griff habe, wieder mächtig wird, sobald ich die Hand loslasse. Es geht nicht darum, unsere Ängste und Depressionen, unsere Leidenschaften und Emotionen in Griff zu bekommen. Vielmehr geht es darum, sich mit ihnen auszusöhnen und aus ihnen heraus Gott zu loben. Das hat Henri Nouwen als seine wichtigste Einsicht aus seinem Aufenthalt in der Trappistenabtei Genesee erkannt. Er hatte gedacht, durch die Ruhe bei den Trappisten seine Probleme loslassen zu können. Aber schon kurze Zeit später hatten ihn seine depressiven Verstimmungen von neuem im Griff. Da erkennt er: „Klöster baut man nicht, um Probleme zu lösen, sondern um Gott mitten aus den Problemen heraus zu loben." Wenn ich Gott mitten aus den Turbulenzen meines Lebens heraus, mitten aus den ungelösten Konflikten und unaufgearbeiteten Problemen heraus lobe, dann bestimmen sie mich nicht mehr. Ich werde gelassen und ruhig. Das Fest ist Ausdruck dieser Gelassenheit mitten in einer Welt, in der so vieles ungelöst ist. Wenn wir mit dem Fest warten wollen, bis wir die Probleme unserer Welt gelöst haben, könnten wir nie ein Fest feiern, dann könnte der Teufelskreis unserer Probleme und unseres Kreisens um sie nie unterbrochen werden. Das Fest ist heilsame Unterbrechung. Es verschafft uns Ruhe mitten in der Unruhe unserer Zeit. Aber diese Ruhe erfahren wir wohl nur, wenn wir Gott bei unseren Festen einbrechen lassen in unser Leben, wenn wir auf den Schöpfer schauen und ihn gemeinsam loben. Wenn wir bewußt die Feste feiern, die Gott uns als heilsame Unterbrechung gewährt, dann ahnen wir auch, daß – wie Clemens von Alexandrien sagt – unser Leben ein dauerndes Fest ist, ein dauerndes Lob Gottes, in dem wir den Teufelskreis von Hetze und Ruhelosigkeit unterbrechen und an Gottes Ruhe mitten in der Unruhe unserer Zeit teilhaben.

Im Schatten seines Baumes
Schluss

Nichts ersehnt der Mensch heute mehr, als daß er zur Ruhe kommt, daß er nicht nur äußere, sondern auch innere Ruhe findet. Er leidet an der Unruhe unserer Zeit, am Lärm, der ihn umgibt, an der Hektik, die ihn zu Tode hetzt. Aber in seiner Sehnsucht nach wirklicher Ruhe leidet der Mensch zugleich an seiner Unfähigkeit, wirklich ruhig zu werden. Die wenigen Augenblicke, die er sich gönnt, um einmal von allem abzuschalten, führen ihn nicht zur Ruhe, sondern konfrontieren ihn mit dem inneren Lärm, mit seinen lauten Gedanken, seinen Sorgen, seinen Ängsten, seinen Schuldgefühlen, seinen Ahnungen, daß sein Leben wohl doch nicht so läuft, wie er es sich einmal erträumt hat. Und so läuft er vor diesen unangenehmen Augenblicken der Stille davon und betäubt sich wieder mit dem Lärm, der von allen Seiten auf ihn einströmt. Er flieht wieder in die Beschäftigung, um seiner so unbequemen Wahrheit aus dem Weg zu gehen.

Die Gedanken dieses Buches haben gezeigt, daß der Weg

zur wahren Ruhe nur über die eigene Wahrheit führt und daß es ein höchst anspruchsvoller Weg ist, ein Weg, der letztlich von mir und meinen Sorgen wegführt und in Gott hinein mündet. Das Wort des hl. Augustinus vom unruhigen Herzen, das nur in Gott Ruhe findet, ist nicht nur ein frommes Wort, sondern es entspricht unserer tiefsten Erfahrung. Wir selbst können unser unruhiges Herz nicht beruhigen. Wir können unsere Ängste nicht selbst besänftigen, wir können unsere Schuldgefühle nicht selbst entkräftigen, wir können unserem eigenen Schatten nicht davonlaufen. Wir brauchen den Baum, in dessen Schatten wir ausruhen können, ohne von unserem Schatten geängstigt zu werden. Wir brauchen Gott, in dessen Schutz wir geborgen sind, in dessen Liebe wir erahnen dürfen, daß wir bedingungslos angenommen sind, daß alles in uns sein darf, auch die Unruhe, auch die quälenden Sorgen und Ängste. Weil vor Gott alles sein darf, weil wir vor Gott alles zeigen dürfen, was in uns ist, kann in seiner Nähe die tödliche Flucht vor uns aufhören. So können wir uns im Schatten seines Baumes niederlassen und die wahre Ruhe finden, nach der wir uns alle so sehr sehnen.

LITERATUR

Pierre Adnäs, Hésychasme, in: DS VII 381–399.
Augustinus, Bekenntnisse, übers. von Hermann Hefele, Jena 1939.
Die Benediktsregel. Eine Anleitung zu christlichem Leben, übers. u. erklärt von Georg Holzherr, Einsiedeln 1980.
Otto Betz, Das Geheimnis der Zahlen, Stuttgart 1989.
Pascal Bruckner, Ich leide, also bin ich. Die Krankheit der Moderne, Weinheim 1996.
Meister Eckhart, Ewigkeit inmitten dieser Zeit, ausgew. und eingel. von Karin Johne, Einsiedeln 1983.
Evagrius Ponticus, Praktikos. Über das Gebet, Münsterschwarzach 1986.
Erich Grässer, Der Brief an die Hebräer, Einsiedeln o. J.
Johannes Cassian, Gott suchen – sich selbst erkennen, ausgewählt, übertragen und eingeleitet von Gertrude und Thomas Sartory, Freiburg 1993.
Ulrich Luz, Das Evangelium nach Matthäus, Zürich 1985 und 1990.
Henri Nouwen, Aus dem Kelch trinken, Freiburg 1997.
Josef Pieper, Tradition als Herausforderung, München 1963.
C. Schneider, Anapausis, in: RAC I 414–418.
Rudolf Walter (Hrsg.), Laß dir Zeit. Entdeckungen durch Langsamkeit und Ruhe, Freiburg 1997.
Weisung der Väter (Apophthegmata Patrum), übers. von B. Miller, Trier ^{3}1986.
P. Wilpert, Ataraxie, in: RAC I 844–854.
Augustinus K. Wucherer-Huldenfeld, Maskierte Depression und „Trägheit" in der klassischen Achtlasterlehre. Zur Aktualität und Frühgeschichte christlicher Spiritualität und „Psycho-therapie", in: Ev. Theol. (4) 1997, 338–363.